（第二版）

企业集团产融结合

理论与实践

THEORY AND PRACTICE ON COMBINATION OF INDUSTRY AND FINANCE FOR ENTERPRISE GROUPS

赵文广 著

经济管理出版社
ECONOMY & MANAGEMENT PUBLISHING HOUSE

图书在版编目（CIP）数据

企业集团产融结合理论与实践/赵文广著. —2 版. —北京：经济管理出版社，2012.10
ISBN 978-7-5096-2101-1

Ⅰ.①企… Ⅱ.①赵… Ⅲ.①企业集团—企业管理—研究 Ⅳ.①F276.4

中国版本图书馆 CIP 数据核字（2012）第 224997 号

组稿编辑：陈　力
责任编辑：杨国强
责任印制：木　易
责任校对：超　凡

出版发行：经济管理出版社
　　　　　（北京市海淀区北蜂窝 8 号中雅大厦 A 座 11 层　100038）
网　　址：www.E-mp.com.cn
电　　话：(010) 51915602
印　　刷：三河市延风印装厂
经　　销：新华书店
开　　本：720mm×1000mm/16
印　　张：23
字　　数：252 千字
版　　次：2012 年 12 月第 2 版　2012 年 12 月第 1 次印刷
书　　号：ISBN 978-7-5096-2101-1
印　　数：1-6000 册
定　　价：68.00 元

再版序

　　赵文广博士所著《企业集团产融结合理论与实践》一书付梓至本次再版，时光已跨越了八年。这八年，正是中国企业在世界 500 强席次中快速提升的八年，也是中国企业产融结合在质疑声中快速发展的八年。其间既有德隆轰然倒塌所引起的产融结合国进民退的客观现象，也有央行等监管部门务实推动产融结合审慎监管的实践与探索；既有 2008 年全球金融危机爆发所引发的对金融业发展模式的深入反思，也有企业集团因投资金融收益颇丰而加快布局金融产业的战略举措。八年来，尽管面临世界经济复杂多变的环境，但令人欣慰的是中国企业集团探索产融结合的步伐并没有因此而受到影响，相反，则是比以往更加规范、更加稳健地向前发展。

　　产业资本和金融资本是人类经济活动中两类具有不同性质的市场要素，二者之间的密切合作，无论是对从事产业开发的公司提高核心竞争力，还是对提升金融服务类公司的自身业务发展，以及对整个市场经济的健康发展都具有十分重要的现实意义。本书运用企业竞争优势理论、企业资源理论、价值链理论、交易费用理论、产业经济学等有关理论，对国内外大型企业集团金融产业发展战略的生成机制及产融结合的内在动因进行了理论与实证分析，旨在探讨大型企业集团如何有效利用其资源及规模经济与范围经济，通过走产融结合的道路，实现公司控制市场，以达到提升整个企业集团核心竞争力的目的。此外，本书还对企业集团金融产业的发展路径进行了研究，认为金融控股公司是企业集团金融产业的最优治理模式。

国外大型企业集团发展的历史表明：企业集团走产融结合的发展道路，不仅符合世界经济发展的必然趋势，也符合企业发展壮大的一般规律。无论是美国早期的洛克菲勒财团、摩根财团，还是现代的通用电气公司，以及第二次世界大战以后日本的六大企业集团，其产融结合的实践都为这些公司成为世界级的大公司提供了一种成功的发展模式，也为美、日两国的崛起发挥了积极作用。在通用电气的产融结合实践中，金融业务与集团其他产业相互依存、相互促进、相得益彰，共同创造了通用电气 100 多年持续发展的骄人业绩，也成为世界企业集团产融结合的成功典范。2008 年，国际金融危机使不少大型金融机构和企业集团陷入困境，有的甚至倒闭，但通用电气金融业务依托产业的信用支持，经受住了百年一遇的全球金融危机的考验，并在 2008~2009 年共获得 110 亿美元利润。在后危机时期的 2011 年，通用电气金融业务实现收入 457 亿美元，利润 65.49 亿美元，占 GE 集团收入与利润的比重分别达到 31%和 31.84%。

在我国，近年来一些大型企业集团在立足实业的基础上，利用资本优势，纷纷涉足金融产业，并把发展金融产业作为提升企业集团国际竞争力的战略举措。数据显示，在国资委管理的 117 家央企中，2/3 以上的企业在不同程度上涉足金融业。华润集团旗下控股珠海华润银行、华润深国投信托等金融机构，提出了"未来的华润金融就是华润集团，华润集团就是华润金融"的战略定位；国家电网业已完成了较为全面的金融业务布局，涵盖了财务公司、财险、寿险、信托、基金、证券、银行、期货、租赁等金融机构，并形成了统一的"英大系"品牌；中石油的金融业务资质也已经涵盖了银行、保险、信托、金融、租赁等板块，并且中石油本已存在的中石油财务有限责任公司、中石油资产管理有限公司等，其金融业的布局已初具规模，"昆仑系"金融品牌业已形成。国内外企业集团投资金融的模式和阶段虽然不同，但基本都走上了通过类金融控股公司集中管理旗下金融资产的道路，且获得了较高的金融利润和更便利的金融服务。企业集团以融助产、以产促融，产融深度结合、协同发展，这与赵文广博士提出的产融结合理论高度契合。

华能集团是国内产业办金融的领先者之一，华能金融产业在发展过程中也借鉴了本书的相关理论成果。2003 年底，华能集团在学习借鉴通用电气模式的基础上，率先成立了具有金融控股职能的华能资本服务公司，我有幸参与创办并出任首任总经理，亲历了公司从无到有、从小到大的发展历程。按照华能集团发展金融产业的战略定位，在华能资本公司的统一管理下，华能金融产业规模不断扩大，经济效益稳定增长，风险控制成效明显，管理水平不断提高，金融控股模式日趋完善，目前已初步建立了拥有 9 家直接或间接管控的金融机构，业务涵盖资金结算、信贷、证券、保险、信托、基金、期货、碳金融等金融领域。在"十一五"期间，华能金融产业利润总额每年稳定在 20 亿元左右，为华能集团缓解因电价政策带来的经营压力、完成国资委考核任务、实现国有资产保值增值做出了突出贡献。

华能集团和国内外企业集团发展金融产业的实践证明：

企业集团的规模发展到一定阶段，为了进一步做优、做强、做大，实现结构转型升级，创建具有国际竞争力的世界一流企业，稳步推进产融结合的实践，这不仅是我国企业集团应对经济全球化挑战的创新之举，而且也是创建世界一流企业的战略选择，更是企业集团实现科学发展的必由之路。企业集团通过设立金融控股公司，统一规划企业集团金融产业发展，不仅符合国资委对金融资产集中管理和风险控制的要求，而且也是保证金融产业协同和健康发展的最优选择。

2010 年底，在中央企业负责人会议上，国资委主任王勇明确表示："支持具备条件的企业探索产融结合"，首次正式对央企进行产融结合的实践给予了肯定。中国人民银行也多次调研，正在务实、审慎地推进将企业集团产融结合模式纳入"金融控股公司"的监管体系。经过 10 多年的积极探索，在内外部需求、监管政策放宽及自身规范化运作等因素的共同推动下，产融结合越来越引起人们的广泛关注，即将迎来一个新的、更大的发展机遇期，本书再版恰逢其时。

经过一段时间的广泛布局及高速发展，企业集团产融结合如何进一步深化和发展，也遇到了一些需要业界思考的新问题：如何把握产融结合的方向与路径，如何协调产业与金融的发展速度，如何管控产业金融的综合风险，如何形成产业金融独特的商业模式及核心能力，如何以市场化方式提高产业金融的运作效率和效益，如何推动企业集团的产融、融融深入结合，提高协同效应。这些都是企业集团在旗下金融产业发展到一定阶段后必须予以解决的现实问题，也就是央企产融结合必须要回答"向哪里走、走什么路、成什么样"的三个重大理论和现实问题。

作为企业集团金融板块的从业者，我希望能有更多的学者深入研究产融结合的理论学说，系统总结国外成熟市场的演进历程和发展趋势，为国内产融结合提供理论指导及实践参考。同时，也希望赵文广博士今后能继续跟踪研究企业集团产融结合实践的发展动态，并就产融结合的管理模式与实践经验进行系统总结与提炼，在实际工作中把理论与实践结合得更好，为保持华能集团在产融结合探索的领先地位，创建世界一流企业多建言献策，多做贡献。

中国华能集团公司党组成员 总会计师

华能资本服务有限公司董事长

郭珺明

2012 年 12 月 1 日

序

西方国家随着市场经济的深入发展，经历了一个从自由竞争到资本垄断再到混合经济的过程。在这期间，工业和金融业集中垄断程度不断地获得提高。据统计，世界500家最大的企业中，约有80%的企业在不同程度上实现了产业资本和金融资本的结合。特别是，随着经济全球化和跨国公司的发展，产业资本与金融资本的结合在实践中有了新的发展动态，进一步体现为产业资本与金融资本共同隶属于企业集团一个公司控制主体，从而成为一个更加相互依存、相互促进、共同发展的企业集团共同体。

国外大型企业集团发展的历史表明，企业集团走产融结合的发展道路，不仅是大型企业集团迅速发展壮大的一种成功发展模式，而且也反映了世界经济发展过程中产融结合的必然趋势，特别是美国通用电气公司堪称企业集团产融结合的成功典范。在我国实施"大公司、大集团"和"走出去"

战略的过程中，一些在改革开放中发展壮大的企业集团，为应对跨国公司的挑战，把公司做强做大，提升国际竞争力，借鉴一些发达国家成功企业的发展经验，已开始尝试生产经营与资本经营并举的发展战略，谋求建立企业集团产融结合的发展模式。不过，这种企业集团产融结合的实践在我国才刚刚开始。为此，研究探索企业集团产融结合的发展道路，对于完善企业集团的金融功能，快速积聚具有战略性的金融资源，并充分利用金融资源的杠杆效应，扩大企业集团的规模经济，从而为企业集团赢得竞争优势，进而提升其国际竞争力，具有十分重要的战略意义。

近年来，学术界与实业界高度关注我国产融结合的实践，并尝试从理论上加以解释。但人们更多地还是从传统的金融研究视角和分析框架入手，很少有人从工商企业和管理学角度来研究这个问题。我们知道，任何一种经济学理论，都是选取不同的视角对人们的经济活动进行观察和思考，从而形成不同的理论流派和研究分支。如果仍选取传统的产融结合研究视角和分析框架，只能遵循习惯的思维定势从宏观角度对产融结合泛泛而谈，对现有的理论难以突破。让我欣慰的是，赵文广博士找到了理论研究上一个很好的切入点。他将产融结合的研究放在企业集团这样一个相对微观的层面上，认为所谓企业集团产融结合就是指产业资本与金融资本共同置于一个公司控制主体的行为模式。在分析研究框架上，从企业性质的再认识、生产的集中与资本的集中在企业产生、演进过程中的作用出发，试图将企业性质及边界、企业发展战略、企业组织发展模式等纳入产融结合微观研究体系的分析框架之中。

从基本层面来讲，本书研究的主题涵盖两个方面：其一就是把产融结合的研究视角放在市场经济体系的微观层面上，以国内外普遍存在的一种大型企业组织形式——公司集团为研究对象，以产业资本与金融资本结合为基本立足点，运用企业资源论、价值链理论、交易费用理论、产业经济学等有关理论，对以产业为主体的大型企业集团金融产业发展战略的生成机制及产融结合的内在动因进行了理论与实证分析，旨在探讨大型企业集团如何有效利用其资源及规模经济与范围经济，通过走产融结合的道路，实现公司控制市场，来提升整个企业集团的核心竞争力。其二就是在我国加入WTO 的背景下，作者提出了大型企业集团金融产业发展战略的路径选择，并对企业集团金融产业的最优治理模式——金融控股公司进行了较为系统的研究探讨，为我国金融业最终走上混业经营、统一监管的道路，以及实施"大公司、大集团"的战略制定相关政策提供依据。可以说，赵文广博士选取企业集团产融结合为研究视角，打破了人们的习惯思维定势，初步构造出产融结合的微观研究体系。从而对产融结合的研究有了新的突破和理论发现，为这一问题的深入研究注入了一股新风。

本书是赵文广在其博士论文基础之上修改而成的，其论文曾经得到答辩委员和评阅人的一致好评。早在 2000 年赵文广同志入学之际，就产生了研究企业集团产融结合的想法，后历经三年的寒窗苦读，潜心研究，终于将该书付梓。综观全书，论点鲜明，资料翔实，论据充分，逻辑性强，文笔流畅，不足之处是对产融结合的实证分析不够具体。在本书出版之际，我作为他的博士生导师，欣然为赵文广博士的新书作序，并借此机会，希望有更多的同志能参与产融结合的研究，以推动我国企业集团产融结合实践的健康发展。

中国人民大学商学院院长　徐二明教授

2004 年 1 月 8 日

前　言

纵观世界大国崛起的历史轨迹，我们可以清晰地看到，世界上一些大国的崛起一般都伴随产融结合的出现。随着中国在世界舞台的崛起，以进入世界500强的中国大型企业集团为主体的产融结合在中国掀起了新的发展高潮，引起了更多人的关注与思考。而且有充分的迹象表明，拥有雄厚资本的大型产业集团进军金融业的步伐目前还在加快，并将产融结合模式作为创建具有国际竞争力的世界一流企业的一项重要举措。

对于当年因"德隆事件"引发的中国政府是否要立法禁止企业产融结合的学术争论，如今时间已经过去八年了。虽然八年的时间在人类历史的长河中只有短暂的一瞬间，但这八年对于中国发展史来说正是中国快速崛起的黄金时间。对于当年那场学术争论的观点对与错、是与非，实践是检验真理的唯一标准，中国企业产融结合的实践已经给出了最好的答案。我们欣慰地看到，中国产融结合的发展态势并未因德隆集团的崩溃而发生大的逆转；相反，随着经济全球化和金融多元化发展趋势的演变、中国经济结构调整和转型以及中国金融创新和监管部门务实、审慎地监管探索，中国产业资本与金融资本的结合正有序推进，稳步发展，已成为企业集团提升核心竞争力的重要战略举措。

根据央企产融结合的最新发展态势，可以说，当今中国产融结合的实践方兴未艾，而人们对企业集团产融结合发展动因与模式的理论研究则相对滞后，远远不能满足企业集团产融结合实践发展的需求。笔者在修订本书时，检索了近几年产融结合的相关研究，迄今仍未见到比较系统的产融结合的研究成果。虽然时光过去了八年，但笔者在书中对企业集团产融结合动因的理论探析部分，尤其是本书所持的基本观点是能够经得起实践的检验的，并对时下兴起的企业集团产融结合实践仍有一定的指导与借鉴作用。相信本书的再版，会引起业界更多的同仁对企业集团产融结合的现象进行深入的思考与研究。

令笔者感到十分幸运的是，作为一名长期跟踪研究中国产融结合理论与实践发展动态的专业人士，能够供职于中国最早探索产融结合的中国华能集团（目前，电力装机规模位居亚洲第一、世界第二，重要技术经济指标已达到国际行业的领先水平)，见证并亲身参与了中国企业集团产融结合的实践与探索。2008年4月，有幸随华能资本考察团赴世界产融结合的成功典范——美国通用电气公司就产融结合发展情况进行了实地考察与学习。通过考察学习，使笔者进一步坚信，大型企业集团走产融结合的发展道路，是建设具有国际竞争力的世界一流公司的必由之路。

值本书再版之际，特别感谢引领中国华能集团产融结合实践的原中国华能集团公司总经理李小鹏先生，现任中国华能集团公司总经理曹培玺先生，党组书记黄永达先生，华能集团公司党组成员、总会计师兼华能资本公司董事长郭珺明先生，华能资本公司总经理丁益女士等。这些具有战略眼光和敢为人先的企业家，不仅在推动华能集团的产融结合方面做出了贡献，而且也为中国企业集团探索产融结合的创新之路、引领中国企业集团完善产融结合发展模式做出了贡献。

本书再版，各章节虽然仍维持了原版的体例，但笔者对书中的文字与内容进行了较多的修订，删除了一些不合时宜的提法，并对书中研究的产融结合案例，也根据其最新发展情况做了尽可能的补充。笔者随着中国产融结合实践的深入发展、中国金融综合经营的创新发展、中国金融控股公司模式日趋完善，笔者将会对本书做更进一步的补充完善，总结提炼出更多产融结合的成功案例，以资业界同仁参考，以飨广大读者。

赵文广

2012 年 12 月 8 日

目 录

第一章 导 论

第一节 关于产融结合研究的背景与意义

当今，国际和国内越来越多的企业家对产融结合的实践抱以极大的热情，同时也引起了学术界对产融结合发展动态的高度关注。随着产融结合在实践中的进一步发展与创新，迫切要求对产融结合的理论研究也随之创新与发展，以期能更好地指导产融结合的实践。

一、本书的研究背景

当今世界经济格局已进入"以大公司、大集团"为中心的时代，一些大型跨国公司一年的营业收入甚至超过了一个中等国家的国内生产总值。根据波特的《国家竞争优势》理论观点，企业是国家竞争优势创造过程的主角，因而面对经济全球化的巨大挑战，我们必须重新审视如何有效提升大公司、大集团竞争力的战略问题。20 世纪 80 年代以来，企业集团作为我国改革开放和发展市场经济的产物，经历了从无到有、从小到大，并日益发展壮大，现已成为我国国民经济的重要支柱和参与国际市场竞争的主要力量。在我国实施"大公司、大集团"战略的过程中，一些在改革开放中逐步发展壮大的大型企业集团，在经历了生产经营有效性竞争的实践后，为建设具有国际竞争力的世界一流企业，把公司做大、做强，借鉴一些发达国家跨国公司的发展经验，已开始尝试生产经营与资本经营并举的发展战略。随着我国金融领域的不断开放，当今在我国现实经济生活中，业已存在一些企业集团的产业资本纷纷控制金融机构的现象，而且这些现象目前正呈现加速放大的态势。国内一些在非金融产业已经拥有核心竞争力的企业集团，如华能集团、国家电网、中石油集团等为了获取可持续竞争优势，纷纷进军金融产业，提出了发展金融产业的战略选择，以构建公司控制市场的战略布局。这种为了谋求拥有独特的和有价值的战略地位，采取了与众不同的发展战略和竞争策略，从某种程度上讲，可以视为一种企业战略管理实践的创新。

在经济全球化和建设具有国际竞争力的世界一流企业的背景下，产业资本与金融资本的结合再度掀起了高潮，并引起了人们的广泛关注。在笔者看来，主要是基于以下三方面的原因：

（1）从世界主要发达国家的发展历程来看，大国的崛起必然伴随产融结合的出现。正如我国社会主义初级阶段论认为，我国的社会发展不能超越人类社会发展的历史阶段，目前我国仍处于社会主义初级阶段；同样，对于一些发达国家知名大公司、大集团（如美国的摩根财团、日本的三菱集团）所经历的主要发展阶段（如产融结合发展阶段），我国企业也不能超越，这在一定程度上解释了"路径依赖"的发展动因。

（2）从微观层面来看，产业资本与金融资本在一个企业集团内部进行有机融合，实际上是一种基于公司控制市场的战略构想，可以培育增强企业集团的核心竞争力，有利于企业集团规模与实力迅速发展壮大。同时，也为我们开辟了产融结合研究的新视角，可以说是企业战略管理研究的一个重要创新。

（3）从宏观层面来看，面对经济全球化浪潮和国务院国资委在"十二五"规划中提出建设具有国际竞争力的世界一流企业的大背景下，面对持续增加的国家外汇储备，当前如何进一步推进国有资产管理体制改革和金融管理体制改革，已成为我国整个经济体制改革的焦点和难点问题。因此，从基于提升国家竞争力和建设具有国际竞争力的世界一流企业的考量，如何在理论上和政策导向上寻求国有资产管理体制改革和金融监督管理体制改革的协调推进，谋求建立产业资本与金融资本结合的新模式，打造具有国际竞争力的世界一流企业，已成为我国 21 世纪初期企业战略研究面临的重大课题。

在企业战略研究的长期演变过程中，目前对企业战略管理的研究已经形成了两个相互分离的研究领域，即公司层面的战略和业务层面的战略。其中，前者主要致力于对企业集团多元化经营进行有效管理的总体把握和布局，后者主要致力于产业内竞争优势的研究。本书从企业集团金融产业发展战略的角度入手，在企业集团这样一个相对中观层面来研究产融结合，旨在从理论上为这两个彼此隔离的分析层面架起一座桥梁，并在企业集团实践中为产业资本与金融资本的有机结合提供一些理论上的指导。产业资本和金融资本是人类经济活动中两类具有不同性质的市场要素，也是马克思再生产理论的重要组成部分。产业资本和金融资本之间的密切合作，无论是对从事产业开发的公司提高核心竞争力，还是对金融服务类公司的自身业务发展，以及对整个市场经济的健康发展都具有十分重要的现实意义。

二、本书的研究主题及意义

在经济全球化和国务院国资委在"十二五"规划中提出建设具有国际竞争力的世界一流企业的背景下，产业资本与金融资本的结合再度掀起了高潮，引起了人们的广泛关注。从两种资本的载体来看，产业资本一般是指工商企业等非金融机构占有和控制的货币及实体资本；金融资本一般是指银行、保险、证券、信托、基金等金融机构占有和控制的货币及虚拟资本。目前，人们比较认同的产融结合含义是指工商企业与金融企业通过资本股权及人事相互参与、融合生长的过程。关于产融结合的形式一般概括为三种形式：①通过金融机构和工商企业相互参股；②通过工商企业向金融业投资；③通过金融机构向工商企业投资。

在借鉴前人研究产融结合的基础上，笔者在本书将产融结合的研究视角放在企业集团这样一个相对中观的层面来进行系统研究，认为所谓产融结合就是指产业资本与金融资本共同置于一个公司控制主体的行为模式。具体研究的主题有两个：

（1）把产融结合的研究视角放在市场经济体系的中观层面上，以国内外普遍存在的一种大型企业组织形式公司集团为研究对象，以产业资本与金融资本结合为基本立足点，运用企业战略管理理论中的企业资源理论、交易费用理论、产业经济学等有关理论，对以产业为主体的大型企业集团金融产业发展战略的生成机制及产融结合的内在动因进行了理论与实证分析，旨在探讨国务院国资委监督管理的国有大型企业集团如何有效利用其资源及规模经济与范围经济，通过走产融结合的道路实现公司控制市场，以提升整个企业集团的核心竞争力。

（2）在国务院国资委提出建设具有国际竞争力的世界一流企业的背景下，本研究提出了大型企业集团金融产业发展战略的路径选择，并对企业集团金融产业的最优管理模式——金融控股公司进行了较为系统的研究探讨，为我国金融业最终走上混业经营、统一监管的道路，以及为国务院国资委提出建设具有国际竞争力的世界一流企业的战略目标提供相关的配套政策建议。

本书之所以选择企业集团产融结合作为研究的切入点，更多的是基于实践的需要和创新的考虑。众所周知，任何一种经济学理论，都是选取不同的视角对人们的经济活动进行观察和思考，从而形成了不同的理论流派和研究分支。本书如果仍选取传统的产融结合研究视角和分析框架，只能遵循习惯的思维定势从宏观角度对产融结合泛泛而谈，不仅难以突破现有的理论框架，而且对企业集团的产融结合实践没有多少指导意义。而笔者选取企业集团产融结合为研究视角，则打破了人们的思维定势，初步构造了产融结合微观研究体系，从而对产融结合的研究有了新的突破和理论发现。就企业集团具有实质性的产融结合来说，按照企业集团的控制主体可分为两种主要类型：一种是以产业资本为主体的企业集团将金融资本置于统一所有权之下的行为模式，此种模式可以称为"由产而融"；另一种是以金融资本为主体的企业集团将产业资本置于统一所有权之下的行为模式，此种模式可以称为"由融而产"。本书将研究视角聚焦于前者，重点锁定以产业资本为主体的企业集团将金融资本置于统一所有权之下的行为模式上，其原因有两个方面：

（1）基于产融结合创新实践的需要。产融结合固然不是一种新现象，鉴于目前在世界上以金融资本为主体的企业集团将产业资本置于统一所有权之下的行为模式比较多见而且具有普遍性，因而以金融资本为主体的企业集团产融结合也不是一种新现象。但目前以产业资本为主体的企业集团纷纷谋求控制金融机构，也即产业资本控制金融资本正呈现加速放大的态势却是一种新现象、新趋势，而且这种趋势对传统的金融资本理论构成了极大的挑战。尽管目前人们对产业资本控制金融资本这种现象提出了质疑，但不可否认的是，随着我国加入世界贸易组织（WTO）后对金融管制的逐步放松，这一发展趋势还将继续呈现加速发展的态势，这就迫切需要从理论上对产业资本与金融资本有机结合的内在机理加以分析和解释，这也正是本书需要研究回答的问题。需要说明的是，这种以产业资本为主体的企业集团将金融资本置于统一所有权之下的行为模式，其实也是一个以产业资本为主体的企业集团实施金融产业发展战略的过程。如目前我国的华能集团、宝钢集团、中石油集团等正在实施的金融产业发展战略就是以促进产融结合为立足点，通过发起设立、收购、兼并等方式，使金融资本置于企业集团统一的所有权之下的一种行为模式。

（2）基于产融结合研究视角的不同。从产融结合的研究现状来看，在笔者可以考证的文献资料中，看到的产融结合研究几乎均为金融理论家和金融业界的同仁站在金融领域的立场上，从经济金融学和宏观的角度来关注并研究产融结合的问题。迄今为止，似乎很少有人站在工商企业乃至大型企业集团的角度，从管理学及企业战略管理的角度来关注并系统研究企业集团产融结合，而这对于充分发挥企业集团的资源及规模经济与范围经济，提升企业集团国际竞争力具有重要的现实意义。为此，笔者站在产业资本的立场上，以企业集团产融结合为研究视角，确立了产融结合的微观研究体系，从而使本书在研究视角上具有原创性，为有志于深入研究本论题的同仁提供了创新的可能。

本书选题对国家实施"大公司、大集团"战略以及国务院国资委提出建设具有国际竞争力的世界一流企业的战略和进一步提升国家竞争力来说有一定的借鉴和参考意义；对企业集团拥有金融功能及规模经济与范围经济的优势和提升国际竞争力有一定的指导作用和商业价值；对理论界深入开展产融结合和企业核心竞争力的创新研究有一定的学术价值。

第二节　关于产融结合研究的文献综述及评价

一、关于产融结合的早期研究及评价

在历史上考证关于产融结合的研究，可以看到，产融结合作为一种经济现象是一个动态的历史发展过程。随着自由竞争的资本主义进入垄断的帝国主义阶段，一些早期的经典理论家开始对这一问题进行研究，主要是围绕资本的集中与垄断以及金融资本理论的创立而展开了比较系统的研究。

马克思在关于社会再生产理论的论述中指出，产业资本循环的过程分为购买阶段、生产阶段、销售阶段三个阶段，产业资本循环的实现条件是生产资本、商品资本、货币资本这三种形态的资本，必须在时间上继起，在空间上并存。由此可见，产业资本与货币资本本来就是一个统一体，产业资本的循环与周转离不开货币资本，特别是随着商业信用的出现，一部分货币资本从工商业资本中游离出来，转化为生息资本而成为一种相对独立的借贷资本，借贷资本由此产生，

这样就出现了由专门的信用中介机构来经营货币。马克思在资本积累理论中，深入剖析了资本主义从自由竞争走向垄断的必然性，认为在资本家追逐利润最大化本能的驱使下，资本积累的发展趋势将是自由竞争必然导致资本和生产集中，而资本集中到一定程度，必然导致垄断。当分散的资本逐渐"融合为一个单个资本时，集中便达到了极限"，垄断资本便由此而产生。

拉法格在《美国托拉斯及其经济、社会和政治意义》中明确指出"资本主义已经演进到特殊阶段了"，并用"金融资本"一词来描述这种工业资本与银行资本日趋融合的趋势，认为金融资本的形成是工业资本扩张的结果。随着企业生产规模的扩大，当其资本积累能力难以满足企业发展的需要时，股份公司制度的出现进一步加速了产业部门的资本集中，进而又推动了银行资本的集中。它们相互渗透、相互依存，最终形成一种特殊类型的资本，即金融资本。由此可见，在拉法格看来，产融结合的含义就是工业资本与银行资本日益融合而成为金融资本的过程。

鲁道夫·希法亭（1877~1941 年）又进一步丰富和发展了金融资本理论。他根据股份公司在促进工业资本与银行资本相互渗透中的作用，认为银行信用推动了工业垄断资本的形成，但工业垄断组织反过来又推动了银行垄断资本的壮大，利益关联最终使银行资本与工业资本紧密结为一体。希法亭在《金融资本》中，把银行资本，即实际上转化为产业资本的货币形式的资本称为金融资本。对所有者来说，它总是保持货币形式，并由所有者将货币生息资本的最大部分转化为产业资本，即生产资本，并在生产过程中固定下来。用于产业资本的越来越大的部分是金融资本，即归银行支配的和由产业资本决定使用的资本。他把信用和股份公司看作促进金融资本产生的有力杠杆，通过对两者的分析，揭示了银行资本和产业资本结合的机制和金融资本的形成过程。

列宁在批判地继承前人研究成果的基础上，对金融资本产生的原因、形成过程以及适用条件做了系统的论述，进一步推进了金融资本理论的深入研究。他在《帝国主义是资本主义的最高阶段》中，对金融资本作了经典性论述，从而把这一问题的研究提到新的高度。首先，列宁对金融资本的产生及其概念做了更科学的概括："生产的集中，即从集中生产起来的垄断；银行和工业日益融合或者说长合在一起，这就是金融资本产生的历史和这一概念的内容。"列宁把金融资本看作是从银行垄断资本和工业垄断资本融合中生成而又独立于工业和银行垄断资本的一种新的资本形态。其次，列宁结合当时的历史条件，分析了工业、银行资本在垄断的基础上走向融合的趋势，认为银行集中的主要形式可以采取"参与制"控制许多小银行。随着银行垄断程度的提高，工业资本越来越依赖于大银行，从而使银行从普通的中介人变成了万能的垄断者。因此，建立在垄断基础上的银行的重要性大大增强。产业资本为了保持自主性和独立性，大工业资本家极力把自己的势力渗透到银行中，这就促进了银行与工业的进一步融合发展，从而使金融资本以及控制金融资本的金融寡头产生。

应该看到，产融结合作为一种经济现象和趋势是一个动态的历史发展过程。马克思主义研究者通过对金融资本的概念、成因、运动形式以及对经济社会发展影响的科学分析，深刻揭示了金融资本的实质和发展趋势，以及对经济社会制度变革的重要意义，开辟了产融结合研究的先河。早期金融资本理论的形成与发展，为我们今天进一步深入研究产业资本与金融资本结合奠定了坚实的理论基础，指明了研究的具体方向。经典理论家早期有关产融结合的许多科学论断，在经历了100多年经济社会实践的漫长发展，对我们今天的经济发展与变革，仍具有特别重要的现实指导意义。但作为一个当代的马克思主义者，我们必须清醒地看到，早期的产融结合及金融资本理论由于受时代与社会发展的限制，在今天看来，许多方面还存在一些局限性。具体表现为：

（一）在产融结合中过分夸大了银行及其金融资本的作用，对产业资本和人力资本的作用未能给予高度重视

随着科学技术日新月异的发展，产业资本及高度知识化的人力资本与金融资本相比，在推动科学技术进步和产业的升级所起的作用越来越大。我们应当看到，事实上由银行支配的和由产业资本使用的金融资本，在今天并没有像经典理论家预期的那样发展成为金融寡头，而是在随后年代里由于制度的原因在一些国家被限制发展。尽管随着工商业经济的发展，作为现代金融组织的银行也得到了迅速的发展，结果还是形成了产业部门与金融部门对立统一的格局，并相应地派生出了产业资本与金融资本。据统计，世界 500 家最大的企业集团中，80% 以上的企业已经在不同程度上实现了产业资本和金融资本的结合，不过由于股权高度分散和经济全球化的影响，目前在世界上已经很难再找到列宁当年所论的"金融资本和金融寡头"的影子了。同样可以预见，今后也不可能再出现所谓的"金融霸权"等经济组织形式了。

（二）对产融结合的研究始终抱着一种批判的态度，未能一分为二地给予客观评价

早期产融结合及金融资本理论过多地关注政治经济学和意识形态领域的问题，只看到产融结合导致垄断的低效率以及对经济社会发展带来的消极影响，尤其是把股份公司、卡特尔、托拉斯等企业组织形式打上了阶级烙印，视其为资本主义发展的产物。但没有看到，在一个更加广阔的全球经济范围内，它们的存在把企业与市场有机结合起来，在一定程度上实现了公司控制市场，避免了自由竞争导致资源的浪费和市场的无序，因而在今天看来有其积极意义。特别是在早期，产融结合及金融资本理论对诸如一定程度的生产集中与垄断可以有效地整合企业资源，更加合理地安排生产，降低市场交易费用，保护本国市场免受冲击，增强跨国公司的国际竞争力，进而促进一国的经济增长等积极意义却避而不谈。因此，我们应当看到，产融结合对一国的经济社会发展固然有一定的消极影响，但也会产生积极影响和正效应，尤其是在经济全球化的时代，对包括我国在内的发展中国家来说更是如此。在笔者看来，在当今世界经济格局已进入以"大公司、大集团"为中心的时代，企业集团走产融结合的道路，无疑是一种应对来自跨国公司挑战的极其重要的战略

选择。我们必须承认，任何一个公司在今天想要在全球范围内垄断市场是极其困难的，即使像微软这样的高技术公司也只是在一个局部的技术领域达到了有限的垄断，因而产融结合不可能导致垄断。既然承认产融结合对一国的经济发展具有积极意义，那么在当今世界经济的格局中，即使在社会主义制度下同样可以大力推进产融结合的实践，这是我国实施"大公司、大集团"战略以来的一种可行的选择模式。特别是在国务院国资委在"十二五"规划中提出建设具有国际竞争力的世界一流企业的今天，我们必须在借鉴一些发达国家发展经验的基础上，从我国的实际出发，探索建立一种以企业集团为主体的新型产融结合发展模式，这对于提升我国企业集团国际竞争力有特别重要的现实意义。事实已经证明，随着时代的进步，特别是在金融全球化的背景下，产融结合的进一步深化、发展为金融资本与产业资本共同隶属于企业集团一个控制主体，从而成为一个更加相互依存，相互促进、共同发展的企业集团共同体，有利于提升企业集团的国际竞争力。

（三）对当代产融结合最新发展动态难以给予圆满的解释和理论上的包容

产融结合在经历了100多年经济社会实践的漫长发展，

特别是经过金融产品和金融组织的不断创新，金融资本的内涵已经发生了很大变化，出现了诸如证券、保险、基金、信托等金融产品，因而产融结合已经不仅仅是银行资本与工业资本的结合，而是赋予了更加广泛的意义。我们必须看到，产融结合作为一种经济现象和趋势是一个动态的演进过程，特别是随着跨国公司和金融资本国际化的发展，产业资本与金融资本的结合在实践中有了新的发展动态。在金融机构已经多样化的今天，金融资本概念仍停留在商业银行与工业资本的结合上就不免失之偏颇。由此可见，由于传统的金融资本理论难以对今天的产融结合实践做出充分的解释，因而也不能对企业集团产融结合的实践及如何提升企业集团的国际竞争力起到应有的指导作用，从而反映了这一概念的历史局限性。因此，在今天看来，传统的产融结合理论具有很大的局限性和片面性，对世界经济最新的产融结合发展动态难以给予圆满的解释和理论上的包容，缺乏与时俱进的马克思主义时代品质，因而迫切需要产融结合理论研究上的创新和突破。

综上所述，产融结合理论在列宁系统研究金融资本理论之后的很长一段时间内，在可以考证的文献资料中，似乎再没有出现像经典理论家那样影响深远的研究成果。这一方面说明经典理论家已经深刻地揭示了垄断资本主义本质和发展趋势，后人在理论上再难以创新和超越；另一方面也反映出金融资本理论在研究产融结合方面由于受特定历史条件的限制，表现出了一定的局限性，因而我们有责任在新的历史条件下，对产融结合加以创新和发展。

二、关于产融结合的近期研究及评价

由于众所周知的原因，产融结合在我国一度被视为资本主义社会特有的产物，在马克思的政治经济学中一直持批判态度。因而，有关产融结合的研究问题，长期以来国内很少有人涉足。直至 1992 年邓小平同志南方谈话以后，人们长期受禁锢的思想得到了进一步的解放，一些研究的禁区也才得以打破。

国内经济学家吴大琨在其主编的《金融资本论》中，广泛收集了美、日、德三国产融结合的最新研究资料，深入分析了现代金融资本的新变化、新特征和发展趋势，对金融资本的概念进行了拓展，认为现代金融资本既包括银行垄断资本和工业垄断资本，也包括非银行金融机构控制的资本。笔者认为，吴大琨先生界定的金融资本概念，从一定程度上讲，对传统的金融资本理论有所发展和创新，但如果把凡具有垄断性质的工业资本统统纳入金融资本的范畴，笔者不能完全苟同。

国内较早对产融结合进行系统研究的是由谢杭生博士主编的《产融结合研究》。该书立足于现实经济基础，借鉴国际经验，试图从发展战略的角度探索实业与金融两大部门有效结合的理论与实际问题，并把产融结合的概念定义为："产融结合是指产业部门与金融部门之间资本相互结合的关系，是资本加速集中的有效方式。"从编者为产融结合下的定义来看，主要是从宏观层面比较系统地研究了国外产融结合历史演进过程，剖析了产融结合的产生、发展以及方式更替的原因，重点论证了在我国现实经济基础上加强产融结合的必要性和意义及现实的可行选择，可以视为对"产融结合"问题进行系统研究的成果。但令人遗憾的是，由于该书是由十一篇相关的专题研究文章组成，而且出自不同的研究人员之手，因而全书并未形成一个完整的理论体系，这不能不说是该研究成果的一大缺憾。同时，由于编者为了尽可能地尊重研究者本人的意愿，对书中每篇专题研究文章未进行加工与整理，基本保留了原文章的体例与结构，因而给人的感觉是在资料的选用和论证上显得有些重复或雷同。尽管书中存在一些不尽如人意的地方，但在笔者看来，由谢杭生博士主编的《产融结合研究》由一篇综合研究文章和十篇专题研究文章组成，资料翔实，为有志于继续从事产融结合深入研究的同仁提供了比较全面系统的研究资料。

国内黄强博士在其所著的《现代产融结合新论》中，试图尝试对产融结合研究有所创新，他把产融结合界定为资本在一定制度结构中的某种职能的结合，既包括政治职能，又包括经济职能，从而对产融结合作了最为宽泛的定义。由于作者从经济金融学角度，侧重于宏观层面，比较系统地研究了现代产融结合与经济增长的内在规律，可以说对产融结合研究实现了创新的目的，但笔者认为其对产融结合概念的界定过于宽泛，似乎与笔者界定的产融结合概念相差甚远，而且对我国产融结合实践的指导性也不强。

三、关于产融结合实践的发展历程

在西方国家，早在 19 世纪末 20 世纪初，随着产业和金融业中垄断组织的出现就已开始了产融结合的进程。第二次世界大战后，随着工业和金融业集中垄断程度的进一步提高，西方国家的产融结合也进入了前所未有的发展时期。我国著名学者李扬、王国刚等在《产融结合：发达国家的历史和对我国的启示》中，对世界上主要发达市场经济国家产融结合历史作了较为系统的考察，将美、英、法、德、意、日等发达国家的产融结合的历史划分为三个时期：

（1）产融自由融合时期（1870~1933 年）。在这个时期，欧美各国实行的是自由放任、自由竞争的市场经济制度，各国政府基本上不存在对工商企业和金融机构之间相互持股和跨业经营的限制。当欧美各国从自由竞争的资本主义走向垄断竞争的资本主义的时候，在生产集中，并由集中走向垄断的基础上，产生了产业资本与银行资本的融合，而在资本融合和相互持股的基础上，银行业和工商业在人事方面也相互渗透，并出现了列宁说的"金融资本"和"金融寡头"。经典意义上的产融结合也是在这个时期形成的。

（2）金融业分业管理为主时期（1933~1980 年）。1929 年10 月，美国纽约证券交易所的股价暴跌，引发了长达 4 年之久的全球性经济危机。当时人们普遍认为，造成这次经济大危机的主要原因：一是垄断，二是间接融资与直接融资的混合。鉴于此，1933 年以后，美国先后出台了《格拉斯—斯蒂格尔法（1933）》、《证券交易法（1934)》等法律，限制垄断行为的发生，并实行银行业与证券业的分业经营。在这个时期，虽然银行、非银行金融机构与工商企业之间的市场准入、相互持股和投资存在着严格的限制，但银行还是创造出银行持股公司的形式，产融结合主要是通过金融市场为中介进行的。在这个时期，日本也实行了金融分业管理。但欧洲大陆的德、法等国在金融领域中继续奉行自由主义经济政策，实行以银行为中心的间接融资与直接融资的混合机制，产融结合继续表现出银行业与产业部门自由结合的状态。

（3）20世纪80年代以来的新发展。进入20世纪70年代以后，以美国为代表的西方国家普遍发生了经济滞胀。在经济增长停滞而通货膨胀居高不下的条件下，经济结构的调整和运用新的科技成果发展经济，成为产融结合的新动向。在此背景下，有关放松金融管制、实行金融自由化的政策主张迅速兴起，金融自由化和金融创新的现象也不断出现。从20世纪80年代开始，美国对金融管理制度和金融体系作了一系列重大调整，与这些变化相适应，美国传统的分业管理模式和产融结合的途径也发生了一些重大变化。①包括银行持股公司在内的传统商业银行已经不再是产融结合的主体，投资银行和各类投资基金成为产融结合的主导力量。②产融结合的范围由传统的证券市场扩展到包括养老基金、风险资本等在内的各种投资基金，并通过避开现有法律的限制，渗透到银行业、证券业、保险业、租赁业、房地产融资等各个领域。③商业银行与投资银行、存贷款业务与证券业务的界限逐渐模糊，银行持股公司和各类投资银行可以通过自己的分支机构或金融创新渗透到彼此的行业，而传统的金融企业与非金融企业的界限也开始淡化，从而为产业资本直接进入金融业提供了便利条件。④虽然对商业银行直接从事工商企业购并活动的限制仍然存在，但商业银行通过资本市场提供的渠道，积极介入企业购并之中；同时，金融尤其是银行业本身的购并活动也为这种介入提供了便利条件。以日本为例，从 20 世纪 80 年代中期起，日本开始研究并逐步实施金融制度的全面改革。基本思路是：改变分业经营、专业管理的模式，建立高效、灵活、能够适应环境变化的新金融制度。1997 年 5 月，日本通过了全面进行金融体制改革的法案，撤销了不符合这一改革思路的种种限制。《金融改革法》准许不同行业的金融机构以子公司方式实行跨行业兼营，并在责任自负的前提下，允许金融机构选择自己的业务范围。与此同时，欧洲大陆各国继续坚持银行业和证券业混业经营的模式。不同的是，在这些国家中，其发展趋势是增大直接融资的比重，并加强了直接融资和间接融资之间的交流。

通过考证历史上产业资本、金融资本的运动形式，我们可以从制度演进上得出一个清晰的发展轨迹：即二者经历了融合—分离—融合这样一种发展趋势。特别需要指出的是，金融资本与产业资本在经历了漫长的分离之后，金融资本已经发展成为国民经济中一个庞大而又十分重要的行业，作为金融资本的载体——金融组织形式早已不再是单一的银行制了，对产业资本与金融资本的含义以及产融结合的含义也已经赋予了新的时代内涵。

从产融结合的发展历程来看，无论是传统产业，还是现代产业的发展都需要产业资本的驱动，同时产业的发展也需要金融资本的支持与服务。近年来，国际上大公司、大集团收购兼并非常活跃，其主要目的就是通过产业整合、结构调整，实现资源重组，来进一步提高它的核心竞争力。特别是随着资本市场的高度发展，金融资本的发展直接推动着产业的发展。在这个过程中，投资银行就成了企业集团实现产业整合（资源整合）并形成其核心竞争力的一个有力手段。这些投资银行通过所谓资源整合和价值发现，推动了传统产业重组、加速了新产业成长、孵化了高科技风险产业，从而也获得了丰厚的回报，成为当今世界经济发展的助推器。产业资本与金融资本在企业集团内部进行融合生长，不仅适应了"大公司、大集团"的发展战略对资本运作方面的要求，而且也是企业集团在整合内部资源，扩大公司控制市场的范围和影响力，增强其核心竞争力的内在要求。更重要的是，面对经济全球化的冲击，企业集团通过产融结合拥有金融功能，不仅有利于构筑国内市场防御体系，而且对于建设具有国际竞争力的世界一流企业有十分重要的现实意义。国外大型企业集团发展的历史表明，企业集团走产融结合的发展道路，不仅是大型企业集团迅速发展壮大的一种成功发展模式，而且也反映了世界经济发展过程中产融结合的必然趋势。同时，世界发达国家的发展历史经验也表明，大国崛起会伴随着产融结合的出现，产融结合的发展又进一步推动了世界大国的崛起。

第三节　关于产融结合微观研究体系构建与研究思路

在对我国企业集团产融结合现象透视和经典产融结合研究文献综述，以及在界定企业集团产融结合概念的基础上，本书试图构建微观层次的企业集团产融结合研究体系。在企业集团产融结合研究体系中，笔者把研究重点放在目前比较少见且引起人们质疑的以产业资本为主体的企业集团将金融资本置于统一所有权之下的行为模式。目前，人们对这种模式质疑的原因主要是受越来越狭隘的分工理论和习惯思维的影响。大家普遍认为，产业与金融分离似乎是习以为常的事情，但对产业资本控制金融资本，以及产业资本与金融资本的有机结合的内在机理缺少分析与思考。

一、产融结合微观研究体系构建

在确立企业集团产融结合研究主题的基础上，本书写作主要遵循下列逻辑框架，从企业性质的再认识、生产的集中与资本的集中在企业产生、演进过程中的作用出发，试图将企业性质及边界、企业发展战略、企业组织发展模式等纳入产融结合微观研究体系的分析框架之中。本书重点分析了以从事产业开发为主体的企业集团产融结合的动因及实现方式，提出了以从事产业开发为主的企业集团发展金融产业，实现产融结合的路径选择，进而提出了企业集团发展金融产业的最优治理模式——金融控股公司，并对未来我国金融控股公司风险与监管进行了有益的探索，初步构建了微观层次的企业集团产融结合研究体系（见图1-1），为有兴趣继续深入研究这一问题的同仁提供了一种分析框架和思考方式。

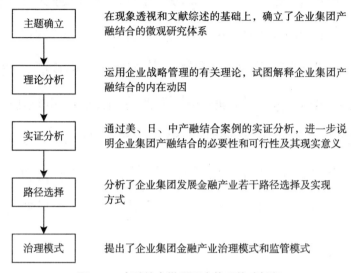

图1-1 产融结合微观研究体系构建框架

笔者在构建企业集团产融结合微观研究体系的同时，对企业核心竞争力有了进一步的理解和认识，把企业集团产融结合研究与核心竞争力有机地联系在一起，认为企业集团走产融结合的道路有助于提高企业集团核心竞争力，从而提出了使企业家们更容易理解和把握的企业核心竞争力的概念：企业核心竞争力是企业对市场的一种控制与影响能力。由此界定的企业核心竞争力概念，通过企业对市场的控制力与影响力来进行具体衡量企业核心竞争力的高与低、大与小。这在一定程度上是可以量化的，其度量单位既可以是企业在一定范围内产品市场占有率和销售收入的综合排名，也可以是企业品牌的知名度和企业家的影响力，从而避免了目前企业核心竞争力让人们觉得亦真亦幻、实在难以把握的误区。由此界定的企业核心竞争力概念，其内涵更加丰富，外延更加广泛，可以整合包容目前一些学者提出的诸如核心技术论、资源垄断论、企业家素质论、整合论、知识论、学习论等形形色色的企业核心竞争力的概念，从而避免了目前人们对企业核心竞争力的解释，避免了仁者见仁、智者见智的主观臆断倾向。

二、本书的研究方法

本书拟采用一般社会科学研究之方法，通过理论探讨和实证分析相结合，以及比较分析法、归纳推理法和价值判断法来完成企业集团产融结合微观研究。本书在借鉴前人研究的基础上，把产融结合的研究视角放在市场经济体系的微观层面上，以国内外普遍存在的大型企业组织形式公司集团为研究对象，以产业资本与金融资本结合为基本立足点，运用企业资源理论、价值链理论、交易费用理论、产业经济学等有关理论，对以产业为主体的大型企业集团金融产业发展战略的生成机制及产融结合的内在动因、路径、管理模式进行了理论与实证分析，故本书在研究方法上，具有以下一些特点：

（一）力求理论研究与管理实践能有机地结合在一起

笔者在大型企业集团工作实践中，明显地感觉到目前我国企业管理的理论与实践相互脱节现象比较严重。具体表现为：一方面，企业管理的理论研究明显滞后于企业的改革创新实践活动，使得企业在某些管理的实践创新活动中缺乏应有的理论指导；另一方面，企业管理的理论研究又脱离了企业管理的具体实践活动，一味地追求所谓的数量化、模型化，使得企业管理者无法很好地掌握和运用这些企业理论和方法来指导企业的具体管理实践活动。无独有偶，中国金融教育发展基金会秘书长贺增强也表示，目前国内金融研究与金融实践"两层皮"的现象依然严重：一方面是不少陈旧的课程依然在大学课堂里发挥"余冷"；另一方面却是企业迫切需要解决的尖端课题找不到合适的研究人员。这种尴尬的局面势必影响中国金融研究与创新的能力，削弱金融竞争能力。如我国一些基金管理公司过度迷信用投资组合的数学模型来选择股票进行投资，结果业绩差强人意，令人大跌眼镜。为了使企业理论与实践能更好地有机结合，笔者在选题过程中一直抱着这样一种信念，即致力于在企业理论研究与管理实践的鸿沟上架起一座桥梁，协助那些有抱负的企业家选择更好的发展战略，更有效地利用企业资源，尽可能达成企业理论研究创新与企业管理实践在企业的具体经营管理活动中得到有机统一，进而实现"在学习中管理，在管理中学习"的新境界。

（二）本书研究的内容及涉及的理论知识跨度大

本书研究的内容从企业到企业集团，从产业到金融，可谓研究内容跨度很大，并且在研究过程中运用了管理学与经济学两大学科的理论知识。虽然本书的理论基础是公司竞争战略理论，但也涉及了产业经济学、新制度经济学、金融资本论等方面的理论知识，这种多学科整合在理论研究中比较少见，在笔者看来，这种方法更符合企业管理的应用实践，有利于理论与实践的有机结合。在此需要特别说明的是，由于笔者研究的主题涉及了大量的学科文献，以至于在收笔之际很难列出一份完整的文献清单，但笔者还是尽可能列出一些在不同领域内与本研究相关的前人研究观点和有影响的学者。

（三）研究的方法和深度有待于进一步完善和深化

本书选题从一个介于企业与市场的比较中观的层面展开

研究，选取目前国内尚未有人系统研究过的企业集团产融结合这个研究视角，来分析企业集团金融产业发展战略的生成机制及产融结合的内在动因，因而在选题角度和分析框架上具有原创性。为此，鉴于前人对有关企业集团金融产业发展战略的生成机制及产融结合的内在动因缺乏系统的研究，也尚未见到比较完整的企业集团产融结合微观研究体系的构建，从而使笔者在深入研究本论题的过程中，可资借鉴的研究方法比较少，因而本书构建的企业集团产融结合微观研究体系及选用的研究方法上还有待于进一步完善。常言道，"万事开头难"，鉴于目前有关企业及企业集团的产生、功能与发展逻辑在理论界尚无定论，以及还有诸多争议，因此本书所运用的研究方法还有待于进一步完善，研究的主题有待于进一步深化，以便能更好地丰富对企业集团产融结合的研究和认识。

三、本书的研究思路与创新

本书包括导论在内共分六章。

第一章，在我国企业集团产融结合现象透视和经典产融结合研究文献综述的基础上，在经济全球化和建设具有国际竞争力的世界一流企业的背景下，从我国实施"大公司、大集团"战略的角度出发，提出了企业集团产融结合的研究问题，首次界定了企业集团产融结合的概念，初步构建了微观层次的企业集团产融结合研究体系，并重新界定了企业核心竞争力的概念。

第二章，主要运用企业战略管理的一些相关理论，诸如基于资源的公司观（RBV）理论、价值链理论和企业内部化理论，通过对企业集团产融结合的内在动因进行较为全面系统的探析，旨在为构建具有实际操作性的企业集团金融产业发展战略及产融结合模式提供理论依据。本章共分三节，第一节以基于资源的公司观（RBV）理论为基本出发点，揭示了大型企业集团立足于已拥有的资源基础和产业布局，走产融结合的发展道路，就是为了完善企业集团的金融功能，快速积聚具有战略性的金融资源，并充分利用金融资源的杠杆效应，扩大企业集团的规模经济，从而为企业集团赢得竞争优势，进而提升其国际竞争力。第二节运用价值链理论来分析企业集团产融结合的内在动因，进而说明企业集团走产融结合的发展道路是利用企业集团庞大的资金流延伸企业的价值链，通过生产经营与资本经营的两种价值增长方式提高资金的使用效率，相对于竞争对手而言，以更为独特的方式为股东创造价值，从而实现资金与资本的双向增值。第三节从企业性质的再认识入手，运用科斯的交易成本理论来分析企业集团发展金融产业究竟是采用内部化好，还是外部化好，进而分析说明了企业集团走产融结合的发展道路可以通过金融业务内部化有效降低金融市场的交易成本，从而增加收益。同时，也可以扩大公司控制市场的范围，进而谋求获取高于市场的平均利润。

第三章，主要通过美、日两国具有代表性的知名企业集团金融产业发展战略的生成机制及产融结合模式的实证分析，旨在说明以产业开发为主的大型企业集团实施产融结合的内在动因与可行性，进而分析了美、日两国企业集团产融结合的制度演变及其成因，由此可以得出结论：企业集团产融结合是企业集团进一步发展壮大和提升国际竞争力的必要条件，是企业集团规模发展到一定阶段的产物，是适应社会化大生产和经济全球化的客观要求而形成的。通过 GE 集团的并购战略，进而引发出笔者的推论：企业的无形资产只有通过资本经营才能快速变现，否则，其资源优势将无法迅速地转化为经济优势和竞争优势。

第四章，主要通过对中国具有代表性的知名企业集团金融产业发展战略的生成机制及产融结合模式的实证分析，进一步说明以产业开发为主的大型企业集团实施产融结合的具体动因与可行性，并试图从不同角度对中外企业集团产融结合进行比较分析，说明因不同国家的经济、法律制度环境差异而导致企业集团产融结合的形成模式和治理模式的不同，并由此对我国企业集团实施金融产业发展战略，推进产融结合得到若干启示。

第五章，在经济全球化和建设具有国际竞争力的世界一流企业的背景下，结合我国的现行法律和政策，主要明晰了我国企业集团金融产业发展战略的若干路径选择，并重点分析了每一种路径选择在企业集团中的特定功能，并对既定的路径选择的实现方式作了简要的分析说明。同时，为了确保企业集团金融产业发展战略的有效实施，进而在理论上对诸如企业集团产业资本与金融资本的关系、专业化与多元化的关系、生产经营与资本经营的关系等问题作了进一步的分析说明。

第六章，针对企业集团发展金融产业可选择的银行、保险、证券等若干路径，提出了企业集团金融产业的最优治理模式——金融控股公司这一组织形态。本章共分五节，第一节阐述了金融控股公司含义、类型及特点；第二节叙述了金融控股公司的发展现状；第三节阐述了金融控股公司的治理

结构；第四节对金融控股公司管理体制进行了探析；第五节
探讨了未来我国金融股公司的风险控制与监管模式。

从本书研究的总体思路看，创新与突破主要体现在以下
八个方面：

（一）对产融结合研究视角有所创新与发展

近年来，随着我国经济全球化和建设具有国际竞争力的
世界一流企业战略目标的提出，以及跨国公司在我国的迅猛
发展，关于"产融结合"的提法常见诸报纸杂志，而且这种
提法多为金融理论家和金融业界的同仁站在金融领域的立场
上，从经济金融学和宏观的角度来关注并研究产融结合的问
题。迄今为止，似乎很少有人站在工商企业乃至大型企业集
团的立场，从管理学及企业战略管理的角度来关注并系统研
究产融结合的问题。为此，笔者站在工商企业的立场上，以
企业集团产融结合为研究视角，从我国实施"大公司、大集
团"战略，提升国家竞争力的高度，来深度挖掘产融结合这
一古老的命题，从而确立了产融结合的微观研究体系，使本
书在研究角度上具有原创性。

（二）首次界定了企业集团产融结合的概念，初步构建 了微观层次的企业集团产融结合研究体系

在本书中首次明确界定了企业集团产融结合的概念，并

重新界定了使企业家们更容易理解和把握的企业核心竞争力的概念，初步构建了微观层次的企业集团产融结合研究体系：导论、理论分析、实证分析、路径选择、治理模式等几个部分，为有兴趣继续深入研究这一问题的同仁提供了一种分析框架和思考方式。

（三）对产融结合研究的理论分析进行了有益的探索

本书从企业集团这样一个相对微观的角度来研究产融结合的问题，并尝试运用已经在公司战略管理领域引起普遍关注的公司资源论、价值链理论、交易费用理论等有关理论来研究并揭示企业集团实施金融产业发展战略的生成机制和产融结合的内在动因。笔者认为，企业集团走产融结合的发展道路，就是为了完善企业集团的金融功能，快速积聚具有战略性的金融资源，并充分利用金融资源的杠杆效应，扩大企业集团的规模经济，从而为企业集团赢得竞争优势，进而提升其国际竞争力。企业集团走产融结合的发展道路，是利用企业集团庞大的资金流延伸企业的价值链，通过生产经营与资本经营的两种价值增长方式提高资金的使用效率，相对于竞争对手而言，以更为独特的方式为股东创造价值，从而实现资金与资本的双向增值。企业集团走产融结合的发展道路，是通过金融业务在企业集团内部化，有效降低金融市场的交易成本，从而增加收益。同时，也可以扩大企业集团控制市场的范围，进而谋求获取高于市场的平均利润率。

（四）提出了重构波特价值学说的具体观点

产业价值链理论是由波特教授（M. E. Porter）最早提出的，他认为企业价值链是企业所从事各种活动——设计、生产、销售、交货以及对产品起支持性活动的集合体。在此基础上，笔者基于大型企业集团庞大的资金流的价值增值作用，对波特的经典价值链图的增值环节做了必要补充。为此，本书中，笔者在波特价值链学说的基础上，突破了企业的单一制造业与行业的限制，延伸了波特的企业价值链，把企业价值链放在一个大型企业集团规模经营的范围内，重新设计了有关企业价值的活动过程，即大型企业的价值链应当包括设计、生产、销售、交货、资金集中与运营以及对产品起支持性活动的集合体。在重新设计的企业价值链中，突出了企业在已实现销售收入的回笼货币资金的集中与运营在企业价值增值过程中的巨大贡献。尤其对一个大型企业集团来说，重新调整企业对有关功能和活动的定位和预期，提高内部资金的使用效率，对提升企业的价值增值有着巨大的贡献和可挖掘的潜力。在笔者提出的延伸了的企业价值链中，突出了企业集团庞大的资金流的价值增值作用，并为深入研究企业集团金融产业发展战略的生成机制及产业资本与金融资本结合提供新的理论依据，这是本书的创新点。

（五）提出了企业集团产融结合必须处理好的三个关系

本书提出，企业集团实施金融产业发展战略，走产融结合的道路，必须处理好诸如产业资本与金融资本的关系、专业化与多元化的关系、生产经营与资本经营的关系等几个事关企业集团可持续发展的战略问题，并结合一些企业集团战略转型的实践和有关企业战略管理理论，从战略高度详细论证了这些关系，从而澄清了人们的一些认识，对企业集团进行相关实践具有现实指导意义。

（六）提出了金融控股公司隐含的十类风险

笔者在对中外金融控股公司管理模式研究的基础上，重点对金融控股公司的系统风险进行了比较深入的研究，将金融控股公司可能存在或诱发的风险概括为 10 个方面：①基于股权结构诱发的风险；②基于管理层次诱发的风险；③基于融资担保诱发的风险；④基于内部交易诱发的风险；⑤基于"防火墙"功能失效诱发的风险；⑥基于信息透明度低诱发的风险；⑦基于网络交易诱发的风险；⑧基于从业人员败德行为诱发的风险；⑨基于人才匮乏诱发的风险；⑩基于监管体系诱发的风险。

（七）提出了我国金融控股公司内部控制体系构想

针对金融控股公司可能存在的风险，并结合我国企业集团产融结合模式下的金融控股公司的具体实际，在借鉴国际金融组织关于金融控股公司内控制度的基本框架思路的基础上，提出了我国金融控股公司内部控制体系构想：①实施战略控制；②实施全面预算控制；③实施人事控制；④实施信息控制；⑤实施审计控制。由以上五种措施构成的金融控股公司内部控制体系，是一种基于金融控股公司全面控制体系的设计，而并非他人提到的内控只是财务审计部门的职责。

（八）提出了未来我国金融控股公司的监管模式

笔者在借鉴国外金融控股公司监管思路的基础上，结合我国目前金融监管的实际情况，提出了未来金融控股公司的监管模式：是一种统分有机结合的监管模式，即将目前的银监会、证监会、保监会精简合并，统一设立"中国金融监管委员会"，以适应未来我国金融混业经营的需要。在笔者看来，这种统分有机结合的监管模式，既有利于我国适应发达国家的"混业经营、统一监管"的模式，又有利于我国有效地控制金融风险，至少从降低管理成本来说是我国实施金融监管的一种可行的模式。

第二章 企业集团产融结合的理论分析

　　早期的企业战略理论主要围绕生产经营的有效性及生产成本领先等对企业获得竞争优势的因素进行了较为详尽的分析，但随着企业战略管理理论的深入发展，过去那种单纯依靠改善经营管理，保持持续成本领先来获得竞争优势的效果已不再明显，甚至出现了收益停滞不前或收益递减的趋势。[①]1990年，随着企业核心竞争力概念的正式提出，该概念随之成为理论与实践的热点，成为企业发展战略的研究重点。我国已经明确提出，把建设具有国际竞争力的世界一流企业作为今后企业发展的重点。目前，国内一些大型企业集团已开始定位于具有国际竞争力的世界一流企业，纷纷涉足金融产业，把发展金融产业作为企业集团迅速发展壮大的一项战略选择，提出了走产融结合的发展道路。这些企业集团实施

---

　　① 迈克尔·波特：《何为竞争》，中国发展出版社，2002年版，第5-7页。

产融结合的战略举措，其目的是为了帮助公司获得战略竞争力和超额收益，强化其领先于同行业的核心竞争力。如果把产融结合作为大型企业集团的一种新的发展模式，视为企业集团获取外部资源和竞争优势的手段，那么需要我们从战略的角度考察企业集团如何有效地推进产融结合，才能获取战略竞争力和持续竞争优势。在本章，我们运用企业战略管理的一些经典理论，诸如基于资源的公司观（RBV）理论、价值链理论和企业内部化理论，对企业集团产融结合的动因进行较为全面系统的探析，旨在为构建具有实际操作性的企业集团金融产业发展战略及产融结合模式提供理论依据，进而扭转目前产融结合只重宏观泛泛的理论研究，而不重具有可操作性的微观构建的倾向。

第一节　企业集团产融结合的资源论分析

对今天处于知识经济、信息社会、数字时代的企业来讲，那种寄希望于靠质量、技能、生产效率、流程再造和市场壁垒等因素而长期保持竞争优势的日子已经一去不复返了。在迈克尔·波特看来，公司不断提高经营有效性是获取优厚利润的必要条件而不是充分条件。特别是我国企业在经济全球化和建设具有国际竞争力的世界一流企业的背景下，大型企业集团将面对更加复杂多变的国际环境，仅仅依靠传统的竞争手段已经越来越显得力不从心了，很少有公司能长期实施以经营有效性为基础的战略来获得竞争上的成功。如我国的家电企业近几年由于管理手段及战略趋同，竞争者在质量提高、供给渠道及营销手段上相互模仿，导致众多家电公司在同一道路上赛跑而谁也不能取得竞争优势，结果在价格上互相残杀，最终出现了家电行业的利润率无法维持较高的水平。因此，面对经济全球化和飞速发展的互联网技术带来的国际竞争格局，企业集团要想在这个超强竞争时代求得生存和发展，提升国际竞争力，必须要有超越竞争对手并产生持续竞争优势的资源和手段，谋求制定和实施一项既能够充分利用自身优势，又能够建立比竞争对手更有效、更迅速地获取、培育和更新资源（有形资源与无形资源）的有效战略。本节将以基于资源的公司观（RBV）理论为基本出发点，探析大型企业集团在立足于已拥有的资源基础和产业布局，推进产业资本与金融资本的结合，实施金融产业发展战略的具体动因。

一、关于基于资源的公司观（RBV）理论概述

从 20 世纪 80 年代中期开始兴起的资源学派认为，每个组织都是独特的资源和能力的集合体，这一集合体构成了竞争战略的基础。资源基础论在 20 世纪 90 年代得到了迅速发展，目前已经成为研究企业竞争力及竞争优势的一个主流学派。1984 年，沃纳菲尔特（B.Wernerflet）在美国的《战略管理》杂志上发表了"公司资源学说"（A Resource-based View of the Firm），提出了公司内部资源对公司获得和维持竞争优势的重要意义。他认为，"公司内部环境同外部环境相比，具有更重要的意义，对企业创造市场优势具有决定性的作用；企业内部的组织力、资源和知识的积累是解释企业获得超额收益、保持竞争优势的关键"。沃纳菲尔特的公司资源学说对 20 世纪 90 年代的企业战略理论研究产生了非常重要的影响，由于他的开创性研究及后来的罗曼尔特、里普曼、巴尼、库勒、皮特瑞夫等人的共同研究与拓展，公司资源学说得到了进一步完善和发展。特别是在 1990 年，普拉哈拉德（C.K.Prahalad）和哈默尔（Hamel）在追忆安德鲁森有关特色能力的基础上，向管理学界提出了颇具影响力的核心能

力概念。① 在普拉哈拉德和哈默尔看来，核心能力是为公司经营的各项业务提供线索的能力或技能。核心能力概念提出后，尽管对管理者有强烈的吸引力，但它还没有提供出发展公司层次战略的实际引导，尤其是在实践中如何制定基于核心能力的战略时，由于缺乏对核心能力更为具体的描述，企业如何具体应用核心能力概念制定出有效的战略目前似乎还是一件比较困难的事情，从而很少有公司能达到他们所追求的清晰度。鉴于此，1995 年，科利斯、蒙哥马利提出了"基于资源的竞争：90 年代的公司战略"，从公司整体和业务单位两个层次研究战略问题，在关注外部机会的同时，强调企业内部的差异，整合了以前不同学派的战略管理理论，注重战略研究与战略实践的结合，因而更能适应当今迅速变化发展的环境，标志着"基于资源的公司观"这一理论体系进一步趋于完善。

基于资源的公司战略，聚焦于企业所拥有的资源，试图用资源的构成和性质以及如何有效地整合利用这些资源来解释竞争中频繁出现的优胜劣汰现象。基于资源论之所以很快成为公司战略研究的主流理论，不仅是因为资源论的研究范

---

① 普拉哈拉德、哈默尔：《哈佛商业评论》，1990 年 5/6 月号。

畴较之以往有了更加丰富的内涵，能针对能力论（主要侧重于企业内部分析）与环境论（侧重于市场结构的影响）的缺陷，从资源、能力与市场结合的角度，研究企业的竞争优势，而且还在于资源论能与早期关注企业竞争优势和竞争力的学者观点相吻合，在企业战略管理的实践中更容易被经营管理者理解和把握，从而得到有效的应用。

二、关于基于资源的公司核心竞争力构建

如果说企业独特的资源和能力的集合体是构成企业竞争战略的基础，由此足以说明资源在企业中具有举足轻重的战略地位，那么，企业的资源究竟有什么特征呢？资源、能力、核心竞争力三者的逻辑关系又是什么？学者们关于资源分类的方式有许多种，其中比较有代表性的是科利斯、蒙哥马利等人将资源分为三类：[1] 有形资产、无形资产和组织能力。有形资产包括房地产、生产实施、原材料等；无形资产包括公司的声望、品牌、文化、技术知识、专利和商标，以及日积月累的知识和经验；组织能力不同于有形资产和无形

---

① David J. Collies, Cynthia A. Montgomery: Corporate Strategy: Resourses and the Scope of the Firm Original English Edition Copyright 1997 by The McCray Hihh Companies, Inc., pp.30—35.

资产，是资产、人员与组织投入产出过程的复杂结合，包括反映效率和效果的能力——更快、更敏捷、质量更高等。从企业的生产经营角度来看，笔者认为，企业的资源不外乎用于开发、生产、经营所需的所有人力、物力、财力和组织资源等，但如果考虑到企业进行资本经营的需要，企业仅仅拥有财力资源还不能满足企业对资本经营的要求，在此需要将企业拥有的一般财力资源扩展为金融资源。为此，企业的资源可以分为人力资源、金融资源、物化资源和组织资源等。

人力资源即企业拥有的高素质的员工队伍及其所掌握的知识与技能；金融资源即企业拥有的资金、资本、融资体系及金融杠杆功能等；物化资源即企业拥有的机器、厂房、设备、生产布局、商业网点、原材料等一切可以物化的资产；组织资源即企业在经营活动中业已形成的高效管理体制与运行机制以及对资源的有效整合和控制能力。

上述有关企业资源的分类尽管只是针对单一企业而言的，但也能反映企业集团资源的主要特征，对于研究企业集团产融结合也有十分重要的指导意义。资源论认为，每个企业都是资源与能力的集合体，同一行业内相互竞争的公司所拥有的资源与能力是有差异的，而且在一段时间内相互是难以模仿和复制的；各个公司在收益上的差异主要由于其所拥有的资源和能力上的差异所致；一个公司之所以获得超额利润主要是因为它拥有同行公司所没有的核心能力。资源的公司观为我们提供了分析产融结合和竞争优势之间关系的框架。能够产生竞争优势的资源为战略性资源，资源的差异性和企业利用资源独特方式是企业形成竞争优势的基础。根据有关学者研究表明，有两种工具能帮助企业识别和建立核心竞争力。第一种工具是由决定战略能力的四种标准组成的，这些标准被用来判别哪些资源和能力是核心竞争力。这四种战略能力具体是指有价值的能力、稀有能力、难以模仿的能力及不可替代的能力。第二种工具是价值链分析。企业通过对价值链的分析，可以识别出那些需要不断维护、更新或发展并能创造价值的竞争能力。

关于资源与核心竞争力的逻辑关系可以表述为：资源—能力—核心竞争力。即企业能力来源于企业拥有的资源；企业核心竞争力则来源于产生持久竞争优势的资源和能力。

基于资源的公司观（RBV）理论认为，企业集团的竞争优势是建立在其所拥有的资源基础上的，任何企业集团不可能在所有资源类型中都拥有绝对优势，即使是同一类资源在不同的企业集团中也会表现出很强的差异性，从而构成企业集团资源互补融合的物质基础。我们知道，在我国以工商企业为主的企业集团中，人力资源、物化资源、组织资源对我们来说并不感到陌生，但对于金融资源来说似乎感到有点陌生。这是因为，多少年来"金融"二字在我国工商企业中一直被视为禁区，即使到现在仍未开禁，企业内部竟然不能拥有金融服务公司，提供企业内部融通资金的企业只能叫财务公司，并将其界定为非银行金融企业，企业的金融功能由于受计划经济思想的长期束缚而被剥夺，严重地影响了我国企业的快速发展壮大。尽管"金融"二字在工商企业中长期以来一直被视为禁区，但企业的金融资源存在却是客观的，而且属于一种战略性资源。

关于金融资源这一概念的出现，最早是由西方学者戈德·史密斯在《资本形成与经济增长》中提出，但戈德·史密斯只是在书中研究其他问题时顺便提及，并没有给予解释。我国学者白钦先在 1988 年提出"金融可持续发展"的同时，对金融资源的概念给予了解释。他认为金融资源可以概括为紧密相关的三个资源层次：[1]第一个层次是广义的货币资本或资金；第二个层次是金融组织体系和金融工具体系；第三个层次是金融体系的整体性功能的发挥。之后，白钦先进一步

---

[1] 白钦先：《论金融可持续发展》，《金融时报》1998 年 6 月 7 日。

论证了金融资源不仅是一种社会资源，更是一种特殊资源，并具有二重性。② 通过以上考证我们发现，金融资源不仅对一国的发展具有举足轻重的作用，而且对企业集团的快速发展壮大同样具有举足轻重的作用，是企业集团快速发展依存度极高的战略性资源。

如果我们在此用决定战略能力的四个标准来分析金融资源，也可以得出金融资源在企业中属于战略性资源的特征。

（1）金融资源是一种有价值的资源和能力，能够帮助企业减少威胁及利用机会并创造价值。

（2）金融资源是一种稀有资源和能力。由于一般企业进入该行业的门槛比较高，一般不容易被中小企业获取和拥有。如从严格意义上讲，迄今为止，我国以产业为主的企业集团只有首钢集团获准成立商业银行，足见金融资源对企业的稀有与珍贵。

（3）金融资源是一种难以模仿的资源和能力。竞争对手由于受制于内部人力资本的专有性，一般也很难模仿。

（4）金融资源也是一种不可替代的资源和能力。由于金融资源不同于一般的产品和技术，因此在市场上也很难找到

---

① 白钦先：《金融可持续发展研究导论》，中国金融出版社，2001年版。

一种真正属于自己的替代产品和服务。

基于以上分析，因此笔者认为，企业集团实施金融产业发展战略，走产融结合的发展道路，实际上也是一种基于资源和能力的战略在企业集团战略管理中的具体实践。企业集团实施金融产业发展战略，不仅有利于强化既有的核心竞争力，也完全有可能在竞争实践中培育出一种新的核心能力。

三、关于企业集团金融资源的杠杆效应

根据前述，既然金融资源在企业集团拥有的资源中属于战略性资源，那么从研究企业集团产融结合的需要出发，我们有必要对企业集团的功能及金融资源做进一步考证。随着我国加入 WTO 以后金融领域的逐步开放，企业集团如果定位于国际竞争力，那么当务之急就是要研究如何完善企业集团金融功能，健全企业集团金融组织体系，有效地利用企业集团的金融资源形成并强化企业集团的核心竞争力，这是当前企业集团战略研究的一个重要课题。

现代市场经济发展的一个值得注意的趋势是一些拥有竞争优势的大型企业集团正在谋求产融结合、产商结合，或者谋求构建产业、金融、商业的一体化发展格局，实现企业的

资源最大化利用和最优配置。从日本企业集团的发展历程来看，一些大公司或大型企业集团一般都具有生产、流通与金融的完整功能（见图2-1），尤其是企业集团内部的金融企业，为集团内部的其他成员企业提供便利的一系列融资，不仅是维系企业集团形成牢固稳定关系的一个重要手段，而且也是快速实现资源外取战略的一个重要步骤。

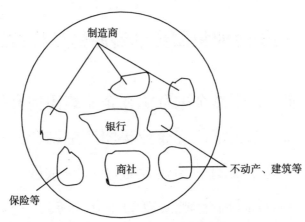

图2-1 日本财阀系企业集团的结构

资料来源：今井贤一、小宫隆太郎：《现代日本企业制度》，经济科学出版社，1995年版，第115页。

美国一些企业为什么在一段时间内会出现一体化、集团化的趋势呢？钱德勒在《看得见的手》中对这一问题进行了详尽的论述，他认为部分原因是由于企业竞争的特点，部分原因是与美国的市场规模有关。为了阻止竞争对手抢占市场，企业旨在通过一体化、集团化来建立竞争防御体系。从美国大型企业发展历程来看，铁路与电报的发展为那些大型企业趋于一体化做出了贡献。铁路与电报将全国市场连为一体，为实现大规模、集约化经营提供了条件。同时，美国一些大企业在建设铁路网、开采石油、大炼钢铁等方面需要大量的资本投资，一般工业资本家实力有限，难以承担庞大的资金需求，于是金融机构通过为其提供资金、包销股票和债券乘机控制了这些企业。一些大型工业企业为了摆脱金融机构的控制，也开始谋求控制金融机构，从而开始了美国早期的产融结合发展历程。

我国加入 WTO 后，金融资源作为现代经济最为敏感、最为重要的资源，近年来越来越受到人们的重视。国资委经济研究中心在《世界工厂与中国经济展望》的研究报告中认为，20 世纪 80 年代阻碍中国制造业发展的主要是产业瓶颈，而 20 世纪 90 年代以来金融业已成为产业重组、技术进步、企业竞争力提高的主要瓶颈。尤其在现代社会，金融是社会得以发展的重要推进器，没有资金的融通，任何国家或地区经济都不可能顺利发展。有了强大的金融力量，本国或本地区的经济发展才能有雄厚基础，也更有可能引进资本，与此同时，金融也会随着工业的发展而不断成长。因此，报告提出必须加大金融改革力度，特别是通过引入民营金融、外资金融来完善对于制造业的服务。由此看来，产业的发展离不开金融的有力支持，产业的发展也会带动并促进金融业的进一步发展，只有产业与金融二者有机结合，相互促进，才能共同成为推动我国经济发展的双轮驱动器。

一般来说，公司拥有的资源本身并不能产生竞争优势，更不能一劳永逸地保证其拥有持续的产业领导地位。只有当公司拥有的资源优势转换为经济优势时，才能使公司产生竞争优势，而且竞争优势可能会来源于几种资源和能力的有效组合或整合。如目前一些大型企业集团虽然已经基本构建了完整的金融体系，但是否由此而产生效益，以及其产业与金融能否产生协同效应，这是决定企业集团拥有金融资源为其获取差异化竞争优势的关键。

现代企业战略管理的一个基本命题是如何通过资源的有效整合创造公司的竞争优势。由于许多这样的资源和能力并不是瞬间就能积累起来的，因而一家公司的战略选择要受现有资源存量及其获取或积累的速度的限制。一个公司要保持可持续的竞争优势，靠的是资源的扩大和升级，尤其是要学会并掌握资源的杠杆利用法。普拉哈拉德和哈默尔在《作为扩张与杠杆的战略》① 中列举了管理者杠杆性运用资源，包括

---

① 普拉哈拉德、哈默尔：《哈佛商业评论》精粹译丛，中国人民大学出版社，2001 年版。

金融性的、非金融性的五种基本方式：将资源更有效地集中到关键的战略目标上；更有效地积累资源；以一种资源补充另一种资源以创造更高的订单价值；在任何可能的地方保存资源；在尽可能短的时间内把它从市场上恢复。

杠杆性运用资源法强调了企业以小博大，即以较小的投入做更多的事，以有限的资源创造无限的价值，旨在建立比竞争对手更有效、更迅速地获取、培育和更新资源的一种有效战略。以产业开发为主的企业集团实施金融产业发展战略，走产融结合的发展道路，其实就是一种管理者杠杆性运用资源的方式。以我国商业银行目前规定8%的资本充足率，并按51%的控股权计算，在金融行业准入许可的情况下，企业集团投资商业银行4亿元资本，即可控制100亿元的金融资源，可谓起到了"四两拨千斤"的功效。也正如马克思所说的那样，信用是促进资本集中和垄断形成的一个重要杠杆，是资本积聚和集中的强大工具。可见，企业集团通过杠杆性运用金融资源法可以获取战略竞争力和超额利润，有效地获取竞争优势。

随着现代信用经济的发展，企业集团可以依托自身培育发展起来的金融功能和金融体系，通过金融手段迅速获取外部金融资源，进而培养出自我发展能力并产生持续竞争优势。实践业已证明，目前我们似乎还没有发现一种能比金融资源更为快速聚集的资源。如中国光大集团正按照"以金融业为重点，加强集团内部资源整合和信息共享，推动各企业之间加强合作和业务联动，建立集团比较竞争优势，加快发展，提高效益，致力于建设规范化金融控股集团"。光大集团的业务已涵盖银行、证券、保险、资产管理、基金、金融租赁、期货等主要金融领域，截至2010年底，光大集团及各企业合计总资产达到1.6万亿元，是改革重组之初的2.5倍，比2009年增长25%，全年合计实现税前利润218亿元。据保监会统计，2010年，中国财产险保费收入3894亿元，同比增长35%；人身险保费收入1.08万亿元，同比增长31%。在"十一五"期间，保费收入由4931亿元增加到1.47万亿元，总资产由1.5万亿元增加到5万亿元，目前有7家保险公司资产超过千亿元、2家超过5000亿元、1家超过万亿元，中国已经成为全球最重要的新兴保险大国。

以上统计数据表明，金融行业目前正处于高速发展态势，为有关企业迅速积聚金融资源发挥了巨大的作用。另据美国国会众议院银行货币委员会的一份调查报告反映，① 自

---

① 谢杭生：《产融结合研究》，中国金融出版社，2000年版，第81页。

20世纪初到50年代中叶的近50年里，美国金融机构资产总额增加了38倍，而同期非金融公司的资产总额只增加了约17倍。由此可见，金融行业资产翻倍的速度更快。常言道，"小公司经营产品，大公司经营行业"，也是强调行业的选择对于企业集团战略获得长期成功至关重要。在现代市场经济条件下，由于金融业和股份制公司的迅速发展，可以方便地将社会上闲散的资金积聚起来，再以较低的成本提供给工商企业，使产业资本对银行资本产生了信用上的严重依赖。为此，金融机构控制论认为，在股权高度分散化的情况下，现代大公司的控制权实际上掌握在各类金融机构之手，而不是职业经理之手。金融机构与工商企业的相互依存是不对称的，金融机构相对于工商企业处于霸权地位。因此，大型企业集团必须拥有自己的金融功能，并善于利用金融资源的杠杆作用，壮大企业集团的规模与实力，从而获取控制与影响市场的能力，进而增强其核心竞争力。

第二节　企业集团产融结合的价值链分析

　　竞争战略专家迈克尔·波特（M. E. Porter）在其《竞争优势》中提出的"价值链"概念[1]及其与企业竞争优势关系的论述，对于理解产业型企业集团实施金融产业发展战略，推进产融结合的行为是大有裨益的。价值链对于有效识别企业的价值创造区来说是一个有用的分析工具，利用价值链分析法可以识别并评估资源与能力的竞争潜力，从而在众多的企业经营活动中找到能创造价值的有效方式。企业集团依托于庞大的现金流，为了获得相对于竞争对手的竞争优势，走产融结合的发展道路，不仅找到了一种价值增值的有效方式，而且也有助于在大公司、大集团中重构或延伸波特的价值链。

　　迈克尔·波特认为，企业定位的核心就是"竞争优势"。[2]长期而言，成功的企业通常比竞争者拥有更持久的竞争优

---

① 迈克尔·波特著：《竞争优势》，夏忠华等译，中国财政经济出版社，1988 年版。
② 迈克尔·波特著：《国家竞争优势》，李明轩等译，华夏出版社，2002 年版，第 36–38 页。

势。竞争优势一般可以分为两类：低成本竞争优势和差异化竞争优势。企业不论拥有那一种竞争优势，都可以转换成比竞争对手更高的生产率。企业定位的另一个重要变数是竞争范围，也就是企业在所属产业内的诉求目标广泛。竞争范围之所以重要，是因为企业可借着参与大规模的全球竞争，或与相关产业竞争，建立互动关系（笔者认为可以理解为协同效应）而拉开战线，取得竞争优势。不同的产业之所以能产生互动关系（协同效应），原因是彼此在竞争过程中具有可以共用有利于竞争的重要生产活动或技能。

波特还认为，企业竞争优势的持续力取决于以下三项重要条件。[①]

（1）特殊资源的优势。对竞争优势的持续力而言，资源的重要性有层次之别。低层次优势如廉价的劳动成本和便宜的原料等是很容易被模仿取代的。高层次的竞争优势则包括：高级技术的所有权、在单一产品或服务上的差异；营销累积的品牌信誉或客户关系的持续。高层次的竞争优势通常有一些特征。首先，就是企业获得更先进的技术与能力，像高级专业人才、内部技术能力、与主要客户保持密切关系

---

① 迈克尔·波特著：《国家竞争优势》，李明轩等译，华夏出版社，2002年版，第47—48页。

等。其次，高层次的竞争优势通常借由长期累积并持续对设备、专业技术、高风险研究发展等投资而来。一般而言，能抢先行动的企业就表示它比同业更早投资发展相关领域，竞争者必须投入相同甚至更多的资源才能复制同样的优势，找到切入的机会。最后，最长久也是最有效的竞争优势是不断投资上述各项目，进而培养出自行发展能力。

（2）竞争优势的种类与数量越多越好。如果企业只靠一种竞争优势维持竞争力，其竞争对手就可以集中火力在这些领域，以期打成平手或后来居上。因此，长期领先的企业多半会由价值链发展为多样化的竞争优势，以求拉开与竞争对手的差距。

（3）最重要的一项条件是：竞争优势的持续力是一种持续的改善和自我提升。假如某企业把盟主宝座放在既有的竞争优势上，迟早会被别人取而代之。企业要持续竞争上的优势，本身必须成为一个不定向的飞靶，在竞争者赶上旧的优势前已发展出新的优势。从长期的角度而言，永续的竞争优势有赖于企业将其资源优势从层级的提升与扩张转变为形态上的竞争优势。

因此，迈克尔·波特认为，企业的竞争优势是在整合并组织各种活动过程中展现的，企业的生产是一个为利益相关者创造价值的过程。企业要想在激烈的市场竞争中赢得优势，企业必须为客户提供更具竞争力的价值，诸如有比竞争对手更高的效率，或以独特的方式创造更高的客户价值。为此，笔者认为，企业集团实施金融产业发展战略，走产融结合的道路，如果从更广义的角度理解，就是在奉行专业型的差异化战略，相对于竞争对手而言是以更为独特的方式在为股东创造价值，赢得竞争优势。我们以迈克尔·波特（M. E. Porter）提出的企业"价值链"理论，来分析说明企业集团实施产融结合的价值创造过程。

在迈克尔·波特看来，企业价值链是企业所从事的各种活动——设计、生产、销售、交货以及对产品起支持性活动的集合体。在此基础上，笔者基于大型企业集团庞大的资金流的价值增值作用，对波特的经典价值链图的增值环节做了必要补充，如图2-2所示。

如果把企业这个"黑匣子"打开，可以把企业创造价值的过程分解为一系列互不相同但又互相关联的经济活动，或称之为"增值活动"，其总和即构成企业的"价值链"。一定水平的价值链是企业在一个特定产业内的各种活动的组合，一个价值链显示了对于利益相关者来说产品生产的整体价值，它由价值活动和边际利润两部分组成。从图2-2可见，

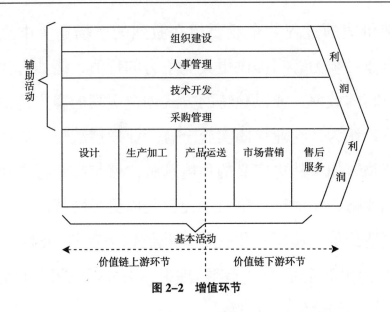

图 2-2　增值环节

"价值链"可以分成两大部分：下部为企业的基本增值活动，即一般意义上的生产经营环节，如设计、生产加工、产品运运、市场营销和售后服务；上部列出的是企业的辅助性增值活动，包括组织建设、人事管理、技术开发和采购管理。显然，迈克尔·波特的价值链学说是建立在对传统制造业分析的基础上，这些价值活动都与商品实体的加工流转直接相关。根据产品实体在价值链的各环节的流转程序，企业的价值活动可被分为"上游环节"（材料供应、产品开发、生产运行）和"下游环节"（产品运送、市场营销、资金集中和售后服务）。我们看到，在价值链的"下游环节"里，迈克尔·波特并没有提到大量产品销售后获得的庞大的回笼货币资金对企业价值增值的巨大贡献，这是迈克尔·波特关于价值链理论由于仅仅局限于单一制造业的一个缺憾。也就是说，迈克尔·波特只注重了企业有关生产经营各环节的价值增值区，而没有认识到企业资金集中于运营环节的价值增值区。如果我们把企业集团庞大的资金流作为企业价值链的一个价值增值区来分析，我们就可以准确地识别出有可能产生范围经济的相似活动。毫无疑问，市场营销活动完成后，企业庞大的回笼货币资金是价值链中不可忽视的价值增值环节，是企业创造价值的一种有待开发利用的重要资源，过去我们对此却未予以重视。

还需要进一步指出，迈克尔·波特的价值链学说只是建立在对单一企业价值链的分析基础上，似乎并没有分析由若干个公司法人组成的企业集团的价值链构成情况。如果我们认为，企业集团可以视同为企业集合的再集合，那么企业集团的价值链也可以看作是由若干个企业价值链的集合。对于迈克尔·波特提到的价值链的各环节，由于在企业集团的价值链构成中不具有同质性，且与本书的论题无关，在此就不再做进一步的分析。但与本书论题有关的企业集团内部庞大的资金流，不仅在企业集团的价值链构成中具有同质性，而且伴随着信用经济的高度发展，完全有可能产生巨大的范围经济，从而使这个环节成为企业集团价值创造的中枢区和价值链中增值的最大贡献者，并在这个具有比较优势的环节上发展成为企业集团的核心能力。如连续多年赢得全世界最受尊敬公司的美国 GE 公司，其资金年周转次数平均高达 11 次，在每天下班后公司封账时保持账上资金为零，从而使公司的资金在全世界范围内不停地流动，每时每刻都在为公司创造价值，由此可以说，美国 GE 公司是目前全世界资金运营的高手。

因此，企业集团要获得比竞争对手领先的竞争优势，首先要对现有价值链进行合理分析和有效管理。从企业集团价值链构成看，构成价值链的每一个环节都包含有一定利润，通过实施纵向扩展战略，把那些内部相互联系的价值链尽可能地统一在企业集团内部，尤其是把分散在各个成员公司内部的资金集中起来，可以在集团内部形成一个庞大的资金链。如果我们进一步对企业集团内部庞大的资金链进行有效整合，集中管理，统一经营，在集团内部实现资源共享，完全可以成为企业集团进入金融产业的路径依赖。因此，通过对企业集团内部资金价值链的有效利用，不仅可以实现集团内部资金利用的成本节约，而且也可以提高企业集团金融资源的利用价值，产生可观的范围经济，并且有可能培育形成一个金融产业链，在企业集团内部使多个组织单元或业务单元共同使用集团内部的金融资源，减少对外部金融机构的依赖。其次要积极开展企业价值链的延伸探索，要突破价值链受单一制造业与行业的限制，在从事多元化经营的大公司、大集团内部延伸波特的企业价值链，重新设计企业的价值链体系，把企业价值链放在一个大型企业集团规模经营的范围内来重新设计有关企业价值的活动过程，即大型企业的价值链应包括设计、生产、销售、交货、资金以及对产品起支持性活动的集合体。在重新设计的企业价值链中，要突出企业在已实现销售收入的回笼货币资金在企业价值增值过程中的巨大贡献。笔者认为，在延伸了的企业价值链中，突出了企业集团庞大的资金流的价值增值作用，并为深入研究企业集团金融产业发展战略的生成机制及产业资本与金融资本结合提供新的理论依据。

通过对企业集团庞大的资金流作为企业价值链的一个组成部分的分析，我们可以看到，由此产生的范围经济给企业集团带来的好处有以下三点：

（1）有必要重新调整对一个大型企业集团的有关功能和活动的定位和预期，尤其对一个以实业开发为主的大型企业集团来说，要尽快建立健全其金融功能，以充分挖掘企业集团的价值增值潜力。

（2）企业集团内部拥有庞大的资金流，是其进入具有相关性的金融行业领域依赖的重要资源，有助于以实业开发为主的企业集团实施纵向一体化战略，发展金融产业，实现产融结合，获得并享受到规模经济性带来的好处，增强竞争优势。

（3）为企业集团内部各成员公司实现金融资源共享，提供便利快捷的金融服务和融资环境，提高企业集团内部资金的使用效率，也有助于增强企业集团内部的凝聚力。

第三节　企业集团产融结合的内部化理论分析

在诺贝尔经济学奖得主道格拉斯·诺斯看来，中国正处于一个经济、政治乃至整个社会制度不断变迁的过程之中，对于这个过程用传统的经济学似乎难以得到合理的解释。因此，诺斯主张经济学新的研究方向应该从交易成本入手，了解交易成本及其演变方式、与社会制度框架的关系和它与社会的互动过程。那么，究竟是什么决定交易成本的高低？在诺斯看来，交易成本的背后就是制度框架，交易成本的存在使经济过程产生摩擦，是影响经济绩效的关键因素。

随着企业战略实践和时间的推移，人们逐渐认识到保持企业的可持续发展和竞争优势在于企业战略能够不断创新。企业战略的创新旨在改变那些在我们看来已经习以为常的旧经济模式、制度及其游戏规则，建立一个更加富有效率的市场和盈利模式。与此相适应的企业战略创新研究应该把注意力集中在企业的管理模式和制度的创新方面，寻找一个与现行制度安排相适应的最佳盈利模式。企业集团实施金融产业发展战略，走产融结合的发展道路，就是在企业集团内部建立一个更加富有效率的内部市场和盈利模式，这无疑是一种战略创新，其实质是金融产业在企业集团内部化的问题。根据波特的竞争优势理论，[1] 若是竞争对手无法迅速察觉新的竞争优势，最先发动创新的企业可能因此改写彼此的竞争态势。因此，正当国内电力企业竞争处于白热化之际，处于战略领先地位的华能集团已经开始尝试国际化和产融结合的战略创新之路。在本节里，我们将用内部化理论来分析企业集团发展金融产业究竟是采用内部化好，还是采用外部化好，进而分析说

---

① 迈克尔·波特著：《国家竞争优势》，李明轩等译，华夏出版社，2002年版，第45页。

明企业集团进行产融结合的内在动因。由于内部化理论是建立在科斯的交易费用理论之上的,因此,我们将从交易费用理论入手加以分析说明金融产业在企业集团的内部化问题。

一、关于交易费用理论及其应用的概述

关于交易费用理论的创立，最早是由诺贝尔奖得主罗纳德·科斯（Ronald Coase）在 1937 年发表的《企业的性质》中提出:"市场的运行是有成本的，通过形成一个组织，并允许某个权威来支配资源，就能节约某些市场运行成本。"市场的运行成本具体包括市场搜寻的成本、交易谈判的成本、拟定合同和监督合同执行的成本以及合同的风险费用。科斯认为，有两种可以相互替代的制度来协调和配置资源，"在企业外部，价格运行指挥生产，它通过一系列在市场上的交易来协调；在企业内部，这些市场交易被取消，而且市场交易的复杂结构由厂商内部具有权威的协调人来替代，由其来指挥生产和交易"。在科斯看来，企业作为一个契约的集合，通过内部分工及权威的统一，可以节约交易费用。显然，市场与企业是两种协调分工与交易活动的机制，企业的显著特征就是对市场价格机制的取代，企业的出现是出于节约市场

交易费用的目的。科斯进一步指出，市场失效和市场不完全等现象会使企业的交易成本增加。从这个意义上讲，企业存在的逻辑就是为了节约市场的交易费用。科斯的交易费用理论不仅说明了企业形成的原因，也可以说明企业为什么扩大规模，进而可以说明一些企业集团为什么纷纷进军金融产业，将金融产业置于自己的控制下，使产业资本与金融资本的结合在一个企业集团内部得以实现。

自从科斯打开了企业这个"黑匣子"以后，由于其具有开创性的观点，所以成为研究交易费用理论的思想奠基人。其后的交易费用理论基本上是围绕科斯对企业的性质及其分析框架展开分析的，威廉姆森继承了科斯的思想之后，对交易费用理论的研究又做了进一步的发展。以威廉姆森为代表的资产专用性理论认为，[①] 企业的功能在于节约市场交易费用，而市场交易费用的存在是由于市场不确定性、资产专用性及其相关的机会主义行为。要同时实现最优投资与最优交易的问题，交易双方只有合并在同一个企业之中，即交易双方实现纵向一体化。企业组织与市场组织是两种主要的经济

----

① 威廉姆森在 1985 年所著《资本主义的经济制度》中，以两个行为假定（有理性和机会主义）和三个交易特征（资产专用性、不确定性和交易频率）为分析框架，以交易费用为核心，全面解释了企业的起源、演进、边界、反垄断等问题。

组织形式，处于这两种组织的中间地带存在着一些中间形式，但这只是少量的现象，且这种中间形式是不稳定的，一般会向两端转化。由此来看，威廉姆森也认为，在企业与市场之间还存在一种中间形式。

以科斯、威廉姆森为代表的新制度经济学把企业看作一个契约的集合，确实触及了企业的本质。因此，新制度经济学认为，企业通过制度的不断创新，均衡边界可以不断地向外拓展，在企业集团内部引入产品市场与资本市场，从而实现了契约集合的再集合。如果我们把企业集团看作一个契约的集合的再集合，那么企业与市场的界限则变得相对比较模糊。企业集团的出现则又进一步拓展了企业的边界，为企业的规模经济和多元化发展提供了一种新的组织形式，进一步扩大了公司控制市场的范围。

在我们考察了科斯、威廉姆森等人的交易费用理论之后可以发现，市场和企业都是实现交易的方式。市场的交易行为之所以存在，是因为市场中存在着某种分工和壁垒。从某种程度上讲，笔者之所以意在推进企业集团产融结合，旨在将市场中业已存在的产业与金融的分工通过企业集团内部化，并凭借企业集团内部的组织权威来消除市场壁垒，实现产融一体化。同时，我们也注意到，尽管威廉姆森没有进一步说明在企业与市场之间存在的中间形式是什么，但从目前看来，在企业与市场之间存在的中间组织形式可以理解为兼具企业与市场特征的企业集团这种组织形式。从目前企业集团的发展态势来看，也并非威廉姆森所认为的那样，"只是少量的现象，且这种中间形式是不稳定的"。在他的论述中，隐含了企业与市场是完全可以分开的，两者之间存在明显的界限；但现实情况是，在企业与市场之间出现的兼具两者特征的企业集团这种组织形式却日益增多，而且目前企业集团这种组织形式也比较稳定，特别是企业集团在日本与中国等一些亚洲国家如雨后春笋般的发展，而且数量越来越多，就是一个有力的例证。据我国有关部门统计，1996 年我国企业集团的数量已达 2 万多家，数量之多，几乎超出人们的想象。

由此可见，尽管威廉姆森的理论存在着一定的局限性，但其理论不仅为企业集团的发展指明了方向，而且也为企业集团金融产业内部化提供了理论基础。尤其在我国加入 WTO 以后，企业集团定位于国际竞争力，如果企业集团实现产融一体化，就可以进一步扩大公司控制市场的范围，增强企业集团的控制力与影响力，有利于提高企业集团的核心竞争力。因此，企业集团实施金融产业发展战略，走产融结合的道路，不仅在理论上是可行的，而且也符合企业集团的发展实际。

二、企业内部化理论最新发展及其应用的拓展

新古典经济学不探讨企业的性质及起源，他们假定利用市场机制是无代价的，从而市场的自发调节能实现资源的最优配置。然而，事实上市场运行也正如企业的存在一样，都是有成本的。常言道，"世界上没有免费的午餐"。企业集团在形成与发展过程中，存在着外部市场不断内部化的趋势。正如日本学者宫崎义一所言："将在集团内企业生产活动中产生的派生需求吸收于集团内部，结果导致集团内企业间的相互交易。"

1976 年，英国学者巴克利（Peter Buckley）和卡森（Mark C.Casson）在其《跨国公司的未来》中以科斯的市场内部化理论学说作为基础，首次提出内部化理论。巴克利与卡森认为，不仅在最终产品市场上存在着不完全竞争，而且中间产品市场也同样存在不完全竞争。这些中间产品不仅包括半成品，而且还包括知识、信息、技术、管理技能等（在笔者看来，这些中间产品也应当包括资金等因素）。半成品由

于存在着这种市场缺陷，企业之间发生的贸易关系就可能出现时差与交易成本，不能保证企业获利。如果将中间产品的市场交易纳入企业内部的生产经营活动中，就可以避免中间产品市场不完全，减少交易成本。企业能否实现中间产品内部化还受到四种因素的影响：①行业特有因素，包括中间产品的特性、外部市场结构、规模经济；②地区特有因素，包括地理距离与文化差异；③国家特有因素，包括东道国政府的政治、法律、财政状况；④企业特有因素，包括企业的组织结构、管理经验、控制和协调能力。

1981 年，加拿大学者拉格曼（Alan M. Rugman）在其《跨国公司内幕》中，进一步发展了这一理论。内部化理论是从市场不完全与垄断优势理论发展起来的，建立在三个基本假设的基础上：①企业在市场不完全的情况下从事经营的目的是追求利润最大化；②当生产要素特别是中间产品市场不完全时，企业有可能统一管理经营活动，以内部市场代替外部市场；③内部化越过国界会产生国际企业。

综上所述，我们看到，企业内部化理论的最新发展主要表现为：对跨国公司的对外直接投资的解释方面做出了贡献，从而比较好地解释了企业跨国界实现内部化经营动机和内部化决策过程。为此，笔者认为，企业内部化理论同样可

企业集团产融结合理论与实践（第二版）

以很好地解释企业集团产融结合的动因和模式。企业集团通过实施金融产业发展战略，进行产融结合，实际上就是将金融产业在企业集团内部化，从而实现了产业与金融在集团内部的一体化布局。金融产业在企业集团内部化的过程，就是一个企业取代市场的过程。

三、企业集团金融产业内部化的动因与收益—成本分析

（一）企业集团金融产业内部化的动因

企业集团金融产业内部化的动因主要基于以下三个方面：

（1）企业集团通过金融业务内部化的尝试，可以有效地降低市场交易成本，提高因内部化而带来的收益。当企业集团由外部金融市场提供金融服务时，必须按较高的金融市场价格付给金融企业相应的报酬费用。如通过发行股票直接融资则需要付给券商昂贵的发行费用，向银行贷款进行间接融资则需要付出较高的财务费用。如果上述金融服务由企业集团内部金融机构来提供，则与这些服务有关的交易费用就被节约了，从而提高了企业集团因金融服务内部化而带来的收益。如某企业集团 2010 年实现合并营业收入 2270 亿元，实

· 74 ·

现合并利润 70 亿元，而同年由银行提供贷款的财务费用及市场融资成本就高达 300 多亿元。由此可见，企业集团通过金融市场的融资成本是多么的高啊。同时我们也可以用企业集团财务公司存贷款业务为例说明内部交易的好处：企业集团如果拥有自己的财务公司，则既可以利用人民银行赋予财务公司同业存款的优惠利率，为集团增加潜在收益，又可以利用财务公司发挥内部银行的功能，调剂集团内部成员公司的资金余缺，避免了外部银行的存贷差损失，有效降低金融市场的交易成本，从而为集团实现资金与资本的双向增值。

（2）企业集团通过金融业务内部化，可以减少市场的不确定性，从而降低经营风险。银行等金融机构为工商企业提供金融服务时，一般出于自身风险的考虑，政策从来都是向那些优势企业集团或效益好的企业集团倾斜，说得更形象一点就是银行的门第观念是很强的，从来都是"嫌贫爱富"。当企业集团经营形势好的时候，银行往往追逐企业集团为其提供贷款；但当企业集团经营形势恶化正需要银行提供资金救援的时候，银行对企业集团的态度往往唯恐躲之不及，甚至会釜底抽薪，采取加紧收回贷款的做法。如果企业集团实现产融结合后，产业与金融企业因在集团共同的产权约束下，交易稳定，加上人员互相兼职，信息不容易失真，既可以减少市场的不确定性，降低企业集团的经营风险，又能够避免企业逃废银行债务而引发的道德风险成本，在一定程度也提高了银行的竞争力，可谓是一种双赢的战略。同时，企业集团实现产融结合后，在企业集团内部只要通过分工及管理权威的命令来执行就可解决某些交易问题，这样一来，不仅可以节约市场交易费用，而且还可以大大减少诸如原先因市场上讨价还价、相互扯皮的一些因素造成的市场交易摩擦带来的时间和效率成本。

（3）企业集团通过金融业务内部化的尝试，可以获取产业与金融的协同效应。判断企业集团金融业务内部化必要性的一个基本标准，就是看产业与金融之间能否相互依存、相互驱动，利用产业的资源和品牌优势支持金融的发展，并以金融资本为后盾推动产业资本的发展，从而使企业集团通过产业与金融产生协同效应而获取巨大好处。GE集团产融结合之所以取得了巨大成功，关键在于其创造了产业与金融的"交叉销售"模式，即充分利用其客户信息资源，销售更多种产品与服务给同一客户的一种销售方式。这种模式可以充分利用与客户业已形成的良好关系，为同一客户提供多种优质服务，从而使客户的价值最大化，由此省去开发新客户所耗费的时间与费用，从而构造出一个强大的产品与金融服务发展空间。

综上所述，尽管企业替代市场可以节约市场的交易费用，从而提高企业的经济效益，但我们知道，内部化的同时显然也增加了企业集团内部的管理协调费用，牺牲了市场效率。随着企业集团规模的扩大，企业集团的管理幅度与管理层次会相应增加，企业集团内部的管理费用就会随之上升，效率也会相应地降低。从理论上讲，当边际市场交易费用的节约额等于边际管理费用的增加额时，企业边界达到均衡状态，这个均衡状态就是企业的理想管理边界。当企业边界达到均衡状态时，就意味着企业集团的规模不能再扩大了，从而就确定了企业集团的规模边界。

（二）企业集团金融产业内部化收益—成本分析

由于市场交易和组织协调都是有成本的，为了便于分析说明企业集团发展金融产业究竟是采用内部化好还是选择外部化好的问题，我们以企业集团金融产业的主要业务——财务公司为例来进行收益—成本的理论分析。为此，要回答上述问题，我们需要先回答以下两个问题：

1. 企业集团拥有财务公司能够为集团创造收益吗

（1）由于企业集团拥有庞大的资金流，以企业集团存贷款业务为例，企业集团通过央行给予财务公司的特殊政策，可以提高资金利用效率，为企业集团创造收益。下面我们以某企业集团财务公司为例予以分析说明：

目前，某集团成员企业在外部银行独立存款年利率为0.50%，如果成员企业将存款存在财务公司里，则以同业存款年利率0.72%与银行结算，这中间就有0.22%的利率差，再加上3%左右的存贷差，将使财务公司的回报非常可观。2010年某企业集团的销售收入2280亿元，集团各成员公司在财务公司沉淀的存款年平均额为182亿元左右，这样与各个成员企业自己直接存到银行里相比较，从理论上讲，一年下来某企业集团通过拥有财务公司这些业务就可以为集团增加4004万元的收益。

（2）企业集团利用财务公司可以调剂内部资金余缺的功能，可以有效地降低市场的交易成本，从而为企业集团增加收益。对此，我们仍以某企业集团财务公司为例予以分析说明：

在某企业集团各成员企业的资金未集中到财务公司时，分布在全国各地的一些企业将多余的资金存到银行里，合计为182亿元，而有些企业则因资金短缺又需要到银行里贷款，合计为161亿元，以目前银行一年期3.06%的存贷差计算，理论上，一年下来光资金在银行的利差损失就有49266

万元，这就是市场的交易成本。如果某企业集团通过拥有财务公司这项业务来调剂集团内部的资金余缺，就可以为集团节约 49266 万元的财务费用。也就是说，某企业集团通过财务公司取代市场的行为，降低了市场的交易成本，从而为集团增加了 49266 万元的收益。

合并两项业务的收益，理论上某企业集团通过存贷款业务的内部化行为，可以增加收益 53270 万元。需要说明的是，B 项业务的收益在抵减某企业集团财务公司营业成本后，又通过分红的方式分别返还给集团各成员企业。

通过以上简要的分析计算，我们看到，企业集团通过拥有财务公司的功能，将过去存贷款的市场行为转化为企业集团内部的组织行为，也可以说是进行了金融业务内部化的尝试。通过此举，既可以利用人民银行赋予财务公司同业存款的优惠利率，为集团增加收益，又可以利用财务公司发挥内部银行的功能，调剂集团内部成员公司的资金余缺，避免了银行的存贷差损失，有效地降低了市场交易成本，从而为集团实现了资金与资本的双向增值。

2. 通过财务公司将存贷款业务内部化后所增加的收益大于其管理成本吗

企业集团通过财务公司将部分存贷款业务内部化后，相应会增加企业的管理成本。由于增加的管理成本在不同企业将会产生不同的成本，很难在理论上得到一个定数，因此必须通过企业集团财务公司的具体业务管理发生的费用来计算。据了解，某企业集团财务公司2010年的管理成本为8276万元，由此可以算出其实现的净收益为：53270 − 8276 = 44994（万元），由此可见，某企业集团通过财务公司将存贷款业务内部化后所增加的收益远大于其管理成本。事实上，由于某财务公司还开展其他金融业务，2010年实际实现利润为50391万元。

通过以上分析，我们看到，企业集团进行产融结合，将金融产业内部化后所创造的效益大于它的管理成本。或者说，将金融产业内部化后的管理协调成本小于外部金融市场交易成本。显然，企业集团通过内部化发展金融产业是合理的。为此，企业集团应当将金融产业这项业务由自己的控股子公司来从事，为集团内成员企业提供有关的金融服务，而不是通过外部的金融企业来提供有关的金融服务。

本章小结

以往的学者大多是从经济金融学角度，从宏观层次来研究产融结合问题，其研究成果可以在一定程度对一个国家产融结合活动起到宏观指导作用；而微观层次的产融结合研究，则是从企业集团这样一个相对中观的层面来研究产融结合的问题，并尝试运用已经在公司战略管理领域引起普遍关注的公司资源论、价值链理论、交易费用理论等管理学与经济学理论，来研究并揭示企业集团实施金融产业发展战略的生成机制和产融结合的动因。旨在为构建具有实际操作性的企业集团金融产业发展战略及产融结合模式提供理论依据，并由此形成企业集团产融结合的理论分析框架，从而有助于分析和指导企业集团产融结合的具体实践活动。

在笔者看来，企业集团走产融结合的发展道路，是为了完善企业集团的金融功能，快速积聚具有战略性的金融资源，并充分利用金融资源的杠杆效应，扩大企业集团的规模经济，从而为企业集团赢得竞争优势，进而提升其国际竞争力。企业集团走产融结合的发展道路，是利用企业集团庞大的资金流延伸企业的价值链，通过生产经营与资本经营的两种价值增长方式提高资金的使用效率，相对于竞争对手而言，以更为独特的方式为股东创造价值，从而实现资金与资本的双向增值。企业集团走产融结合的发展道路，可以通过金融业务内部化有效降低金融市场的交易成本，从而增加收益；也可以扩大公司控制市场的范围，进而谋求获取高于市场的平均利润率。

第三章　国外企业集团产融结合的实证分析

本章主要通过美、日两国具有代表性的知名企业集团金融产业发展战略的发展历程（由产而融）及产融结合不同模式生成机制的实证分析，来说明大型企业集团产融结合主要模式的基本特征及其成因，并试图说明因不同国家的制度差异而导致企业集团产融结合的不同的路径选择及对我国以产业为主的企业集团实施金融产业发展战略、推进产融结合进程的若干启示。

第一节　美国企业集团产融结合实证分析

企业集团的概念在美国并不流行，人们通常把美国的大垄断财团视作典型意义上的垄断企业集团。追溯美国垄断企业集团进行产融结合的实践，可以发现，美国早期垄断财团的形成过程，其实就是一个垄断家族企业进行产融结合的过程，并形成了早期经典理论家所谓的金融资本。我们选取美国有代表性的两家企业集团进行产融结合发展历程的实证分析，有助于进一步加深对美国企业集团进行产融结合动因及其制度诱因的认识与理解，并从中得到一些启示。

一、美国早期企业集团产融结合的实践

探析美国早期企业集团产融结合的实践，其重要的意义在于此时的产融结合正处于自由发展时期，也就是处于产融结合的第一个阶段。

（一）洛克菲勒财团产业资本的形成与扩张

洛克菲勒财团的创始人是约翰·洛克菲勒。他在1863年出资4000美元与别人合资建立了一家炼油厂，并于1865年从银行贷款7.25万美元收买了合伙人的股份。经过不断地从银行融资和扩大生产规模，终于在1870年发展成为资本额达100万美元的全美第一大石油公司，洛克菲勒也因此成为美国历史上第一个百万富翁。在此基础上，洛克菲勒通过兼并实现了一体化经营，即从开采、提炼、运输直至销售的纵

向一体化经营，实际上已经垄断了美国的石油生产，其拥有的工业资产也具有了相当规模。1982年，洛克菲勒又将他的美孚石油公司改组为美国的第一个托拉斯组织——美孚石油托拉斯，从而确立了他在美国石油工业中的垄断地位。随后美孚石油托拉斯几经改组，兼并了400家石油企业，至20世纪初已经控制了美国国内石油销售量的84%和石油出口量的90%，并成为世界上最大的石油垄断集团。

由于缺乏强有力的金融核心，洛克菲勒家族控制的石油业的进一步发展，包括设备更新投资、纵横向合并整合等，所需大量资金不得不受制于摩根财团控制的金融机构；向铁路、钢铁、电力等其他部门扩张所需的巨额资金也同样依赖于摩根财团控制的金融机构。由此可见，这种以经营工业为主的产业资本扩张，有赖于金融资本，这严重束缚了洛克菲勒家族的扩张，更何况二者在垄断财团形成的初级阶段，还互为竞争对手。洛克菲勒财团在两大财团的相互竞争中，洛克菲勒家族便意识到了金融业在企业发展中的重要地位，开始寻找机会逐步向金融业渗透，为形成产融结合的企业集团奠定了基础。

（二）洛克菲勒财团产融结合的发展历程

为加速产业资本的扩张步伐，洛克菲勒于1881年通过新泽西美孚石油持股公司成为花旗银行的最大股东，早期的花旗银行是一家为原料进口商和美国棉花公司服务的银行。在洛克菲勒兄弟的支持下，纽约花旗银行的大股东詹姆斯·斯蒂耳曼当上了该银行的总经理，并实际上控制了这家银行。从此以后，花旗银行就成为标准系统的金融调度中心，洛克菲勒家族通过留驻花旗银行的威廉·洛克菲勒，把该银行的巨额利润又投资于各个工业领域，从而实现了洛克菲勒家族产业与金融资本的结合，形成了洛克菲勒财团。

20 世纪 20 年代，随着洛克菲勒石油事业的进一步发展，其要求有更强大的金融支持。这时老洛克菲勒已退居幕后，由小洛克菲勒致力于金融业的发展。因为花旗银行是一个股份制银行，在实际控制中还要考虑其他财团的意见。在 1911 年的改革法案实施过程中，公平人寿保险公司不得已出售其子公司公平信托公司的股份。为了拥有自己的银行，小洛克菲勒说服父亲，买进了公平信托公司的控制股份。买进公平信托公司后，凭着洛克菲勒财团的巨额资产迅速扩张，到 1920 年已经拥有 2.54 亿美元的存款，并成为全美第八大银行。到 1929 年，通过实施一系列的兼并活动，公平信托公司吞并了 14 家较小的银行和信托公司，总体实力大为增强，从而使公平信托公司不仅成为美国实力最强大的银行之一，而且在国外也开设了许多分行，成为洛克菲勒家族在金融业中的一支重要力量。

20世纪20年代，洛克菲勒财团和摩根财团为了争夺大通国民银行的控制权展开了激烈的斗争。以1929年10月美国的股票市场崩溃为标志，整个金融业面临着一次空前的金融危机，但洛克菲勒财团凭借着强大的产业实力支撑，在与摩根财团的角逐中最终占了上风，取得了对大通国民银行的控制权。1930年，洛克菲勒财团将自己业已控制的银行——公平信托公司与大通国民银行达成了正式合并协议，合并后的新银行，仍以大通国民银行命名，并拥有资产35亿美元，一举成为美国最大的商业银行。从此，洛克菲勒财团的金融中心由花旗银行转移到大通国民银行，然后再通过大通银行将丰厚的石油利润投资新兴工业部门，从而迅速地扩大了财团的规模。

20世纪30年代，洛克菲勒家族控制了大通国民银行之后，进而控制了大通银行所属的投资银行——大通证券公司。不久，大通证券公司又兼并了另一家华尔街老牌的投资银行——哈里斯·福布斯公司，改名为大通—哈里斯·福布斯公司。由于1933年美国《银行法》的颁布，不允许商业银行拥有证券公司，波士顿第一国民银行所属的投资银行——第一波士顿公司在竞争中失败，被并入大通—哈里斯·福布斯公司。1934 年，一家独立的投资银行——第一波士顿公司正式成立，实权握在洛克菲勒财团手中。第一波士顿公司在 40 年代合并了梅隆的投资银行之后，实力更加强大，到 50 年代开始进入美国最大的投资银行之列，对洛克菲勒财团向国民经济各部门的渗透起到了重要作用。1955 年，大通国民银行又兼并了名列全美银行第 15 位、资产 16 亿美元的曼哈顿银行，组成大通曼哈顿银行。重组后，大通曼哈顿银行拥有 76 亿美元的资产，仍然保持为全美最大的商业银行，而它的实权也一直牢牢地掌握在洛克菲勒家族的第二代、第三代手中。

洛克菲勒财团以其雄厚的石油利润向金融业投资，在相继取得了公平信托公司、大通国民银行和第一波士顿公司的控制权后，其间又进一步控制了化学银行、纽约银行等商业银行，并拥有大都会人寿保险公司、公平人寿保险公司，形成了一个门类齐全的金融体系，至 1974 年底，洛克菲勒财团所属的大通曼哈顿银行、化学银行、纽约银行的资产总额已经大大超过摩根财团的摩根保证信托公司和银行家信托公司的资产总额，从而使洛克菲勒财团在金融界的实力迅速增加，逐渐取得了与金融界霸主摩根财团抗衡的力量。1996 年 4 月，大通曼哈顿银行兼并化学银行，组成新的大通曼哈顿银行，总资产 2970 亿美元，超过花旗银行 2570 亿美元，继续居全美银行之首。

（三）洛克菲勒财团产融结合取得的成果

在洛克菲勒财团完成产融结合的发展历程后，以业已形成竞争优势的石油工业为基础，倚仗其坚强的金融后盾，在继续维持其在石油业中霸主地位的同时，得以迅速向多元化经营发展。洛克菲勒财团通过把工业生产积累的资本不断投向金融业，进而控制大银行，然后通过大银行的资本放大效应和杠杆效应，进一步控制大量的非银行金融机构和大量的工业企业。如表 3-1 所示：

表 3-1　1983 年洛克菲勒财团控制的主要企业

产业（行业）	公司名称	资产额（亿美元）
金融业	大通曼哈顿银行	819.21
	纽约曼哈顿银行	511.64
非银行金融机构	大都会人寿保险公司	605.98
	公平人寿保险公司	433.05
	旅客公司	328.75
	美国捷运公司	439.81
	第一波士顿公司	202.03
	大陆公司 *	92.78
	家庭人寿保险公司 *	22.28
	通用美国人寿保险公司 *	24.98

续表

产业（行业）	公司名称	资产额（亿美元）
石油工业	埃克森公司	629.63
	美孚公司	403.38
	德士古公司 *	374.84
	加州美孚石油公司 *	449.74
	俄亥俄美孚石油公司	163.62
飞机导弹宇航业	麦克唐纳–道格拉斯公司	47.92
	斯佩里公司	53.30
	联合工艺公司 *	87.20
机电仪表业	威斯汀豪斯公司 *	85.69
	卡明斯发动机公司	12.58
	哈里斯公司	13.60
通信业	国际电报电话公司 *	139.67
钢铁业	美国钢铁公司 *	193.14
	阿姆科公司 *	36.90
汽车工业	克莱斯勒公司 *	62.72
橡胶工业	固特异橡胶与轮胎公司 *	59.85
食品工业	通用食品公司 *	43.09
	博登公司	27.20
	CPC 国际公司	24.82
	阿姆斯公司	6.04
造纸工业	国民造纸公司 *	56.17
	大北—尼库萨公司	18.17
化妆品	K.帕尔莫利夫公司	26.64
出版业	时代公司 *	22.73

续表

产业（行业）	公司名称	资产额（亿美元）
纺织业	伯林顿工业公司 *	21.90
烟草业	雷诺工业公司	98.74
商业	安全商店 *	41.74
	J.C.彭尼商店	74.83
	F.W.伍尔沃斯公司	23.64
	联合百货商店 *	49.01
运输业	环球航空公司 *	27.83
	UAL 公司 *	51.33
	AMR 公司 *	47.28
	泛美航空公司 *	29.10
	东方航空公司 *	37.57
公共事业	美国电报电话公司 *	1495.29
	太平洋煤气电力公司 *	147.21
	美国电力公司 *	128.31
	统一天然气公司	33.57
广播影视业	哥伦比亚广播公司 *	29.89
	美国无线电公司 *	76.56
洛克菲勒财团控制的财产总额		7838.42

注：带 * 号者为洛克菲勒财团与其他财团共同控制的公司。
资料来源：美国《幸福》杂志，1984 年 4 月 30 日和 6 月 11 日。

　　据有关研究资料表明，[①] 在世界最大 7 家公司的石油"七姊妹"中，属于洛克菲勒财团控制的就有 4 家。20 世纪 70年代中期这 4 家公司的资产和原油产量分别占"七姊妹"相

———————————
① 谢杭生：《产融结合研究》，中国金融出版社，2000 年版，第 77 页。

应总额的 72.9% 和 58.4%，而且牢牢地确立了在世界石油业中的霸主地位。我们从洛克菲勒财团控制的企业来看，它在火箭、宇航、导弹、原子能等尖端工业中拥有巨额投资，在计算机、电信等高科技产业中也占有重要地位。此外，它还把汽车、冶金、化工、机械、橡胶、食品等工业一一纳入自己的经营范围。从 20 世纪 70 年代开始，它的经济实力迅速膨胀，并且超过了摩根财团，现在已稳居美国十大垄断财团之首。

二、美国现代企业集团产融结合的实践

探析美国现代企业集团产融结合的实践，其重要意义在于此时的产融结合正处于美国金融业由严厉管制到逐步放松管制的重要发展时期，也就是处于产融结合的第三个阶段。通过详细分析企业集团产融结合实践的成功典范——GE 集团产融结合的形成与发展历程，可以进一步说明企业集团走产融结合的发展道路不仅是可行的、必要的，而且对于那些希望走产融结合发展道路的企业集团来说，也有十分重要的借鉴意义。

（一）GE 集团产融结合的形成与发展

美国的通用电气（GE）公司是一个联合企业的"超级巨无霸"，也是当今世界产融结合的成功典范。尽管人们习惯上很少把 GE 公司称为 GE 集团公司，但 GE 公司本身完全符合企业集团的定义。因而为了研究的规范，在下文中均把 GE 公司称为 GE 集团。现在的 GE 集团拥有 30 万名员工，业务范围横跨 20 多个行业：从电力系统到航空引擎，从塑料到照明，从金融服务到电子商务。其中，金融产业几乎占到了 GE 集团众多产业的半壁江山。自从 100 多年前伟大的科学家托马斯·爱迪生创建以来，通用电气维持了 110 年的高速增长，并且总能战胜经济周期的不良波动。被公认为"过去 25 年最伟大的经理人"的杰克·韦尔奇（Jack Welch）上任以来，GE 集团不仅依靠连续 9 年以两位数的高增长成为了世界上市值最大的企业，而且连续多年被《金融时报》评为"世界最受尊敬的公司"，韦尔奇的许多管理方法也被选入 MBA 的教科书。

也许人们对美国 GE 集团及其前任董事长兼首席执行官杰克·韦尔奇的名字都很熟悉，但对为 GE 集团战略转型和经济增长做出突出贡献的资本事业部的有关业务情况也许就了解不多了。作为 GE 集团 11 个事业部之一的 GE 金融服务公司，它的前身是 GE 信用服务部，始于 1932 年的大萧条时期。那时的业务主要是向资金紧张而希望购买如冰箱等大电器的客户提供贷款，提供这类产品的分期付款金融服务，业务比较单一，一直持续到 20 世纪 60 年代为止，并将旗号改为通用资本事业部，人们也称 GE 金融服务公司（以下简称 GE 金融服务公司）。从 80 年代开始，在新业务的拓展中取得了突飞猛进的发展和巨大的成功。

GE 金融服务公司经营范围包括 27 个各有侧重点的业务，拥有 27 个事业部，它的业务从信用卡发展到卫星租赁再至计算机程序开发，包括卫星通信服务的供应商（Americom）、汽车金融服务、航空服务、商用设备融资、商业信用、商用房地产信贷与服务、统一金融保险、消费信用服务、雇主再保险公司以及工商咨询业务等。在它的 27 个事业部门中有 19 个部门是以两位数的速度增长，它的海外资产的增长幅度近 30%。其中，飞机和机车租赁，与通用的制造部门如飞机发动机和机车制造事业部相联系。到 1997 年下半年，它已是全世界最大的设备出租者，包括 900 多架飞机（比任何一个航空公司都要大）、188000 辆机车（比任何一条铁路公司都要大）、75 万辆小汽车、12 万辆卡车以及 11 颗卫星。

20世纪90年代中期以来，GE金融服务公司曾大举进入欧洲，在欧洲采取了76次购并行动，到2000年实现了盈利10亿美元的目标，比1997年翻了一番。在欧洲，GE金融服务公司收购了英国最大的公共房地产公司之一的MEPC公司，并通过与Hermes集团建立具有创新性的合资企业，并将该公司私有化。此外，他们还收购了法国里昂信贷银行的子公司PK Air Finance公司。该公司向航空公司、出租商及金融机构提供并安排以飞机做担保的借贷服务。收购和创办合资企业仅仅是它们发展壮大的一个因素，此外还通过生产设计富有创新性的产品和实施强有力的业务运营措施，同时加大了保持/渗透、交叉销售具有互补性的产品与服务等工作上的力度，这为取得上述成功发挥了关键作用。

　　与此同时，GE金融服务公司也向亚洲大举进入（见表3-2）。1995年，GE金融服务公司在日本的资产只有10亿美元。但是，1997年以后它借亚洲金融危机爆发之际进行了一系列的大规模收购，它的资产在2000年底达到了400亿美元，占到其全球资产的10%左右。

表3-2　GE金融服务公司在日本市场开展业务进程

| 1991年 | 6月 | 现在的GE日本西格股份公司开始海上集装箱租赁业务 |
| 1993年 | 6月 | 设立GE日本公司 |

续表

1994 年	10 月	收购峰熊赊销股份公司的赊销业务和仙台 NC 信用公司，成立 Gate Finance，开始面向消费者的金融服务
1995 年	1 月	ERC 富兰克纳再保险公司开设东京事务所，开始提供再保险的投保
	12 月	Gate Finance 更名为 GE 消费者融资股份公司 收购新京都赊销股份公司，扩张信用业务
1997 年	1 月	购得丸红轿车系统公司的 80%的股份，成立 GE 资本服务轿车系统股份公司
	10 月	GE 资本房地产公司在东京设立办公室
1998 年	1 月	ERC 富兰克纳人寿再保险公司在东京设立办公室，开始提供人寿再保险的投保 收购光荣信用卡，开始提供面向消费者的小额金融服务
	4 月	与东邦人寿合并，设立 GE 资本爱迪生人寿保险股份公司，开始营业 设立 GE 投资顾问股份公司，开始投资顾问服务
1999 年	11 月	购得雷克的营业权与营业资产，开始营业
	1 月	收购日本租赁公司的租赁业务以及日本汽车租赁公司
	2 月	与 Credit Saison 合作，开始发行 GE 卡

资料来源：［日］佐佐木裕彦：《通用电气之道》，中信出版社，2001 年版。

  GE 金融服务公司在日本的发展速度是当时进军欧洲的 2 倍，GE 金融服务公司在亚洲的精英绝大多数是在日本培训出来的。对此可以解释为：其一，日本的个人金融资产达 12 万亿美元（占亚洲总量的 80%）；其二，日本的人口老龄化速度居世界第一，日本是世界上最大的人寿保险市场；其三，日本金融系统在亚洲金融危机中遭受了严重的冲击，从而使其国内竞争者实力薄弱，因此对 GE 金融服务公司而言，日本是一个理想的国度。1997 年以前，GE 金融服务公司被迫在日本白手起家，因为日本人根本就没有被收购的想法，但是当银行和保险企业一垮台，GE金融服务公司便以惊人的速度完成了四起并购（笔者将其收购策略概括为：乘人之危，雪中送炭）：一家人寿保险公司、一家消费金融公司和两家租赁公司。目前，日本仍是GE金融发展最为迅速的市场，在日本通过联合及战略性收购项目不断拓展业务范围。

在泰国，GE金融服务公司1993年涉足当地市场时，只是专营汽车融资业务，规模很小。1997年7月泰铢大幅贬值，GE金融服务公司驻泰国办事处的负责人迈克·诺尔博姆（Mark Norbom）感到机会来了：他收购了处于不景气状态的汽车贷款业务。诺尔博姆在泰国增聘了1200名员工，GE金融服务公司在当地的资产由几乎为零陡然间增长至10亿美元。诺尔博姆因而获得提升，调往日本。在中国，GE金融服务公司的6个业务公司在中国开展业务，包括航空服务、结构融资、上海浦东设立的第一家外商独资财务公司、设备租赁和消费者服务以及股本投资和再保险业务。有50多架飞机租赁给了中国的各大航空公司；与上海市电力公司合作建立的上海闸北电厂，第一个全年运营取得了成功。除了在这些原有业务上增加投资外，GE金融服务公司将继续在中国主要的金融公司和制造企业寻求直接投资的机会，而且目前决定等待时机，以便中国的金融系统进一步对外开放后能大举进入。

GE 集团期望，在未来几年里，日本市场能够在其全球人寿保险业务中占到 25% 的份额。通用电气培育创造力，集团认为绝妙的想法总是迸发自工作的第一线。通用公司在日本的消费金融业务最能说明这一点。全球消费金融业务的负责人戴夫·尼森（Dave Nissen）谈到，由于出现了一些极具创新意义的新产品和新服务，在日本所获取的利润几乎与整个欧洲的利润一样多。通用电气的自动贷款机便是一个很好的例证，负责日本消费金融业务的山川丈人说，通用公司一共有 1000 台自动贷款机，顾客可以在一个小亭子里把文件和信用资料输入自动贷款机中，数分钟之内，自动贷款机便会发出一张卡，顾客持此卡就可以在 15000 台受理通用电气借款卡业务的自动提款机上提取现金。1996 年，通用电气的日本顾客中有 70% 的人通过人工服务得到贷款，30%的顾客通过自动贷款机获得贷款。而时至今日，这个比例却倒转过来，这对通用电气十分有利，因为使用机器可以将成本降低一半。

2000 年，GE 金融服务公司最重大的事件之一就是通过实施 GE 电子采购、电子运作与电子销售战略而形成的良好开端。作为 GE 金融业务运作的重点之一，为实施信息技术解决方案，进行了战略性裁员并将重心转移到高技术服务领域，最大限度地提高了效率并为客户提供了更好的服务。利用实施电子采购、电子运作及电子销售的战略，正在消除公司每一项业务的中间环节——中间商、数据处理、各种文书工作，目的在于培养自我服务的能力和提高工作效率。为实施电子采购战略，现在 GE 金融服务公司的所有采购业务均以电子拍卖方式进行。初步结果极其令人振奋：在美国，办公用品费用下降 25%，日本分公司的电信费用减少 29%，欧洲短期服务费用下降 10%。电子运作战略加快了商业客户的成交速度，无须使用一张纸便可完成业务报告程序及资产管理任务，总周期缩短 20%。电子运作战略同样降低了经营成本，如果一名新客户进行书面申请将耗资 4 美元，而通过互联网进行申请仅需 2.79 美元，利用网络及数字化信息来处理服务申请，意味着数千万申请中每人平均节省 2.82 美元。GE 金融飞机租赁公司将 Polar Air 公司的租赁手续履行时间从 225 小时缩短到 84 小时。GE 金融服务公司的电子商务与六西格玛质量标准齐头并进，提高了 GE 金融所有业务的速度、效率和利润。在继续不断地为母公司创造辉煌业绩之际，金融服务业务的多样性对 GE 金融服务公司仍然具有核心意义。

（二）GE 集团产融结合取得的成果

1980 年，杰克·韦尔奇就任通用电气集团董事长兼首席执行官的前一年，通用电气集团公司完全是一个制造业的实体：收入的 85%来自制造业，只有 15%来自服务业，且主要以售后市场服务为主。通用电气集团从制造业向服务业重心转移开始于 20 世纪 80 年代，到 90 年代获得了强劲的发展，使其从以制造业主导的经济转变成为以服务业为主体的经济。在通用的词典里，"服务"是一个至关重要的词汇，并且在通用电气集团内部，推动服务业发展的是 GE 金融服务公司。在 20 世纪 80 年代和 90 年代，没有任何一家事业部像 GE 金融服务公司那样对通用集团的增长和盈利做出如此重要的贡献。

1999 年，通用电气集团的营业收入达到 1110 亿美元（全球排名第五位），利润 107 亿美元（居全球第一位）。到 2000 年，营业收入增加了 16%，达到了 1300 亿美元，利润增加了 19%，达到了 127 亿美元，经营 20 多个主要行业。其中，GE 金融服务公司是 GE 集团的全资子公司，经营多样化的金融服务。GE 金融服务公司对整个通用集团的影响是举足轻重的：GE 金融服务公司走在通用集团发展的前列，它的营业额几乎占全公司总营业额的一半。假如没有 GE 金融服务公司，通用电气公司1991~1996年总收入的年增长将由9.1%缩减到4%。1996~1997年通用的股票上扬了123%，与之相比，标准普尔500指数仅上涨了63%。使通用股票表现如此出众的正是通用的GE金融服务公司。1997年GE金融服务公司的收入达399亿美元，净收入达33亿美元，如果GE金融服务公司从通用的11个事业部中独立出来，它将在《财富》杂志500强中名列第20位。2000年，GE金融服务公司净利润比上一年的44.43亿美元增长了17%，净利润总额达到52亿美元，资产价值突破3700亿美元大关。如果GE金融服务公司是一个独立的公司，它的总资产将名列全美前十大商业银行之中，这些创纪录的经营业绩是GE金融业务进一步全球化和多样化的结果。

GE集团的产业与金融相互依存，相互提携，相得益彰，共同创造了整个集团利润连续9年保持两位数增长率的奇迹。特别需要说明的是，GE金融服务公司与其他10个工业部、事业部相比，在保持GE集团每年以两位数增长中发挥了举足轻重的作用。

(三) GE集团产融结合遇到的挑战及对策分析

GE集团公司前董事长兼首席执行官杰克·韦尔奇在2000年曾向投资者保证："GE的利润将在较长的一段时间内保持

18%以上的增长速度。"然而如此的高速增长一般发生在公司发展初期，现在的 GE 集团是一个年净利润已高达 100 多亿美元的庞然大物。而 100 多亿美元的净利润，意味着相当于进入世界 500 强公司排名的销售收入，如此下去，2003~2004 财年等于在一年间就长出了一家可口可乐公司！由于基数太大，GE 要实现 18%的年利润增长率变得越来越困难。虽然 GE 集团在 2001 年创造了 11%的利润增长，但这与韦尔奇定下的标准尚有一段不小的距离。然而，随着全球经济的不景气，再加上目前美国的经济似乎仍未摆脱衰退的困境，GE 集团现在所处的经济环境与 20 世纪 90 年代简直是大相径庭。客观地说，在美国这样不景气的经济环境下，不要说年利润增长 18%，就是能继续保持两位数的增长也将会遇到巨大的挑战。

2001 年 9 月，43 岁的杰夫瑞·伊梅尔特（Jeffrey Immelt）战胜了他的两个竞争对手，从韦尔奇手中刚刚接过管理 GE 的权杖后，便在经营上遇到了巨大挑战。他上任的第四天就发生了震惊世界的"9·11"事件，GE 集团不仅因此丧失了两名员工，其旗下的保险公司还为此付出了高额赔付，而且世界航空运输业在美国遭受"9·11"恐怖袭击后，也遭到了毁灭性的打击，从而使其与航空业有关的业务因此而受到了巨大影响。美国与欧洲大部分航空公司 2002 年第三季度财务报表显示，他们仍未走出亏损减员的困境，而这直接导致了 GE 集团航空引擎部门订单大幅下降。再加上美国一些上市公司财务丑闻接连不断，由此导致了针对商业欺诈的强烈市场反应，华尔街发生了严重的股市震荡。即使被誉为"世界最受尊敬的公司"的 GE 集团也未能幸免，悲观而敏感的投资者发现自己不该信任包括通用电气集团在内的任何一家公司，纷纷抛出手中的股票，用脚投票，公司的股价徘徊在 2000 年 8 月历史最高点的 40%左右。一些分析师断言：今后 GE 集团已经不可能再维持两位数的增长，更有甚者，对 GE 集团公布的连续 9 年保持两位数年增长率的奇迹表示怀疑。[①] 尽管通用电气集团随后增加了财务报表的披露，但以债券之王比尔·克劳斯（Bill Gross）为首的大投资人则从更专业的角度对通用电气进行了批判，认为通用电气过分依赖商业票据作为现金来源，负债过高，而其高增长也主要建立在每年 100 余次的收购（如果按 5 天工作制算，等于每 2 天一次）之上。[②] 还有一些人士认为，GE 集团产业与金融业务部门开

---

① 王建芬：《金融部分喧宾夺主……将被迫分家》，《中华工商时报》2002 年 10 月 31 日。

② 吕岩：《通用电气能再现奇迹吗》，《环球企业家》2002 年第 12 期，第 91 页。

始相互牵制，提出了拆分 GE 公司的建议，主张把 GE 金融服务公司从集团中分出去，让其独立发展，以保持其目前高速增长的势头。

正如一些人担心的那样，GE 集团目前确实正面临着金融产业发展过快的问题。1991 年，GE 金融服务公司的利润占集团总利润的 30%，2001 年，这一比例已经上升到 40%。如果 GE 集团不是担心整个集团被划为金融类公司，这个比例也许早已超过 50% 了。从 GE 集团目前各业务部门发展的情况来看，GE 金融服务公司的快速发展，与整个工业部门发展的举步维艰形成了极其鲜明的对照。如今的 GE 金融服务公司的确在整个集团中的地位显得有些"喧宾夺主"，不再适合继续担任工业部门的"配角"。如任其发展下去，通用集团的主营业务就会变成金融，这样按照行业划分标准，GE 集团将被划为金融类公司。一些评级机构称，如果 GE 集团任由金融部门快速增长发展下去，甚至超过了集团的整体增长，他们很可能将下调 GE 的评级。为此，评级机构警告 GE 集团公司，现在所面临的形势正朝着危险的方向发展。理由似乎很简单，因为金融市场的风险一般较大，金融产业的快速发展必须建立在工业生产增长的基础之上；否则，金融业务的单方面增长就如同海市蜃楼。[①] 目前 GE 集团正处于进退两难的尴尬境地：一种是任由 GE 金融服务公司无限发展，进而牺牲整个集团的信贷评级；一种是眼睁睁地看着金融服务公司被工业部门的低速增长所拖累。如果出现上述任何一种情况，都将导致 GE 集团的整体形象受到损害，其代价是巨大的。面对如此两难境地，一些分析人士认为，如果硬将两个部门绑在一起，不仅不能起到相互帮助的作用，这种内部的不均衡甚至将成为 GE 集团今后发展的瓶颈。如果不从根本上解决工业部门与金融部门之间的矛盾，GE 集团将很难避免两败俱伤的结局。因此，甚至有人预言，市场已经发出信号，GE 集团的分拆应该只是时间问题。

的确，与过去通用电气 45 倍的市盈率相比，目前一直徘徊在 16 倍左右的市盈率已经说明，越来越多的投资者开始把 GE 集团当作一家金融公司投资（通常金融公司的市盈率都维持在 18~24 倍之间）。如果按照有人提出的建议，把 GE 金融服务公司从集团中分离出去，使 GE 集团公司重新回到单一制造业的定位，这对于以产融结合创造奇迹的 GE 集团来说，无论如何是不能接受的。一些长期关注并研究 GE

---

① 王建芬：《金融部分喧宾夺主……将被迫分家》，《中华工商时报》2002 年 10 月 31 日。

公司的人士认为，除了工业与金融一分为二的方案，通用电气应该还有以下三个选择：

首先是按照韦尔奇以前一直提倡的数一数二的战略，对现有产业结构进行调整，重新配置其产业组合，把公司中业务增长缓慢的部分、在行业里不能继续保持领先地位的出售，并积极寻找时机进入一些新的产业领域，培育新的经济增长点。

其次是把目前的一些强势部门进一步做强，集中力量发展核心业务，诸如喷气发动机、大功率涡轮机和医疗设备等业务，继续保持目前的竞争优势，巩固其在制造工业领域的"老大"地位，提高其核心竞争力。

最后是给金融服务公司动"大手术"。由于金融服务公司已经相当于一家巨型银行的规模，正是它的存在让通用电气公司的财务数据变得无法解读。对于目前过于分散的业务进行必要的集中和拆分，以进一步提高其透明度。必要的时候，也可以将目前一些获利不高、增长潜力不大的金融业务予以出售，以有效解决目前金融部门被工业部门低速增长所拖累的问题，从而继续维持产业与金融业务协调发展的格局，保持3A的信贷评级地位。

事实上，伊梅尔特目前也正是按照这样去做的。GE集

团已着手剥离一些非核心部门，如 2002 年 6 月 24 日，它以
8 亿美元的价格出售了其 B2B 电子商务部门。另外，伊梅尔
特为了压缩通用资本的成本（现在通用资本的利润增长和成
本增长的比例是 1∶1，而通用工业的利润与成本增长的比例
为 2∶1），加强对金融服务公司的管理并提高其透明度，并
于 2002 年 7 月底，伊梅尔特把金融服务公司一拆为四，将
其 26 个子部门合并成 4 家独立的业务部门——GE 商业金融
公司、GE 保险公司、GE 消费者金融公司以及 GE 设备管理
公司。据接近 GE 集团的人士透露，伊梅尔特已把照明设备
公司、员工再保险公司和通用投资机构——股本投资列入
"价值重估"栏目，这意味着这些子部门很可能被出售。由
于照明设备业务在 GE 集团利润中只占 3% 的份额，所以将它
们出售并不会使工业部门与金融部门的天平过度倾斜。但对
于一家依靠爱迪生发明的灯泡起家的公司而言，出售照明业
务的确不同凡响，甚至有人说这是公司 120 年来的一次巨大
变革。经过一段时期的战略调整，通用电气的股价从 2003
年初开始稳定增长，而且一直持续到 2007 年秋季。2008 年，
全球遭遇了百年不遇的金融危机，金融危机使美国数家世界
级的金融机构相继倒下，通用电气也遭遇了有史以来最严重
的挑战。在危机达到顶点时，伊梅尔特不得不向沃伦·巴菲

特（Warren Buffett）借款 30 亿美元，为此通用电气必须支付 10%的高额年息。幸运的是，通用电气在 2007 年从次级抵押贷款中成功脱身，尽管当时公司损失巨大，但如果坚持下去只会损失更大，并且在保险行业遭受重创之前也抽身而退。金融危机期间，通用电气旗下规模庞大的 GE Capital 公司也遭遇了重大挫折，不过它从未亏过一分钱，并在这期间的每个季度都保持盈利状态，GE 金融在 2008~2009 年共取得110 亿美元利润。尽管通用电气的"AAA"债券评级被下调，但依旧被评为强大而稳健的"AA"。尽管其在金融行业中涉足很深，但在没有参与不良资产救助计划（TARP）的情况下，GE 依然成功地渡过了危机。

在通用电气公布的 2008 年年报中，伊梅尔特写道："我们在对金融服务业务重新定位，以缩小其业务范围，使运营更加集中。"GE Capital 的最具独特优势的一点就是与 GE 基础设施业务之间强大的协同作用，这是一般的金融公司所不具备的强大竞争优势，因此 GE Capital 的重组也是围绕这个中心展开的，减少了对商业票据和长期债券的依赖，同时剥离其他高风险或非战略性的业务，使业务更加集中。伊梅尔特从传奇人物杰克·韦尔奇手中接过权杖已有 10 年，在此期间，GE 有时超过半数的利润来自金融业务。伊梅尔特说，他从金融危机中吸取了教训，而且今后也不希望 GE Capital 在通用电气利润贡献占据半壁江山。他说，它的利润贡献率应该保持在 30%~40%。伊梅尔特和他的同事正在将 GE 金融公司重新定位为规模更小、更加有针对性的专业金融企业。

（四）产融分离将对 GE 公司产生的影响

标准普尔的罗伯特·佛里德曼（Robert Friedman）在对 GE 集团 1995~2001 年的数据进行分析后发现，如果把所谓的"非核心"（Non-core）的业务利润（这包括养老金收入、期权成本和资产处置等）剥离出去，那么通用电气每年的增长只有 9.2%。而美林已经退休的分析师让娜·泰瑞尔（Jeanne Terrile）曾跟踪研究通用电气 15 年，在 2001 年 5 月她退休前的一份研究报告中，她写道："没有通用资本的存在，通用工业每年增长约 6%，和同时的 GDP 增长几乎持平。"

金融危机前，GE 集团对现金流的需求主要是依靠 GE 金融服务公司运用各种金融工具来维持。正如比尔·克劳斯指出的，GE 集团的账面上拥有 1000 多亿美元的短期高风险商业票据（占市场的 8%），这大多由 GE 金融服务公司发行（GE 金融服务公司是全球最大的商业票据发行商）商业票据筹集。借助穆迪（Moody）信用评级公司给 GE 金融服务公司的 AAA 的最高评级，GE 金融服务公司通过不断发行商业票据来维持其现金流的平衡，即上一笔资金回笼经常是通过下一次商业票据的发行来实现的。[①] 显然，GE 集团的金融离不开 GE 集团的工业，GE 集团的产业与金融已经形成了一个不可分割的整体，二者相互支撑，相互促进，共同创造了 GE 不败的神话。由于金融行业众所周知的高风险性，世界上不可能有任何一家金融公司拥有 AAA 的信用级别，因而 GE 集团的精明之处在于一直小心翼翼地把 GE 金融和 GE 工业的收入比例协调在 4∶6 左右，从而使其逃避了美国严厉的金融监管。

综上所述，在笔者看来，GE 集团的产业与金融的结合，实际上已经形成了一个不可分割的有机体，在某种程度上甚至可以说，拆分通用电气集团不仅不能出现双赢的局面，而且会出现两败俱伤的结局。GE 集团的产业与金融的结合，也经受住了百年不遇的世界金融危机考验。GE 集团通过产融结合的实践，不仅为其利益相关者创造了最大价值，而且也为我们提供了一个产业资本与金融资本结合的成功典范。任何把 GE 金融服务公司从 GE 集团中分离出去，使 GE 公司重新回到单一制造业的定位的建议，都是极其不负责任的，

---

① 吕岩：《通用电气能再现奇迹吗》，《环球企业家》2002 年第 12 期，第 91—92 页。

而且也是绝对不可行的。GE 集团产业与金融分离的后果，将会直接导致通用电气在全球的影响力显著下降，进而导致 GE 集团也许将会变成一家与世界上任何公司并无两样的平庸公司。所以，没有任何人能够接受拆分后的 GE 集团沦为一家平庸公司的事实，甚至有人断言，拆分 GE 集团产业与金融的后果给美国经济带来的冲击或许将比安然公司的丑闻更大。

（五）GE 金融服务公司取得成功的原因

GE 金融服务公司取得成功的原因，可以概括为以下几个方面：

（1）敢于进入自己不熟悉的领域，成功地实施了金融产业发展战略。GE 公司凭借其在制造业业已形成的规模经济和竞争优势，以金融行业的吸引力为动力，并得益于总裁韦尔奇提倡的好学精神和创新的企业文化，使其能够超越本身行业范围的限制，敢于进入自己并不十分熟悉的领域和环境，在 20 世纪 90 年代大力推动服务化和全球化两大经营战略，尤其把服务业作为通用迈向 21 世纪的一个主要的王牌产业来发展，使其能较容易地、不断地抓住美国及全球最盈利的业务。

（2）归功于通用集团内部产业与金融的有机结合，使其在各种业务发展上能够相互依存、相互提携、相得益彰，共享 GE 极高的市场商誉和无形资产所带来的价值。由于金融行业众所周知的高风险性，不可能有任何一家金融公司拥有 AAA 的信用级别，GE 即使经受了百年不遇的世界金融危机考验，也保持了 AA 的信用级别。GE 金融服务公司之所以取得了超越一般金融业的发展速度，是因为其在很大程度上得益于其母公司拥有庞大的制造业基础和极高的企业信用等级。那些被广泛使用的各种工业设施、拥有的技术及巨大的无形资产，为 GE 公司树立了坚实的产业形象，获得并累积了竞争对手可望而不可即的财务实力和商誉。这些不仅为促成 GE 公司由一家制造型公司转向服务型企业奠定了良好的发展基础，而且也为企业集团进行产业资本与金融资本的有机结合提供了成功范例。

（3）拥有一些既有产业背景又熟悉金融知识且能够驾驭产业与金融两个轮子的高素质人才。GE 金融服务公司取得今天如此令人瞩目的成绩，很大一部分应归功于其首席执行官加里·温特。作为通用最能干的人之一，他在 GE 金融服务公司度过了 22 个春秋，于 1990 年执掌了这一部门。他以捕捉趋势的敏锐眼光和必要时迅捷的行动能力著称于世。1967年，他自哈佛商学院毕业后，便开始为得克萨斯州（Texas）

的一个汽车商销售一些未开发的土地。这个汽车商答应只要他一接手这一工作，就会给他一辆卡迪拉克（Cadillac），并保证将使他变成一个百万富翁。温特得到了汽车，但并未得到百万美元（因为在这之前，这一汽车商已经破产了）。

（4）奉行"乘人之危，雪中送炭"的并购战略。GE公司的拿手好戏是收购企业，并购是GE金融服务公司成长不可或缺的一部分，其一半以上的业务是通过并购扩张实现的。特别是在亚洲金融危机爆发时，当别人对一些业务和市场并不看好，唯恐躲之不及，而GE金融服务公司则通过资本战略性的购并活动，乘机大举进入日本、泰国、韩国等金融市场，在短短的时间里通过购并获得了巨大的发展空间。在GE看来，根本没有哪一起兼并是平等进行的，兼并就是收购，如果不想有所改变，就不要被收购。20年代90年代后期，通用资本战略性的购并活动使其进一步转变为涉足信息技术、工商咨询和系统管理等多个领域的全球化公司。

（5）具有独特的文化整合能力和驾驭陷入困境企业的能力。GE金融服务公司在过去的10年里，在全世界收购的企业超过了300家。收购说来简单，但收购后的企业如何从组织体系、人事、财务到经营理念让它迅速融入通用电气的企业文化之中，与GE模式整合在一起，在这个消化、吸收的融合过程中，GE 的企业文化发挥了独特整合的作用。韦尔奇非常重视企业文化，GE 一向把企业文化的统一看作是一个重要的课题，而且这也是别人无法模仿的核心竞争力。

三、美国企业集团产融结合制度的演变及其成因

从美国早期的洛克菲勒财团产融结合的发展历程及 GE 集团产融结合的发展历程来看，虽然基本上可以横贯整个美国产融结合的历史，但似乎对其产融结合所处的外部经济制度环境缺乏一个具体的了解。为了对美国企业集团产融结合所处的外部经济制度环境有一个较为系统的了解和整体把握，有必要对美国企业集团产融结合制度的演变及其成因概述如下：

（1）企业集团产融结合的自由期（19 世纪末至 1933年）。在这个时期，美国实行的是自由放任、自由竞争的市场经济制度，美国政府基本上未对工商企业和金融机构之间相互持股和跨业经营加以限制。正是在这个制度非常宽松的时期，工商企业和银行可以双向自由地结合，彼此渗透，美国才得以形成了以银行资本起家的摩根财团和以产业资本起家的洛克菲勒财团，这也是美国历史上最早形成并具有代表

性的两种产融结合的模式。早期的摩根财团就是在银行资本不断集中的同时，凭借其强大的银行资本实力把势力范围渗透到铁路、钢铁等许多工业部门中去，通过控制大量工业资本逐步形成了美国第一个最大的垄断财团，并一直保持到 20 世纪 70 年代才被洛克菲勒财团超越进而取代。以产业资本起家的洛克菲勒财团如何向金融业渗透，在对其实证分析中已经叙述得很清楚了，在此不再赘述。当美国从自由竞争的资本主义走向垄断竞争的资本主义时候，在生产集中并由集中走向垄断的基础上，发生了产业资本与银行资本的融合。在资本融合和相互持股的基础上，银行业和工商业在人事方面也相互渗透，并出现了列宁说的"金融资本"和"金融寡头"，经典意义上的产融结合也就在这个时期业已形成。

（2）企业集团产融结合的限制期（1933 年至 20 世纪 80 年代）。1929 年 10 月，美国纽约证券交易所的股价暴跌，引发了长达 4 年之久的全球性经济危机。当时人们普遍认为，造成这次经济大危机的主要原因：一是垄断，二是混业经营受到了质疑。鉴于此，1933 年以美国《格拉斯—斯蒂格尔法（1933）》为代表的一系列法规先后出台，形成了美国金融严格的分业经营、分业管理的格局。其中，《格拉斯—斯蒂格尔法（1933）》规定任何以吸收存款为主要业务的商业银行，不得同时经营证券投资等长期性资产业务；任何经营证券业务的银行即投资银行，不得经营吸收存款等商业银行业务。于是像 J.P.摩根公司改组为商业银行，同时分离出另一家投资银行——摩根·斯坦利公司，并很快成为全美最大的投资银行。过去，摩根财团通过摩根公司一家金融机构全面控制工业资本，但改组后的摩根公司则采取分而治之的方法。在这个时期，一方面，美国《银行法》尽管禁止商业银行向企业投资及持有企业股份，但却允许商业银行设立信托部并以信托的名义持有产业公司大量的股票。特别是随着商业银行信托资产的迅速增加，进一步加强了银行资本对工业资本的控制。如摩根保证信托公司通过有表决权的股票控制了一大批工业企业，其中像著名的大公司通用汽车公司、可口可乐公司、美国钢铁公司等均在摩根保证信托公司的控制之下。在美国资本市场，由于股票持有者高度分散，因而银行利用信托资产已成为美国最大的股票机构投资者和大公司的实际控制人。同时，20 世纪 60 年代以来，美国主要商业银行都改组为银行持股公司，并以资本市场为依托，不断通过参与企业的产权交易向产业资本渗透，间接实现了产融结合。美国银行持股公司的发展，为产业与金融直接在企业集团内部的融合打下了基础。由此可见，银行信托部及银行持股公司的出现，既反映了美国商业银行业务综合化的要求，也反映了产业资本与金融资本结合的内在要求。同时，由于历史的变迁和美国公司股权持股结构日益趋于分散，因此，财团的内部控制也逐渐变得较过去松散，并逐步形成以大型产业公司为核心的产业与金融的结合。如通用电气公司、通用汽车公司、福特汽车公司、国际电话电报公司、波音飞机公司等，也都逐步发展成多元化公司，并拥有自己的金融部门或尝试进入金融领域，投资控股了一些金融机构。一些跨国公司甚至拥有自己的跨国银行，如美国道化学公司，起初经营化学产品，逐步通过自己的金融机构先后吞并了荷兰、瑞士、法国等8家银行，并在5个国家有分行，形成自己的跨国银行体系，是拥有外国银行机构最多的跨国公司。[1]

（3）企业集团产融结合的开放期（20世纪80年代以来）。进入80年代以来，以美国为代表的西方国家普遍出现了经济滞胀、投资不振、信贷需求下降的局面。在此背景下，有关放松金融管制、实行金融自由化的呼声逐渐占据了上风，金融自由化和金融业务创新的现象也不断出现，各种金融机构间的界限变得模糊。为此，美国对金融管理制度和

---

① 谢杭生：《产融结合研究》，中国金融出版社，2000年版，第121页。

金融体系作了一系列重大调整。在这个阶段，GE集团产融结合的性质发生了一些变化，由过去主要为母公司提供消费信贷服务开始向投资活动转变，并从此步入了一个高速发展时期，这不能不说与当时放松金融管制有关。由此可见，制度诱因也是美国企业集团产融结合形成的一个重要原因。特别是美国《金融服务现代化法案》的通过并实施，标志着在美国实行了半个多世纪分业经营的历史正式宣告结束，并由此拉开了混业经营时代的序幕，为企业集团产融结合的进一步发展奠定了坚实的基础，从而有效地提高了美国金融企业在全球化竞争格局中的市场竞争力。

综上所述，我们从美国企业集团产融结合的发展历程和金融管制的政策演变来看，初步勾画出发展轨迹：即在美国企业集团产融结合的自由期，美国得以形成了以银行资本起家的摩根财团和以产业资本起家的洛克菲勒财团；在美国企业集团产融结合的限制期，基本上没有出现像摩根财团和洛克菲勒财团这样影响力比较大的企业集团；在美国企业集团产融结合的开放期，20世纪80年代初，执掌GE集团的韦尔奇抓住了美国金融管制放松的机会，进一步推进了GE集团的产融结合，到90年代GE集团获得了强劲的发展，从而使其以制造业主导的经济转变为以服务业为主体的经济。凭

借着 GE 金融强大的盈利能力，GE 集团不仅依靠连续 9 年的
两位数的高增长成为了世界上市值最大的企业，而且连续多
年被《金融时报》评为"世界最受尊敬的公司"。即使经过百
年不遇的金融危机考验后，GE 依然是世界上第四大最有价
值的品牌。

第二节　日本企业集团产融结合实证分析

根据日本企业集团资本结合的不同方式，人们将其划分
为两大类型：[①] 环形企业集团和锥形企业集团。也有学者将环
形企业集团称为松散型企业集团，将锥形企业集团称为紧密
型企业集团。在环形企业集团内部，众多成员企业之间相互
持有对方的股份，互为大股东且关系较为平等，因其内部循
环持股而呈圆环状，故环形企业集团由此而得名。锥形企业
集团则是以一个大型的母公司为核心企业，通过紧密型的母
子关系，自上而下层层持有股份并控制了一个类似金字塔形
的庞大的企业系列群体，锥形企业集团由此而得名。本节主

---

① 李非：《企业集团论·日本的企业集团》，天津人民出版社，1994 年版。

要通过日本三菱集团产融结合的实证分析以及对日本企业集团产融结合的形成与发展概述，进而揭示日本企业集团产融结合两种模式的形成原因。

一、三菱集团产融结合的实证分析

三菱集团是日本比较典型的产融结合型企业集团。深入探析三菱企业集团产融结合的形成与发展过程，有助于我们进一步理解日本企业集团产融结合的内部发展动因。

三菱企业集团的社长会称为"金曜会"，参加金曜会的成员企业共有 28 家，均是三菱企业集团中实力雄厚的大企业，准三菱企业集团系大企业 32 家。三菱集团旗下拥有世界上比较知名的三菱汽车、三菱电机和三菱重工等日本最大的工业企业，同时拥有世界上最大的商业银行以及日本最大的信托银行、财产保险公司和人寿保险公司，还拥有世界上年营业收入最多的商业企业。

三菱集团起源于 1870 年岩崎弥太郎开办的一家海运公司，三菱家族凭借着与政府的良好关系，在政府的支持下很快垄断了航运界，并以此为依托，于 1887 年买下了原官营大企业长崎造船所，从而奠定了三菱家族的实业基础。进入

20 世纪以后，三菱集团开始在日本的城市建设、机械、造纸、纤维、钢铁、石油、化工等基础建设领域和重要新型工业领域发挥主导作用。为了进一步加快产业的发展，通过建立银行、保险公司，进一步筹集资金，进而向电机、化工、汽车、飞机及军事武器等工业领域进军，同时也向仓储、外贸、商业等领域拓展，从而为目前的三菱企业集团奠定了产业、金融、商业一体化的经营基础。到 20 世纪 40 年代，三菱集团已经成为日本最大的财阀。第二次世界大战以后，以三菱控股公司为核心的三菱财阀被驻日美军强行解散，但从 1952 年开始，三菱财阀逐渐复活，曾被禁止使用的三菱名称也相继得以恢复原来的称谓。如光和实业恢复为三菱商社、东日本重工恢复为三菱日本重工、千代田银行恢复为三菱银行、朝日信托银行恢复为三菱信托银行等。20 世纪 50~70 年代，三菱集团乘日本经济高速发展之机，实力迅速恢复并进一步发展壮大，并形成了以三菱银行、三菱商社和三菱重工为核心，具有工业、金融、贸易功能比较健全的企业集团。据 1970 年三菱集团成立 100 周年发表的白皮书，当时它的 44 个公司的总资产占日本全部企业总资产的 1/10，10 个公司的销售额差不多等于同年的国家预算。20 世纪 80 年代以来，由于各成员企业交叉持股，股权相对分散，三菱集团逐渐演变成一个比较松散的企业集团。集团内各成员企业都是独立法人，企业之间除了主要按市场经济原则如相互持股、银企信贷、共享销售网络等来相互维系外，众多的三菱企业很大程度上是依靠"同宗同祖"的三菱血缘，以及长期形成的共同三菱企业文化这些无形的纽带凝聚在一起的。1994年，全球500家大公司总营业额为102453亿美元，总资产308482亿美元，利润总额为2818亿美元，其中三菱企业分别占4.25%、5.28%、1.77%。三菱集团由此而成为当时拥有世界资产最大的企业——东京三菱银行和世界上年营业收入最多的企业——三菱商事。

在巨大无比的三菱企业集团内部，各企业彼此成为对方的大股东，尤其以产业与金融相互持股为主形成了一个环环相扣的股权结构。在这个环形的网状结构里，尽管金融机构和综合商社是相互持股体系的核心，但是金融机构和综合商社的股份又由其他成员企业所拥有，很难说是银行和商社单方面支配企业集团，其他企业集团也基本如此。首先A公司和B、C、D……公司之间相互持股；然后B公司又同A、C、D……公司之间相互持股；C公司则与A、B、D……公司之间相互持股。具体以三菱银行和三菱商事为例说明，三菱银行处于集团的核心位置，几乎是所有成员企业的首位大股东，其他成员也分别持有三菱银行股份，彼此紧密地结合在一起。三菱商事本身除了持有明治生命股份之外，三菱商事同其他大股东之间都相互持股；同时，三菱商事的大股东三菱银行、东京海上火灾保险、三菱重工业等之间也相互持股。据1984年统计，三菱银行分别持有三菱信托银行、东京海上火灾保险、三菱商事的3.07%、5.10%、5.59%的股份；三菱信托银行分别持有三菱银行、东京海上火灾保险、三菱商事的1.26%、2.08%、4.09%的股份；东京海上火灾保险分别持有三菱银行、三菱信托银行、三菱商事的4.70%、2.04%、6.49%的股份；三菱商事则分别持有三菱银行、三菱信托银行、东京海上火灾保险的2.20%、3.64%、2.34%的股份。这样，在一个集团内部，产业与金融相互持股但又找不到最终的控制者，可以说每一个成员企业既是所有者又是被所有者，这种环状持股模式是显示日本企业集团产融结合模式的重要标志。

（一）三菱集团工商企业形成与发展

三菱企业集团的工商企业尤以重工业、化学工业部门实力最为雄厚，拥有日本最大的综合性重工业企业——三菱重工业公司，日本经济界对其评价为："三菱重工业是代表日本的企业。在'巨大'这一点上，与新日本制铁并肩；在生产多品种这一点上，与日立制作所堪称日本的双璧。"另外，还有不少在各自产业领域中占据首位的巨大企业，如三菱电机、三菱化工机、旭玻璃等，以及拥有日本超级综合商社——三菱商事等。

三菱重工业公司（简称三菱重工）是岩崎家族 1934 年把三菱造船公司和三菱飞机制造公司合并建立的一家大型工业公司。第二次世界大战前，三菱重工是日本最大的武器生产厂家，许多军舰和飞机都是它设计制造的。第二次世界大战后（1950 年）被分割为东、中、西日本重工业 3 家公司（最初计划分割为 26 家），后来重新合并为三菱重工业公司。三菱重工当时是世界最大的制造商之一，1994 年总资产达 462 亿美元，职工 53048 人。20 世纪 50 年代朝鲜战争导致对军需产品的需求增加，使它迅速从战败打击中恢复过来。朝鲜战争之后，三菱重工的生产转向大型机器设备，包括工业、农业、运输等领域的重型机械。1970 年，三菱重工分离出三菱汽车工业公司，该公司现已发展为世界最大的汽车制造厂之一，年销售额超过了三菱重工。

三菱商事的前身可以追溯到 1896 年成立的销售煤炭的部门。该部门 1899 年改名为三菱合资公司营业部，当时主要销售煤炭和铜，并从事出口业务。到 1918 年 4 月，在原三菱公司营业部基础上组建成立贸易公司，并改名为三菱商事株式会社，从此三菱商事正式成立。第二次世界大战后被驻日美军解散，分割为 139 家小商社，并在朝鲜战争"特需景气"的情况下取得飞跃发展。但由于 1952 年朝鲜战争停战，军需采购大幅度减少，由战争带来的"特需景气"开始消失，这些小商社开始陷入困境。1952 年由原来的 139 家小商社合并为不二商社、东京贸易、东西交易、光和实业 4 家商社，并于 1954 年又将这四家商社重新合并为三菱商事。合并后的三菱商事立即进行大幅度增资，极大地增强了三菱商事在三菱旧财阀系中的资本统治地位。由于三菱企业集团具有强大的金融实力和诸多巨大企业，使三菱商事处于有利的竞争位置。从 1968 年起，三菱商事超越三井物产成为日本最大的超级综合商社。目前，三菱商事是日本也是世界最大的贸易公司之一，1994 年、1995 年的营业收入均列世界 500 家大公司之首。1995 年有资本金 12.65 亿美元，总资产 1092 亿美元，职工 13929 人，发行股票 15.67 亿股，主要股东是三菱集团的东京三菱银行、东京海上火灾保险、三菱重工、明治生命、三菱信托银行、三菱电机等公司。三菱商事拥有发达的销售网络，在世界各地有 240 个分公司，经营着从方便面到火箭的数十万种商品。

（二）三菱集团金融企业的形成与发展

三菱集团旗下也拥有实力雄厚的金融力量，如果把东京三菱银行、三菱信托银行、明治生命保险、东京海上火灾保险等三菱系金融机构的资金力量整合在一起，在世界上也绝对属于超级"巨无霸"。

1. 东京三菱银行

东京三菱银行 1996 年 4 月 1 日由东京银行和三菱银行合并而成。合并后拥有总资产 7764 亿美元，资本金 65 亿美元，发行股票 49.21 亿股，职工 21000 人，分支机构国内 756 家、国外 438 家。东京银行是日本政府指定的唯一外汇专业银行，也是世界最大的外汇银行。其前身是 1880 年建立的横滨正金银行，它与日本政府有着特殊的关系，实质上是一个半官方金融机构，一直是日本政府唯一的外汇存款银行和外债发行代理机构。三菱银行是日本也是世界最大的商业银行，一直是三菱集团的核心机构。它是 1919 年在原三菱合资公司（控股公司）银行部的基础上建立起来的，此后，通过兼并森村银行、金原银行、东京中野银行和第百银行等金融机构逐渐发展为日本最大的银行。

东京银行和三菱银行的合并，一般认为是二者谋求功能互补、优势互补，是一个双赢的战略。因为东京银行是日本唯一的外汇专业银行（类似我国的中国银行），在国外有发达的网络和业务关系；而三菱银行是世界最大的商业银行，在国内有发达的网络和业务关系。二者结合使新银行的国内外业务网络都非常发达，可最大限度地发挥银行的规模效益，产生强大的协同效果，成为名副其实的全球银行。但也有些日本人士认为，东京银行和三菱银行的合并表面上看起来是对等的，实质上是三菱银行为了三菱集团进一步扩张的需要而吞并了东京银行。如果做进一步深入探究，二者合并的深层原因其实是在日本政府大力推行经济全球化的背景下，以及随之实施的《金融制度改革法》（1993 年 4 月）中，"允许外汇银行转换为普通银行并可和其他银行合并"的政策鼓励下，三菱银行通过与东京银行合并而拥有其发达的国外投融资渠道，可以迅速、顺利地把集团内的企业以及与之有金融关系的 10 万家中小企业顺利推向世界市场，这样不仅扩大了融资规模，又为自己培育了新的顾客和财源，同时也使三菱集团进一步国际化。

2. 三菱信托银行

三菱信托银行是岩崎（三菱）家族于 1927 年建立的，是三菱集团的重要成员之一。目前是日本最大的信托银行，也是世界大银行之一，1995 年在世界银行 100 家中排名第 28

位。三菱信托银行 1995 年总资产为 1571.3 亿美元，资本金
19.3 亿美元，职工 6537 人，发行股票 13 亿股，1995 年平均
股价 14.7 亿美元，持股比例为：法人 64.18%、金融机构
20.26%、国外法人 7.39%、个人 4.1%、证券公司 4.05%、政
府及社会团体 0.02%；最大股东及持股比例：明治生命
4.36%、三菱银行 3.16%、三菱重工 2.73% 等，前 9 个大股东
全是三菱集团，共持股 20.88%。

20 世纪初，日本为了促进重工业发展并给重工业筹集长
期资金，仿效美国的信托制度建立了一批信托公司和信托银
行。信托银行在日本是产业资本与金融资本结合的重要形
式，承担着为重工业提供长期资金的任务，拥有重工业公司
的大量股票。三菱信托银行也是如此，它在三菱集团工业企
业的发展中起了重要作用。

3. 明治生命保险公司

1881 年，岩崎建立的明治生命保险公司，是日本第一家
寿险公司，也是目前日本最大的寿险公司。1995 年，总资产
1803 亿美元，职工 49050 人。随着科技和医学的进步、生活
水平的提高、人均寿命的延长，明治生命的盈利越来越多，
仅 1995 年就盈利 14.55 亿美元。巨额的资金来源和资金积累
使明治生命不仅成了三菱企业的最大股东，也使它成了许多

其他日本大企业的最大股东，明治生命获得的巨额长期资金为三菱集团的发展创造了条件。

4. 东京海上火灾保险公司

东京海上火灾保险公司是岩崎 1879 年创立的财产保险公司，是日本历史最长、规模最大的财险公司。1994 年总资产 554.82 亿美元，职工 14900 人。与明治生命一样，东京海上火灾保险公司也长期持有三菱企业和其他日本大公司的大量股票，是许多大公司的大股东。

二、日本企业集团产融结合的形成与发展

在考察了日本比较典型的产融结合型企业集团——三菱集团产融结合的形成与发展后，我们有必要再进一步深入探析日本企业集团产融结合的形成与发展过程，这样更有助于我们从整体上理解和把握日本企业集团的产融结合对"二战"后日本经济的恢复与发展所起的特殊作用。

考察日本企业集团产融结合的形成，最早可以追溯到明治时代日本财阀的形成以及战后日本企业集团的形成轨迹，从中我们可以清晰地看到日本企业集团产融结合的形成与发展的全貌。日本企业集团的产融结合初期是以财阀为基础，

在 100 多年漫长的历史中，其间经历了一个融合—分离—再融合的过程，现基本形成了以日本六大企业集团为主的产融结合模式。为了研究方便起见，笔者主要以包括三菱集团在内的日本六大企业集团产融结合做进一步探析。

日本在 1868 年明治维新后，在落后欧美发达国家 100多年的情况下，日本政府大力推行置产兴业，大力引进移植股份公司制度，通过实行一系列经济改革政策，仅用 30 多年的时间就迅速赶上了欧美一些发达国家，并跻身于资本主义国家的强国之一。在此过程中，日本政府大力扶持一些与政府关系密切的政商，使之成为产融一体化的财阀。到 20世纪 20 年代，日本已基本形成了以三井、三菱、住友、安田为代表的财阀体系。特别在第二次世界大战期间，这些实力雄厚的大财阀在军国主义对外侵略扩张中扮演了极其重要的角色，并借机得到了进一步的高速发展。特别需要指出的是，在 20 世纪 20 年代的后半期至第二次世界大战结束前，此时三井、三菱、住友等财阀主要通过家族化的控股公司实施金字塔式方法来支配所属企业，日本的银行普遍为大工业财阀的成员，称为财阀银行，为日本工业发展提供金融方面的保证。

第二次世界大战由于日本战败，为了防止日本军国主义势力重新抬头，美国认为，财阀是日本军国主义赖以存在的强大经济基础，是日本发动战争的潜在力量，同时也是垄断日本市场并影响市场对外开放的主要障碍，必须予以解散或分割。为此，日本在美国占领军的主导下推行了经济民主化政策，并强行解散了以三井、三菱、住友、安田为代表的财阀体系。解体后的原财阀系中的大企业和大银行的实力得以保存下来，尤其是原财阀系中的大银行在"二战"后经济民主化中几乎未受任何触动，这就为"二战"后以银行为中心，实现以横向联合为特征，并以企业集团的形式进行重组提供了必不可少的金融基础。解体后的原财阀系中的工商企业与银行通过所有权关系组成所谓工商与金融系列组织，系列组织的银行仍然向系列组织成员的工商企业提供信贷，同时也承担企业对其他股东的部分责任，企业不仅仅靠机构投资者和公众投资者（即个人投资者）来监督，更主要是靠提供贷款的银行来监督约束。在银行对提供贷款企业行使债权人的监督约束方面，我国的银行对企业的监督约束力几乎是微乎其微。笔者认为，我国银行对企业监督不力，也许正是我国企业不良贷款长期居高不下和企业逃废银行债务形成的重要原因之一。

失去财阀控股公司的原财阀系中的大企业群，在第二次世界大战经济复兴期间只好各自为战，有的还发生了诸如阳和不动产、大正海上被投机集团恶性收购的事件。随着朝鲜战争的爆发，国际政治、经济形成了以美、苏为首的两大阵营，美国对日本的占领政策也随之改变，财阀解体便中途夭折。日本政府先后于1949年、1953年两次修改《禁止垄断法》，其中对企业集团形成特别有意义的条款是：①允许不景气和合理化卡特尔存在；②缓和禁止竞争公司股份持有的限制，特别是将金融机构对企业的持股限制由原来的5%提高至10%；③缓和禁止竞争公司之间高级职务兼任的限制。原财阀系中的大企业以废除这些垄断措施为契机，这些被分割的企业又开始重新合并整合，原财阀系中大都市银行通过单方面持有同系列大企业股份，系列融资、派遣高级管理人员，逐渐取代财阀控股公司的组织功能，并以企业集团的形式通过设立社长会，把原财阀系中的企业重新聚集起来。最先以旧财阀为基础形成三井、三菱、住友三大企业集团，同时，伴随着日本经济的起飞，生产和资本进一步集中，以第二次世界大战一些中小财阀为基础，加上一些新型大企业，并以大银行为核心，又形成了芙蓉、三和和第一劝银三大企业集团，至此，以相互持股为主要特征的日本六大企业集团就形成了。关于六大企业集团股份持有率的变化情况如表3-3所示。

表3-3　六大企业集团股份持有率的变化情况

单位：%

年份	1977	1981	1985	1987	1988	1992	1996
三井	48.55	59.30	58.60	58.60	59.55	57.60	57.60
三菱	62.95	62.14	65.94	69.51	72.70	75.26	76.54
住友	77.95	85.50	93.07	92.24	93.63	94.46	94.18
旧财阀系平均	63.11	68.85	72.53	73.45	75.29	75.77	76.11
芙蓉	34.82	45.79	48.21	47.70	45.41	46.81	48.21
三和	23.84	30.31	26.23	25.64	26.99	27.47	25.58
第一劝银	18.00	28.65	29.83	29.14	29.47	29.37	28.40
银行系平均	25.55	34.92	34.76	34.16	33.99	34.55	34.06
总平均	44.34	51.78	53.65	53.81	54.63	55.16	55.09

　　注：持有率＝同一集团内实际拥有股份的成员企业数／同一集团内可能拥有股份的成员企业。

　　资料来源：财团法人公证取引委员会：《企业集团の实态について（第六次调查报告书）》，1998年版，第147页。

　　我国研究日本经济史的王键博士，在《日本企业集团的形成与发展》中，将日本的六大企业集团的形成与发展划分为三个时期：[1] 即经济复兴期（1945~1955年）——企业集团形成的初级阶段；第一次经济高增长期（1955~1962年）——旧财阀系三大企业集团首先形成，第二次经济高增长期（1962~1972年）——银行系三大企业集团最终形成；经济稳定增长期（1973年至20世纪80年代）——六大企业集团体制不断成熟等若干阶段。

　　构成日本六大企业集团的大都市银行、综合商社、大企业均各自拥有众多的子公司和关联公司，如住友银行系列、

———————

　　[1] 王键：《日本企业集团的形成与发展》，中国社会科学出版社，2001年版。

三菱重工系列、三井系列等。日本学者小松章称六大企业集团为综合企业集团，在他看来，"所谓综合企业集团是指依靠横跨工业、商业、金融业的各个领域的诸大企业之间的相互协力，以谋求各自所在的行业部门里的垄断地位，并且交换经营管理的意见，形成相互制约关系的诸大企业群体"。根据日本六大企业集团的形成与发展轨迹来看，我们完全可以得出这样的结论，日本企业集团拥有商社的交易功能与金融功能以及促进产融结合的发展，不仅迅速加快了企业集团的发展壮大，而且也有力地促进了第二次世界大战日本经济的起飞和高速发展。

日本六大企业集团的成员企业均分布在不同的产业领域（见表3-4），如银行、保险业、商业、批发、运输业、建筑建材业、重工业和化学工业等，而且几乎在所有重要的行业，各企业集团均配置了本集团成员企业，彼此展开了激烈的竞争。

在这六大企业集团中，三井、三菱、住友属于财阀系，芙蓉、三和和第一劝银则属于银行系。通过对日本六大企业集团产融结合形成与发展的考察，我们发现，这些企业完全具有典型意义的垄断企业集团特征。如果用早期的金融资本经典理论考证，随着资本在日本六大企业集团中的集中与垄

表3-4 六大企业集团社长会成员企业状况（1997年10月）

企业集团名称 / 产业	三井系（二木会25家）成立时间1961年10月	三菱系（金曜会28家）成立时间1954年前后	住友系（白水会20家）成立时间1951年4月	芙蓉系（芙蓉会29家）成立时间1966年1月	三和系（三水会44家）成立时间1967年2月	一劝系（三金会48家）成立时间1978年1月
银行、保险	樱花银行、三井信托银行、三井生命保险、三井海上火灾保险	东京三菱银行、三菱信托银行、明治生命保险、东京海上火灾保险（日本信托银行）	住友银行、住友信托银行、住友生命保险、住友海上火灾保险	富士银行、安田信托银行、安田生命保险、安田火灾海上保险	三和银行、东洋信托银行、日本生命保险（大同生命保险）	第一劝业银行、朝日生命保险、日产火灾海上保险、大成火灾海上保险
农林业、矿业	三井矿山	—	住友煤矿业	—	—	—
建设	三井建设、三机工业	三菱建设	住友建设、住友林业	大成建设	大木组钱高组东洋建设、积水建设	清水建设
食品	日本制粉	麒麟啤酒	—	日清制粉、札幌啤酒、日丽	伊藤火腿、三得利	—
有机纤维	东丽人造丝	三菱人造丝	—	日清纺东邦人造丝	尤尼其卡帝人	—
造纸	王子制纸、日本制纸	三菱制纸	—	日本制纸	—	王子制纸
化学	三井化学、电气化学工业	三菱化学、三菱煤气化学、三菱树脂	住友化学工业、住友合成树脂	昭和电工、吴羽化学工业、日本油脂	德山碱业、积水化学工业、宇部兴产日立化成工业田边制药、藤尺药品工业、关西涂料	旭化成工业、电气化学工业、协和发酵工业、日本ZEON旭电化工业、三共资生堂雄师
石油	—	三菱石油	—	东燃	克斯蒙石油	昭和石油
橡胶	—	—	—	—	东洋橡胶工业	横滨橡胶
建材、玻璃	秩父小野田水泥	旭玻璃	日本板玻璃、住友大阪水泥	日本水泥	住友大阪水泥	秩父小野田水泥
铁钢	—	三菱制钢	住友金属工业	NKK	神户制钢所、日新制钢、中山制钢所、日立金属	川崎制铁、神户制钢所、日本重化学工业
非铁金属	三井金属	三菱金属、三菱伸铜、三菱电线工业、三菱铝业	住友金属矿山、住友轻金属工业、住友电气工业	—	日立电线	日本轻金属、古河机械金属、古河电气工业

续表

企业集团名称 / 产业	三井系（二木会 25 家）成立时间 1961 年 10 月	三菱系（金曜会 28 家）成立时间 1954 年前后	住友系（白水会 20 家）成立时间 1951 年 4 月	芙蓉系（芙蓉会 29 家）成立时间 1966 年 1 月	三和系（三水会 44 家）成立时间 1967 年 2 月	一劝系（三金会 48 家）成立时间 1978 年 1 月
机械	日本制钢所	三菱化工机	住友重机械工业	久保田铁工、日本精工	NTN	新潟铁工所、井关农机荏原
电气机械	东芝	三菱电机	NEC	日立制作所、冲电气工业、横河电机	日立制作所、岩崎通信机、夏普京岩日东电工	日立制作所、富士电机、安川电机、富士通、日本克罗姆比亚
运输机械	三井造船、石井岛播磨重工业、丰田汽车	三菱重工业、三菱汽车工业	—	日产汽车	日立造船、新明和工业、大发工业	川崎重工业、石川岛播磨重工业、五十铃汽车
精密机器	—	尼康	—	佳能	HOYA	旭光学工业
百货店	三越	—	—	—	高岛屋	西武百货店
金融	—	—	—	—	东京租赁	劝角证券、东洋证券
不动产	三井不动产	三菱地所	住友不动产	东京建物	—	—
运输、仓库	大阪商船、三井船舶、三井仓库	日本邮船、三菱仓库	住友仓库	东武铁道、京滨急行电铁、昭和海运	阪急电铁、日本通运、山下新日本汽船	日本通运、川崎汽船、泽仓库
其他	—	三菱综合研究所	—	—	—	东京乐园

资料来源：日本东洋经济新报社：《企业系列总览》1998 年，第 43 页。

断，银行资本与工业资本得到了进一步的融合，金融资本的形成在日本六大企业集团中已经得到了具体体现，日本六大企业集团完全符合金融资本的特征，因此，日本六大企业集团实质上是一种以金融资本为主的财团型企业集团。

三、日本企业集团产融结合两种模式的形成原因

通过考察日本六大企业集团产融结合的形成与发展，以及详细考察三菱企业集团的产融结合情况，我们可以发现，日本企业集团产融结合的模式与当时政府的政策导向是密切相关的，而且随着不同时期的政策调整，具体可以划分为以下两种模式：工商企业与金融企业共同隶属于一个投资主体的企业集团控股型产融结合模式；工商企业与金融企业相互持股、互不隶属的企业集团非控股型产融结合模式。

（一）企业集团控股型产融结合模式的成因

在日本，工商企业与金融企业共同隶属于一个投资主体的企业集团控股型产融结合模式，主要表现为第二次世界大战前日本财阀家族控股公司的存在，以及第二次世界大战后允许企业集团控股公司成立以及独立系企业集团的存在。可以说，控股公司是第二次世界大战前日本产融结合的主要承担者以及今后产融结合的主要发展趋势。在日本形成控股型产融结合模式主要有以下原因。

1. 生产的集中和垄断是控股型产融结合模式形成的主要原因

日本在工业化、现代化初期的产融结合主要是通过大企业建立银行等金融机构的方式来实现的，也主要是通过这种方式来扩大企业集团发展的规模和实力。早在日本明治维新后，日本政府在法律和政策的导向上，支持工业企业集团建立银行、信托、保险等金融机构，开始大力扶持一些与政府关系密切的政商，使之逐渐成为产融一体化的财阀集团。到20世纪20年代，日本已基本形成了以三井、三菱、住友、安田为代表的财阀体系。特别需要指出的是，在20世纪20年代的后半期至第二次世界大战结束前，控股公司成为财阀家族支配下属企业的最高组织形式。此时三井、三菱、住友等财阀主要通过家族化的控股公司，以金字塔式的管理模式来支配所属的一大批大企业，形成以控股公司为核心的财阀康采恩。控股公司作为所属企业金字塔的顶点，包括银行在内的各大企业的股票所有权均由控股公司持有并行使所有权赋予的一系列管理职能。第二次世界大战结束前日本的银行普遍为大工业财阀控股公司的成员，称之为财阀银行。财阀银行的任务只是从侧面加强财阀家族控股公司的支配力，为财阀家族工业发展提供金融方面的保证。因此，第二次世界大战结束前日本财阀的产融结合模式，主要表现为工商企业与金融企业共同隶属于一个投资主体的控股公司型产融结合模式。控股公司拥有集团内产业、金融、贸易三大类公司的全部或大部分股票，是产业与金融结合的主要模式。

从控股公司的功能上看，这种组织可以节省大量支配性资本，特别适宜于推进企业集团多角化、规模化战略，是一种杠杆性运用金融资源的公司组织形式。日本在《禁止私人垄断和确保公平交易法》（以下简称《禁止垄断法》）中定义：“所谓控股公司，是以支配国内公司的事业活动为主要事业的公司。”在这里需要说明的是，现代意义上的控股公司（Holding Company）是指通过持有其他公司一定比例的股份，从而取得控制权的公司组织形式。在实践中，控股公司有两种形式：一种形式是属于纯粹控股公司（Pure Holding Company），即专门从事管理控制，并不从事实际经营；另一种形式是属于混合控股公司（Mixed Holding Company），即除了控制子公司的活动外，本身也进行直接的经营活动。全面禁止控股公司的成立及发展，这是日本独有的法律规定，欧美各国并未有此类限制。

2. 应对经济全球化的冲击和跨国公司激烈竞争的挑战

尽管第二次世界大战后随着美国对日本管制的放松，属于旧财阀系的大企业、大银行相继以企业集团的组织形式重新聚合起来，曾被禁止使用的名称也相继得以恢复原来的称谓，如三菱系中的光和实业恢复为三菱商社、东日本重工恢复为三菱日本重工，千代田银行恢复为三菱银行、朝日信托银行恢复为三菱信托银行等；并且日本政府先后在 1949 年、1953 年、1977 年曾经三次修改《禁止垄断法》，做出许多有利于垄断资本进行重组的修改。但由于种种原因，近半个多世纪以来，控股公司在日本从法律上来讲一直未能解禁。但进入 20 世纪 90 年代以来，日本泡沫经济崩溃后，有大量的公司需要清算、兼并和重组，人们认为控股公司是完成这一使命的理想工具，从而强化了恢复控股公司的要求。尽管禁止控股公司的法律尚未解禁，日本就业已存在着类似金融控股公司的金融机构，诸如三菱企业集团核心所在的东京三菱银行控股公司。据 1996 年度《东京三菱银行报告》显示：该行旗下已经拥有诸多子公司、关联公司 18 家，代办业务公司 14 家，还拥有东京三菱证券，新设东京信托银行，从事着存（贷）款业务、汇兑业务、租赁业务、信托业务、证券业务、期货业务、保险业务等几乎全部金融机构所能经营的业务，此时的东京三菱银行明显属于兼营事业的混合控股公司。

特别是随着经济全球化的冲击和跨国公司的激烈竞争，泡沫化后的日本企业集团面临的发展更是举步维艰。在这种情况下，日本政府顺从商界的强烈要求，在 1995 年对《禁止垄断法》做了进一步的修改，从法律上消除了设立控股公司的障碍，修改后的法律允许控股公司的存在。从 1998 年下半年起，首先在金融界出现金融控股公司，东海银行和朝日银行决定共同出资设立金融控股公司，其他企业集团的金融机构也纷纷开始运作。另外，属于三井企业集团的丰田汽车工业已宣布将设立丰田控股公司，在丰田控股公司之下将平行拥有丰田汽车、丰田通商、丰田不动产、丰田金融等子公司，类似这种形式的控股公司在日本也有人称为锥形企业集团。总之，恢复控股公司、企业直接融资扩大、主办银行制度弱化、银行持有企业股份增加是近年日本产业资本与金融资本结合中值得注意的新趋势。

对于控股公司解禁会给企业集团发展带来何种影响，日本学界众说纷纭，有人认为是"财阀体制的复活"，也有人认为企业集团将由此出现解体等。对此，笔者认为，随着时代的进步和公司股权多元化的发展，控股公司解禁既不会导致"财阀体制的复活"，也不会由此导致企业集团出现解体，甚至有可能会进一步增强企业集团的凝聚力。笔者在研究中进一步发现，从某种程度上讲，我们在这里所述的控股公司组织形式其实与我国运用比较广泛的企业集团的组织形式很相近，二者只是称谓不同而已，在形式上似乎并没有多大区别；而控股公司与日本的企业集团在组织形式上唯一的区别就是在股份持有的比例上限制不同。第二次世界大战后在日本出现的企业集团，其成员企业相互持股比例不能超过10%，从控股的比例上看，不可能形成事实上的绝对控股关系，只能形成相对控股关系。随着控股公司的解禁，未来日本的企业集团产融结合模式将会逐渐演变成以企业集团控股型为主的模式；第二次世界大战后形成的企业集团成员相互持股的产融结合模式将会变得更为松散，但也不至于出现企业集团将解体的情形。特别是像日本六大企业集团由于拥有比较稳定的相互持股关系，再加上其同宗同祖，并依靠长期形成的共同企业文化和品牌商誉等这些无形的纽带把众多的成员企业凝聚在一起，为其继续存在奠定了比较稳定和牢固的基础。

（二）企业集团非控股型产融结合模式的成因

工商企业与金融企业相互持股、互不隶属的非控股型产融结合模式主要出现在第二次世界大战后的日本，而这种模式在其他国家则比较少见。其主要原因在于第二次世界大战后驻日美军为了从根本上铲除日本军国主义的经济基础，强迫战败的日本政府解散日本财阀家族控股公司。1947 年，日本实施的反垄断法——《禁止私人垄断和确保公平交易法》被认为是美国强加给日本、束缚日本企业手脚的不公平法律，反垄断法的核心是"禁止设立控股公司"，并且进一步规定"在国内，公司（含外国公司）不能成为控股公司"。对银企持股比例严加限制，如银行持有公司的股票不得超过该公司发行股票的 5%、保险公司不得超过 10%。在这样的法律政策导向下，日本企业集团的发展以及产业与金融结合方式出现了与第二次世界大战前日本财阀家族控股公司根本不同的模式，即具体表现为工商企业与金融企业相互持股、互不隶属的企业集团非控股型产融结合模式。用国内学者谢杭生博士的一种比较形象的说法就是，"企业集团各成员之间相互持股成了没有父母的大家庭，集团内各成员之间的关系只有兄弟关系，不存在母子关系"。这样相对于第二次世界大战前控股型产融结合模式而言，企业集团各成员之间的关系比较平等，形成了工商企业与金融企业相互持股、互不隶属的企业集团非控股型产融结合模式，而且时至今日，这种模式目前仍是日本企业集团产融结合的主要模式。在日本形成非控股型产融结合模式主要有以下几方面的原因。

1. 迫于《禁止垄断法》限制的无奈之举

在日本战败之后，被美国视为浓厚封建性的财阀控股公司管理体制被强制解体。这样一来，工商企业与金融企业共同隶属于一个投资主体的集团控股型产融结合模式也随之失去了存在基础。为了防止解体后的企业利用控股公司再度形成财阀，日本在《禁止垄断法》明确规定禁止设立控股公司，而且还进一步规定：在国内，公司（含外国公司）不能成为控股公司，同时规定金融机构对企业的持股最高只能持有5%的股份。在金融机构最高持股不能超过5%的政策法律导向下，被强制解体的原财阀系企业，为了能够重新聚合起来，最大限度地恢复战前业已形成的紧密性关系，迫于法律的限制，只好采取了一种相互持股的形式，并以企业集团的形式实现了对原财阀系企业的重新聚合。这样以相互持股方式形成的企业集团，就出现了一种非控股型产融结合的模式。这种模式的出现，完全是一种政府导向行为，而绝非企业市场行为。在此我们似乎可以断言，如果没有以原来的财阀系企业为基础，非控股型产融结合的模式在日本形成似乎有点不可思议，而且这也是该模式在其他国家比较少见的原因之一。

2. 非控股产融结合的模式可以迅速扩大规模、防止过度竞争，形成共同防卫体制

第二次世界大战后日本政府认为，在自由化和国际化的趋势下，必须扩大企业规模，排除过度竞争，建立新产业体制。在政府这样的政策导向下，特别是银行与工商企业的相互持股，不仅为企业集团的最终形成和存在奠定了基础，而且也有利于企业集团迅速扩大规模，防止过度竞争，形成共同防卫体制。尤其是日本六大企业集团形成后，如前所述，经营领域几乎遍及日本所有重要行业，而且每一个行业内都有自己的业务，结果形成了以六大企业集团为主的寡头垄断市场格局。在这样的市场格局中，日本企业之间的竞争不仅被有效弱化，而且还形成了一种共同防卫体制，从而使得跨国公司几乎很难进入日本的市场。特别是银行与企业相互持股形成的共同防卫体制，在资本市场上还表现为由于持股关系比较稳定，从而可以把股价拉抬到一个相对高的水平上，这样可以防止企业在二级市场上被恶意收购、兼并，为企业长期稳定发展提供了相对有利的条件。实践证明，银行与工

商企业相互持股使日本企业集团各成员企业之间的资本纽带得到了空前加强，尤其成为了日本六大企业集团最强有力的凝聚手段，为日本六大企业集团迅速发展壮大奠定了基础。

3. 为日本实行主办银行制度奠定了基础

主办银行制度一般是指银行与企业在相互持股基础上而形成的固定交易关系，最初是日本独有的交易惯例，从某种程度上讲，也是企业集团内部化理论在日本的具体实践。在主办银行制度下，企业可以获得稳定的资金来源，向主办银行得到最大限度的融资，条件也比较优惠，特别是在企业出现经营困难时容易获得银行的紧急融资，不至于出现企业破产的情形，于是企业纷纷寻找自己的主办银行，特别愿意与大银行建立主办银行关系。在主办银行制度下，银行不仅可以与企业形成稳定的客户关系，还可以分享企业的剩余利润，必要时可以向企业派遣高级管理人员（即一般所谓的互派董事制度）来接管和重组企业。一般而言，集团内的银行首先要与集团所属企业建立主办银行关系，然后才会与相关或高利润企业建立这种关系。鉴于此，日本银行与企业建立主办银行制度，彼此之间一般不需要持有较多的股份即可建立稳定的关系，并在一定程度上讲，也可以为银行与企业节省大量资本金。于是，在这种情况下，主办银行制度便迅速普及开来。但值得注意的发展动向是，由于资本市场发展的日益成熟，企业直接融资的比重加大，企业对银行的资金依赖性大大降低，出现了由 20 世纪 50~70 年代企业求银行到了 80 年代起逐渐转为银行求企业的局面。为了摆脱对银行的过度依赖，不少企业同时与五六家甚至更多的银行进行主办业务往来；更有甚者，一些大公司纷纷涉足金融产业，如前所述，丰田控股公司之下将平行拥有丰田汽车、丰田通商、丰田不动产、丰田金融等子公司，结果导致了目前主办银行制度的弱化。

综上所述，关于企业集团产融结合的主要方式，谢杭生等人在《产融结合研究》中认为，金融机构与工业企业相互持股是第二次世界大战后日本产业资本与金融资本结合的主要方式，而主办银行制度的金融机构与企业互派董事，是第二次世界大战后日本产业资本与金融资本结合的另外两种方式。对此，笔者在考证分析了日本企业集团产融结合两种模式的形成原因后认为，金融机构与工业企业相互持股固然是第二次世界大战后日本产业资本与金融资本结合的主要方式，但主办银行制度的金融机构与企业互派董事，不能认为是第二次世界大战后日本产业资本与金融资本结合的另外两种方式。特别是金融机构与企业互派董事只不过是金融机构与工业企业相互持股的基础上派生出来的一种具体的企业管理制度，并不是日本产融结合特有的形式，因为互派董事在工业企业之间以及金融企业之间也普遍存在，因而不能归结为只是产业与金融之间特有的方式。其实，这种人员互派的根本原因是人随资产走，也就是我们一直在倡导的管资产与管人要紧密结合在一起，否则，其投资收益便不能得到切实保证。需要进一步指出的是，日本企业集团各成员之间的关系比较平等，形成的工商企业与金融企业相互持股、互不隶属的企业集团非控股型产融结合模式，才是日本企业集团产融结合的主要模式，而工商企业与金融企业共同隶属于一个投资主体的企业集团控股型产融结合模式将是今后发展的主要趋势。

本章小结

通过对美国企业集团产融结合的实证分析，我们看到，以产业资本为主体的企业集团走产融结合的发展道路，其内在动因旨在通过控制金融机构建立起自己的融资体系，扩大融资范围与能力，进而扭转因产业高速扩张而带来的资金压力，巩固和强化自己的竞争优势，进一步提高自己的核心竞争力。特别是 GE 集团为我们树立了一个产业资本与金融资本结合的成功典范，展示了一个大公司生产经营与资本经营并举的无穷魅力，更有助于我们进一步理解企业核心竞争力就是对市场的控制力和影响力的含义。

通过对日本三菱企业集团产融结合的实证分析，我们可以看到，实施产融结合对于日本企业集团规模的迅速发展壮大，构筑抵御跨国公司竞争的防御体系，提升企业集团国际竞争力有巨大的贡献。通过考察分析日本企业集团产融结合形成与发展的历史，可以发现，日本垄断企业集团产融结合发展的特殊规律，印证了日本企业集团产融结合是推动"二战"后经济高速增长的动力源泉论，从而为中国推进企业集团实施产融结合提供了可资借鉴的经验。

通过对美、日两国知名企业集团产融结合的实证分析，我们可以得出这样一个结论：企业集团产融结合是企业集团进一步发展壮大和提升国际竞争力的必要条件，是企业集团规模发展到一定阶段的产物，是适应社会化大生产和经济全球化的客观要求而形成的。为此，印证了笔者的一个看法：产融结合只是用来解决企业集团的发展问题，而不能用来解

决企业集团的生存问题。换句话说，企业集团走产融结合的
发展道路，只能为其锦上添花，而不能为其雪中送炭。通过
GE 集团的并购战略，进而引发出笔者的一个推论：企业的
无形资产只有通过资本经营才能快速变现，否则，其资源优
势无法迅速地转化为经济优势和竞争优势。

第四章 中国企业集团产融结合实证分析及与国外的比较与启示

　　我国企业集团产融结合是在传统的银企关系模式基础上，借鉴美国、日本大型企业集团产融结合发展的成熟经验，并随着银行体制与企业体制改革的不断深化而逐渐形成的。一些企业集团为了应对我国加入 WTO 后来自跨国公司的挑战和实施"走出去"战略的需要，纷纷以各种形式走产融结合的道路，积极探索产业资本与金融资本结合的途径与模式。特别是近年来，以华能集团为代表的产业资本控制金融资本的产融结合模式和以中信集团为代表的金融资本控制产业资本的产融结合模式已日趋成熟。尽管笔者在引论中已经说明，本书主要是在研究以产业资本起家的企业集团如何进行产融结合的问题，即"由产而融"模式，但是企业集团产融结合的模式也有金融资本起家的另外一种模式，即"由融而产"模式，而中信集团就是属于这种模式。作为企业集团产融结合的理论与实证研究，如果只研究产业资本如何与金融资本结合的问题，不去关注金融资本如何与产业资本结合的问题，显然从研究的方法上讲是不全面的。为了更好地说明产业资本控制金融资本的必要性，在对"由产而融"的海尔集团模式研究的基础上，有必要对"由融而产"的金融资本控制产业资本的中信集团产融结合模式也予以关注。同时，在对中国企业集团产融结合实证分析的基础上，尝试从不同角度对中外企业集团产融结合进行了比较，进而得到了若干启示，现分述如下。

第一节 中国企业集团产融结合的发展历程及形成原因

中国企业集团产融结合的历史并不是很长，主要是随着我国企业集团的出现而出现，并随着我国加入 WTO 后对金融管制的逐步放松得到了迅速的发展，现已初步形成了具有中国特色的产融结合发展模式。

一、中国企业集团产融结合的形成与发展

(一) 中国企业集团产融结合的形成期

中国企业集团产融结合的形成背景主要是得益于中国政府大力扶持中国企业集团的发展，并随着企业集团的形成而初露端倪。中国企业集团的发展始于 20 世纪 80 年代中期，是在我国经济体制改革过程中形成并逐渐发展壮大的。国家为了推动我国企业集团的发展，分别于 1986 年和 1987 年发布了《关于进一步推动横向经济联合若干问题的规定》和《关于组建和发展企业集团的几点意见》，这些规章和意见不仅明确提出了发展企业集团的任务，而且还第一次把企业集团写入政府正式文件，对我国企业集团的发展起到了直接的推动作用。为了进一步扶持我国企业集团的发展壮大，在上述文件中还明确了"经中国人民银行批准，企业集团可以设立财务公司。财务公司在集团内部融通资金，并可同银行或其他金融机构建立业务往来关系，经批准，企业集团可以向社会筹集资金"。这些规定是目前国家允许设立企业集团财务公司可最早见到的制度依据。特别是 20 世纪 80 年代中期以后，一批股份制商业银行相继组建成立，其中交通银

行是 1986 年我国成立的第一家股份制全国性商业银行，其资本的构成为国家和地方财政占 72%，工商企业占 28%。由于在交通银行的股本中，已经有 1/4 以上产业资本参股了银行业，从而使我国的产融结合迈出了实质性的第一步。

1987 年也是我国金融体制改革取得重大进展的一年，首次批准设立企业集团财务公司 10 家；新增信托投资公司 250 家，城市信用社 500 家；中信实业银行和招商银行也是在这一年批准成立的。其中，中信实业银行的成立是对中信公司集团化发展战略的具体贯彻，而招商银行是在原蛇口工业区财务公司的基础上改建而成，也是招商局集团多业并举、实行集团化经营方针的结果。1991 年 12 月，国务院批转了《关于选择一批大型企业集团进行试点的请示》，正式确立了大型企业集团试点的政策，1992 年，中国人民银行制定了《国家试点企业集团建立财务公司的实施办法》，从而为我国企业集团产融结合的实施和发展奠定了一个良好的基础，并开始进入了规范化的发展阶段。

目前，国内一些学者把银行与企业集团建立的主办银行制度也视为一种产融结合的形式。在笔者看来，这种主办银行制度只是通过类似战略联盟的形式固化了一种客户关系，对企业集团和银行的发展固然有一定的积极作用，但由于这种制度并不对企业集团发展所需的金融资源、降低市场交易费用、延伸企业集团的价值链等产生实质性影响，因而不在本书研究范畴，故在此对其发展历程不再赘述。

在企业集团的发展初期，尽管国家给予了企业集团诸如计划单列、外贸进出口审批权等一系列优惠政策，但在实际发展过程中仍困难重重，企业集团的总体发展情况也不尽如人意。1992 年，以邓小平同志南方谈话为契机，党中央及时做出了"抓住当前有利时机，加快改革开放的步伐"的决定，进一步拉开了我国深化改革的序幕。在这种大背景下，光大集团和首钢集团在这一年经批准分别成立了企业集团全资附属的商业银行。其中，光大银行是在原来光大金融公司的基础上，改制为股份制的信托公司，进而又申请设立商业银行；华夏银行是首钢集团作为我国企业集团进一步放权的试点单位，经国务院特批，成立了首钢全资附属的商业银行。综上所述，作为我国扶持企业集团发展壮大的一项配套政策的产物，允许我国企业集团进行产融结合的试点，可以说是与大型企业集团相伴而产生，并伴随着我国企业集团的发展而发展。

（二）中国企业集团产融结合的发展期

在企业集团做强、做大的发展历程中，产业资本和金融资本的结合虽然面临各种争论，但一些企业集团一直没有停止探索产融结合的步伐。随着我国加入 WTO 以后金融市场准入限制的逐步放开，我国企业集团产融结合呈现出加速发展的态势。在中央企业中，这种趋势的典型代表有华能集团、国家电网，而中石油、宝钢集团、中粮集团等已经初步搭起了一个包括银行、证券、保险、信托、期货、基金在内的比较完整的金融产业框架。此外，在民营企业中，有海尔集团、新希望集团、联想集团、东方集团等的身影。另据统计，目前已有 100 多家上市公司参股或控股 40 多家券商，如果按目前这种趋势发展下去，似乎中国企业集团产融结合的序幕才刚刚拉开。特别是以华能集团为代表的中央企业稳步推进产融结合试点，积极探索企业集团发展金融产业的创新之路，正逐渐被监管部门认可与肯定。作为一名长期研究并关注产融结合发展动态的人士，令笔者备受鼓舞的是国务院国资委王勇主任于 2010 年中央企业工作会议上审时度势，高瞻远瞩地提出，"有条件的企业可以探索产融结合"。在笔者看来，这是国家监管部门最高领导首次表态肯定中央企业可以探索产融结合的发展道路，也是国务院国资委在推进中央企业建设具有国际竞争力的世界一流企业的一项重要战略举措。同时，国务院国资委委托国际知名的会记事务所对部分中央企业产融结合的情况进行了摸底调查，通过调查对中央企业进行产融结合的试点给予了积极评价，并对企业集团产融结合进一步规范发展提出了建议。

二、中国企业集团产融结合的形成原因

中国企业集团产融结合模式的形成既有企业集团自身发展的内部动因，也有政府主导下放松金融管制的外部制度诱因。所谓的内部诱因是指存在于公司内部的能够促进扩展活动的条件（战略导向、资本实力、人才储备等因素）；所谓的外部诱因就是指吸引企业集团进入新的业务领域（如证券、保险业务的吸引力和制度准入等因素）的外部环境的状态和存在的机会。在具体的企业集团战略实践中，也只有在这两种诱因的合力作用下，才能形成我国企业集团产融结合的发展战略，并共同促进我国企业集团产融结合的形成与发展。随着我国不同时期的政策调整，我国企业集团产融结合基本上形成了由产业资本控制金融资本和金融资本控制产业资本的两种主要模式，以及以资本市场为依托，工商企业与金融企业相互参股的产融结合模式。

在我国加入 WTO 的背景下，面对经济全球化和金融一

体化不断加快的趋势，随着金融市场的逐步开放和管制的不断放松，金融服务业在对外开放的同时对内也进行了开放，这为中国产业资本涉足金融业提供了极好的发展机遇，直接成为中国企业集团进行产融结合的催化剂。如海尔集团建立财务公司的想法早在 1993 年就已经形成，但是直到 2000 年 7 月央行颁发了《企业集团财务公司管理办法》，放宽了财务公司诸方面的限制政策，海尔集团最终经过 8 年艰苦等待才将财务公司争取下来。需要指出的是，由于目前我国仍实行分业经营的监管原则，特别是规定银行目前不能投资实业，这就导致了银行资本难以在近期内控制产业资本，因而也就决定了目前企业集团产融结合的发展模式只能沿着以产业资本控制金融资本的一种路径发展。由此可见，制度变迁始终是推动我国企业集团产融结合规范与发展的决定力量，是促进我国企业集团走产融结合道路的一个重要的外部诱因。

回顾中国企业集团产融结合的发展历程，呈现出比较明显的阶段性和脉冲式的政策痕迹。如 1987 年以党的十三大召开为契机，1992 年以邓小平同志南方谈话为契机，以及我国加入 WTO 之后市场准入限制的逐步放开等，国家在上述三个时点对金融政策的调整和制度变迁均对我国企业集团产融结合的发展历程产生了积极影响，加快了我国企业集团产融结合的发展步伐。到目前为止，这种制度变迁已进入了一个全新的发展阶段，有力地促进了我国企业集团产融结合的形成与发展。为此，新制度经济学家认为，在制度变迁中存在着报酬递增和自我强化的机制，这种机制往往是诱发一个企业乃至一个社会进行转型的重要原因。

第二节　海尔集团产融结合的实证分析

在 21 世纪初，中国企业集团产融结合声势最大、最具轰动效应的是家电制造业巨头海尔集团，其首席执行官张瑞敏曾公开宣布要打造一个"产融结合的跨国公司"。创立于 1984 年、崛起于改革大潮之中的海尔集团，是在引进德国利勃海尔电冰箱生产技术成立的青岛电冰箱总厂基础上发展起来的国家特大型企业。在张瑞敏"名牌战略"思想的引领下，海尔经过多年的卓越创新和艰苦奋斗，以每年递增 78% 的发展速度，从一个濒临倒闭的集体小厂发展壮大为在国内外享有较高声誉的跨国企业。2002 年 12 月 26 日是海尔的 18 岁生日，集团总裁杨绵绵女士透露，2002 年，海尔集团突破全球营业额 720 亿元，同比净增 118 亿元，产品销售收入 488 亿元，利润总额 22 亿元，上缴税收 22.2 亿元，海外营业额 10 亿美元，可以说距世界 500 强的目标仅有一步之遥。目前，在世界白电前六名中，除位居第五的海尔外，其他五家公司的平均年龄是 115 岁，海尔只用了 18 年时间便走过了跨国公司百年的历程。我们通过对海尔集团产融结合的发展历程、动因分析以及现实挑战进行较为全面系统的实证分析，可以对目前这股由产业资本掀起的产融结合浪潮有一个清醒的认识。

一、海尔集团产融结合的发展历程

2001 年 12 月 26 日，在海尔创业十七周年的纪念大会上，海尔集团正式宣布将通过在产业领域创出的信誉全面进军金融业的各项业务，并同时举行了 2001 年度全球营业额突破 600 亿元暨构筑产融结合跨国集团研讨会。这是海尔集团产融结合的一个里程碑，标志着海尔产融结合的正式开始。海尔用一年左右的时间就进入了一个原来自己并不熟悉的金融领域，涵盖了银行、保险、证券、财务公司等业务，将海尔在制造业上"先谋势，后谋利"的竞争战略在金融服务业上发挥得淋漓尽致。我们可以从海尔集团的几次标志性事件中对其产融结合的历程有个大致的认识。

首先，在 2001 年 9 月 6 日，海尔又向青岛市商业银行投资 5 亿多元入主该行，持股比例高达 60%，这个数字远远高出现行有关规定。

然后，鞍山信托投资股份有限公司于 2001 年 9 月 13 日公告，鞍山市财政局拟将其持有的公司 9082 万国有股协议转让给海尔集团，海尔集团于 11 月 23 日受让成功，拥有占总公司 20%的股份，成为其第一大股东（但海尔于 2002 年 10 月 30 日正式退出鞍山信托投资有限公司，转让给上海国之杰投资发展有限公司），海尔曾设想通过控股鞍山信托这样的上市金融机构，以取得进入金融信托业务的入场券。

2001 年 12 月初，海尔集团下属的青岛海尔投资发展有限公司借长江证券增资之际，斥资 3 亿元，以不到 7%的持股比例成为长江证券的第一大股东，并在海尔的极力撮合下，长江证券与法国巴黎银行将设立中国加入世界贸易组织后的第一家中外投资银行，海尔又成功地拿下了证券及投资银行业务。

2001 年 12 月 18 日，海尔集团旗下的青岛海尔保险代理有限公司经保监会批准正式开业，8 天之后，海尔集团又宣布与美国纽约人寿保险公司共同组建中国加入世界贸易组织后的第一家合资寿险公司，新公司定名为海尔纽约人寿保险公司，由海尔投资发展有限公司和纽约人寿海外分支机构纽约人寿国际公司各占50%的股份，总股本为2亿元。新公司已于2002年12月20日在上海正式开业。

2002年9月16日，海尔集团财务公司经中国人民银行批准正式开业，注册资本5亿元，由海尔集团公司、青岛海尔空调器有限公司、青岛海尔电子有限公司、青岛海尔空调电子有限公司4家集团成员公司共同出资组建，其中海尔集团公司控股40%。海尔财务公司的成立，使海尔集团苦等8年的梦想终于得以实现。

二、海尔集团产融结合的动因分析

对于海尔近两年频频投资于金融业，走产融结合的道路，人们不禁要问，海尔的投资战略从收益稳定、运营相对成熟、业已形成竞争优势的家电业，转向了一个自身不很熟悉、风险很大的金融业，其动因何在？笔者通过海尔集团产融结合的具体实践，并结合现代管理学、经济金融学的有关理论，对海尔集团产融结合的动因分析如下：

（一）基于企业集团资源整合战略的考虑

面对经济全球化和飞速发展的技术带来的国际竞争格局，海尔集团近几年正在倾力全面实施国际化战略，这意味着海尔将直接面对来自国际上强有力的竞争对手。海尔集团首席执行官张瑞敏曾坦言，海尔的竞争对手不是国内的家电业同行，而真正的竞争对手是进入中国的跨国大公司。因此，海尔集团要想在这个具有超强竞争对手的国际大舞台上求得生存和发展，提升国际竞争力，就必须要有超越竞争对手并产生持续竞争优势的资源和手段。张瑞敏在谈到什么是企业的核心竞争力的问题时说："很多人认为企业的核心竞争力是核心技术和核心产品，但实际上没有那么复杂，企业的核心竞争力就是企业拥有客户资源的多少，客户资源是短缺资源，有钱可以买到最好的技术，最好的设备，但不可以买到客户资源。"对此，基于资源的公司观（RBV）理论认为，关于企业资源与核心竞争力的逻辑关系可以表述为：资源—能力—核心竞争力。即企业能力来源于企业拥有的资源，企业核心竞争力则来源于产生持久竞争优势的资源和能力。海尔集团在产业上已经建立起了全国乃至全球庞大的客户资源网络，累积了品牌优势和商誉，以及在制造业上形成了比较持久的竞争优势，这为海尔集团发展金融产业提供了路径依赖，并为其推进产融结合、进行资源整合奠定了坚实的基础。

海尔的资源增值还表现在新进入的领域里。2002 年，海尔搭建的产融结合框架目前经营发展良好，系列金融产品提高了海尔竞争力和抗风险能力。我们知道，目前国际上大的金融企业正千方百计地在全球范围内开拓和扩大自己的客户资源，并努力追求为客户提供多样化、个性化的金融服务，这是国际上金融企业的核心竞争力和竞争优势所在。而海尔集团的家电产品在国内乃至全球业已形成的庞大的客户网络和通信网络集群，这是其发展金融产业所拥有的最大的资源优势。如果海尔集团能为这些家电产品的客户同时提供多样化、个性化的金融服务，这就使海尔集团具有了与那些单纯提供金融服务的企业相比所无法拥有的客户资源优势和范围经济优势，这正是海尔集团走产融结合的道路所具有的独特优势和核心竞争力的源泉所在。同时，国内的金融学家已经意识到，金融资源对我国来说是一种具有稀缺性的战略性资源，金融资源不仅对一国的发展具有十分重要的作用，而且对企业集团的规模快速发展壮大，同样具有举足轻重的作用，是企业集团快速发展依存度极高的战略性资源。

因此，笔者认为，如果说海尔集团的核心竞争力是建立在其所拥有的客户资源基础上，但由于任何企业集团也不可能在所有资源类型中都拥有绝对优势，那么海尔集团走产融结合道路，正是为谋求企业集团产业与金融两种资源能够互补融合，是一种基于整合企业集团内外部资源的战略考虑，也是一种基于资源和能力的战略在企业集团战略管理中的具体实践。

（二）基于全面实施国际化发展战略的考虑

国际经验表明，产业资本与金融资本由外部信贷关系走向内部产权融合已成了不能遏制的世界潮流，产业资本与金融资本的结合是企业集团加快国际化发展的最佳途径。据统计，世界 500 家最大的企业集团中，约有 80%以上的企业已经实现了产业资本和金融资本的结合，特别是 GE 公司堪称世界上产融结合的成功典范。张瑞敏曾表示，"海尔现在做金融的样本就是 GE，如果见到韦尔奇，我最想跟他请教两个问题：一是怎么把大企业做小，二是制造型企业如何做金融"。由此可见，海尔进军金融业，意在向世界一流的大公司 GE 公司学习，实现企业集团的产融结合。张瑞敏在谈到海尔成立财务公司的意义时也表示，"海尔不是靠财务公司弥补集团资金短缺，而是依托产融结合加快国际化经营步伐"。从海尔给财务公司的长期定位看，财务公司就是要成为海尔集团国际化经营的全球金融中心。我们必须承认，在WTO背景下，海尔集团的规模与实力与跨国公司相比仍相对较小，需要从多渠道、多角度来壮大自己的规模与实力，从而使得产业资本的扩张有赖于金融资本的支持。目前，海尔包括采购、制造、营销、品牌、资本在内的5个全球化中，只有资本的全球化还没有解决。有分析人士指出，海尔要成为真正的跨国巨人，海尔必须借鉴通用电气等巨人的成功经验，走产融结合的道路。也就是说，海尔国际化的成功，以产业资本进入金融业是其必经之路。没有银行等金融资本的参与，我国的大企业集团既难以迅速发展壮大，又难以跻身于国际市场，参与国际竞争。因此，海尔集团走产融结合的道路，不仅健全了企业集团的金融功能，而且对海尔全球化战略的成功具有十分重要的现实意义。能早日跻身于世界企业500强，是中国这一代企业家的梦想，张瑞敏甚至对此也毫不讳言。海尔集团立足于已拥有的资源基础和产业布局，推进产业资本与金融资本的结合，也有助于早日实现其进入世界企业500强行列的既定目标。

（三）基于降低市场交易成本、增加收益的考虑

对于海尔财务公司成立的作用，海尔总裁杨绵绵是这样认为的："财务公司是海尔集团流程再造的助推器，也是资

金流整合的金融载体，是提高资金利用效率，降低财务成本的金融工具，实现了资金与资本的双向增值。"这些年来海尔集团实现了超速增长，2000 年它的全球营业额是 400 亿元，2001 年突破 600 亿元，2002 年底增至 720 亿元，庞大的资金流通过央行给予财务公司的特殊政策，可以大大提高企业集团的资金利用效率，实现资金与资本的双向增值。以存贷款业务为例，集团成员企业独立存款利率为 0.99%，财务公司则以同业存款利率即 2.07% 和银行结算，这中间就有 1.08% 的利率差，再加上 3% 左右的存贷差，将使财务公司的回报非常可观。以海尔集团的年销售收入 700 亿元计算，如果海尔集团资金集中力度比较大，在正常情况下，在财务公司沉淀的流动存款年平均应当在 100 亿元左右，这样与过去各个成员企业自己直接存到银行里相比较，一年下来就可以为集团增加 1 亿元的收益。如果再加上过去分布在全国各地的企业，有的企业将多余的资金存到银行里，有的企业因资金短缺又需要到银行里贷款，以目前银行一年期 3% 左右的存贷差，又可以节约一笔数目不小的财务费用。其实，对于负债率高达 80% 的中国企业来说，这种在银行里既存又贷的现象目前非常普遍。据保守的估计，企业在银行里既存又贷的资金额度年平均至少应占到 10% 左右。这样对于一个有百亿元资产的企业，属于既存又贷的资金额度年均至少有 10 亿元，一年下来光资金在银行的利差损失就有 3000 万元，这就是市场的交易成本。通过以上简要的分析，我们看到，海尔集团拥有财务公司后，由于财务公司具有其他任何金融机构所不具备的诸多优势，能够给集团带来实实在在的效益。海尔集团通过金融业务内部化的尝试，既可以利用人民银行赋予财务公司同业存款的优惠利率，为集团增加收益，又可以利用财务公司发挥内部银行的功能，调剂集团内部成员公司的资金余缺，避免了银行的存贷差损失，有效地降低了市场交易成本，从而为集团实现了资金与资本的双向增值。如果海尔集团能充分利用目前所拥有的各种金融工具，进一步加快资金的周转速度，提高资金的使用效率，做到像 GE 那样在当下班封账时，账上闲置资金几乎为零，实现资金的零结余，极有可能实现产业与金融各占一半的战略目标。

（四）基于金融行业吸引力和实施差异化战略的考虑

由于目前我国家电企业的技术水平已经相对成熟，竞争手段也日益趋同，即使像海尔这样的家电企业，也很难在技术上永远保持绝对领先，从而使家电企业的市场竞争结构几乎进入了一个相对均衡状态。加之，随着市场供给由过去商品短缺走向过剩，家电业的竞争更加趋于激烈，各生产厂家纷纷打起价格战，家电业已进入微利时代，海尔的进一步发展受到国内家电业利润越来越薄的瓶颈制约，这也为海尔提出了进行产业转型、以寻求新的利润增长点的客观要求。常言道，小公司经营产品，大公司经营行业。根据波特的产业结构和产业分析及竞争优势理论，为保持领先的市场竞争优势，通过差异化的战略来打造企业自身的竞争力，行业吸引力仍是企业集团实施战略转型的一个重要原因。目前，中国的金融行业仍属于一个朝阳产业，无论是银行、保险还是证券业，其增长都是全世界最快的行业。1999 年底，69 家财务公司平均资本利润率为 18%，远高于这些财务公司所属集团的产业利润率。2000 年，证券业净利润为 241 亿元，比1998 年增长 346%，全行业平均净资产收益达到 30% 以上。保险业更是高利润的行业，保费收入近几年更是以 30% 的年增长速度在递增。保险业吸收的保险金额绝大部分是不需用于保险赔付的，按巴菲特的投资论调，金融市场上永远不需要还钱的公司就是保险公司。对于银行业，我们也可以具体地算一笔账：假定一个企业向银行单独投资 8 亿元，按照8% 的法定资本充足率，其存款可以做到 100 亿元；同时按照法定 75% 的存贷比，该银行可以贷出 75 亿元。如果按照银行一年定期存款利率1.98%，贷款利率为5.31%，那么该企业一年的收益是：75×5.31%−100×1.98% = 2（亿元），如果不考虑银行的经营成本、呆账准备金及存贷款变动因素和各种税金等，理论上该企业用4年多的时间就可以收回投资，年均的资本收益率可以达到25%以上。这相对于实业投资回报率而言，绝对是一个很有诱惑力的数字。因此，海尔集团进军金融业的一个重要原因既是被目前金融业较高的利润所吸引，也是实行差异化战略的选择结果。

马克思在《资本论》中告诉我们，资本总是由低利润的行业转向高利润的行业，最终实现行业间的平均利润。从资本天生具有追求利润的本性来看，这对于长期处于产品过剩的买方市场下、毛利水平停留在10%左右的产业资本而言，投资实业越来越难以找到比较好的投资项目以及难以避免的沉没成本的风险，投资高回报的金融业无疑是个不错的选择。基于以上分析，就会明白海尔集团甘冒风险从一个自己熟悉的行业进入了另一个陌生的行业的动因所在，其实这也是海尔集团走产融结合的道路，以差异化战略超越竞争对手的最根本原因。

（五）基于市场准入和制度变迁的考虑

新制度经济学认为，在制度变迁中存在着报酬递增和自我强化的机制,这种机制往往是诱发一个企业乃至一个社会进行转型的重要原因。其实海尔想进入金融业的这个想法由来已久,只是苦于各种政策限制,国家不允许企业进入金融业。如海尔建立财务公司的想法早在 1993 年就已经形成,但是直到 2000 年 7 月央行颁发了《企业集团财务公司管理办法》,放宽了财务公司诸方面的限制政策,海尔最终经过 8 年艰苦等待才将财务公司争取下来。又如保险业,过去国家规定企业不能进入寿险,纽约人寿在中国申请了 6 年也没有得到批准,而海尔集团抓住了我国加入世界贸易组织关于保险业对外开放的承诺机遇,从而获得了与纽约人寿以合资的身份进入了寿险业。我国加入 WTO 后,随着金融市场的逐步开放和管制的不断放松,金融服务业在对外开放的同时对内也进行了开放,这为中国产业资本涉足金融业提供了极好的发展机遇,直接成为海尔集团进行产融结合的催化剂。海尔很好地抓住了政策松动的时机,毫不犹豫地迅速加入了当前产融结合这股大潮,用短短两年的时间就完成了对金融产业的布局,再一次体现了海尔靠速度取胜的竞争优势。对于海尔集团产融结合的时机,张瑞敏曾这样评价:"我们所投资的这些金融企业不是最佳的,但我们进入的时机是最佳的。"

（六）基于追求企业集团协同效应的考虑

我们知道，海尔集团的产品在国内乃至在全球已经形成了一个庞大的客户网络和通信网络集群。海尔发展金融业，可以充分利用自己拥有的客户网络和通信网络集群占有的个性化客户信息，通过共享客户资源的优势，为这些客户提供多样化的金融服务，产生范围经济效益。同时，金融机构还可以借助海尔造就的品牌信誉度和知名度来提高自身的品牌效应。反之，金融资本对产业也有巨大的支持，主要体现在可以通过向消费者提供消费信贷、租赁以及为产业资本的国际化提供服务等一系列金融创新行为，提高其家电产品和公司的规模实力在全球市场上的竞争力。因此，海尔集团走产融结合的道路，完全可以借鉴 GE 的"交叉销售"模式，即充分利用客户信息资源、销售更多种产品与服务给同一客户的一种销售方式。这可以充分利用与客户的良好关系，使客户的价值最大化，省去开发新客户所耗费的时间与费用，从而构造出一个强大的产品与金融服务发展空间。这样海尔集团可以通过共享产业与金融的客户资源和协同效应，加大其服务品牌的含金量和顾客的忠诚度，从而使产融结合的协同效应得到了最大限度的发挥。以海尔挺进保险业为例，纽约人寿之所以选择海尔合资成立寿险公司，是因为"海尔是中国最受尊敬的公司之一，它在全国各地有坚实的客户关系基础和庞大的分销网络"。再加上海尔集团有众多的固定资产、大量的销售产品、庞大的员工队伍等，其本身就是产险、寿险可以利用的巨大资源和优势，而这些独特的资源是其他公司在短时间内无法进行模仿和复制的。张瑞敏在谈到与纽约人寿合作的意义时认为，海尔集团手中 3200 万客户的信息最终可能成为保险业务的目标客户。因此，判断企业集团产融结合必要性的一个基本标准，就是看产业资本与金融资本这两个轮子能否相互依存、相互驱动，利用产业资本提供的资源支持金融的发展，以金融资本为后盾推动产业资本的发展。

三、关于海尔集团产融结合的现实挑战

通过对海尔集团产融结合的发展历程和动因分析，我们看到，产业资本在达到一定的规模后，必然会寻求与金融资本的进一步融合，而且这种融合在市场上引起了广泛关注和轰动效应，为海尔集团的发展赢得了战略先机，并创造了新的发展空间和发展机遇。当然，海尔走产融结合的道路，对于从事制造业起家的海尔集团来说也是一把"双刃剑"，在

给其带来新的发展空间和发展机遇的同时，也带来了巨大的现实挑战，可谓金融的魅力与风险同在。

（一）缺乏既有产业背景又熟悉金融知识，能够驾驭产业与金融双轮驱动的领军人才

作为一个需要高智商者承担高风险的行业，金融业对人才素质的要求极高。由于海尔进入金融领域的步伐过快，相对而言，人才准备就显得有些不足，尤其是缺乏能认同海尔企业文化，既有产业背景又熟悉金融知识，能够驾驭产业与金融双轮驱动的领军人才。海尔现在做金融的样本就是 GE 公司，但在 GE 金融的发展过程中，呈现的两大特征就是充足的人才储备和谨小慎微的态度，而这两个特征对以超常规发展速度、大规模进入一个自己并不熟悉的金融业的海尔来说，显然并不完全具备。GE 金融成功的关键在于 1977~1985 年，GE 公司用尽各种办法将最好的人才吸引进入 GE 金融，而那时 GE 金融并没有进入大规模的扩张期，相反，最主要的工作是集中精力做好人才储备并积极地寻找发展机会。同时 GE 金融服务公司取得今天如此令人瞩目的成绩，很大一部分应归功于其领军人物首席执行官加里·温特。这是一位以捕捉趋势的敏锐眼光和必要时迅捷的行动能力著称于世，并在 GE 金融服务公司度过了 22 个春秋，作为 GE 公司自己培养的最能干的人才之一。也许目前在海尔集团内部张瑞敏可以学韦尔奇，但还有谁去学加里·温特呢？这可能是海尔目前进入金融业遇到的最大挑战和瓶颈。可以想象，目前海尔这样的金融领军人才也许可以来自其内部财务部门的高级管理人员，也可以从外部金融机构引进高级管理人员，但无论如何，这两种人才一时都难以兼具既熟悉产业与金融业，又能认同海尔的企业文化，这在客观上需要一个较长的学习适应期。

（二）如何保持产业与金融的两个轮子相互驱动、运转有序、协调发展，还有诸多的不确定因素

海尔集团尝试把产业资本与金融资本作为企业集团"双轮驱动"的战略选择，这种定位在理论上有其合理性，但在实践中如何把产业与金融两种资源进行有效整合，发挥好协同效应，从而使这两个轮子能相互驱动、运转有序、协调发展，就远非人们想象的那么容易了。尽管马克思在《资本论》中论述了产业资本循环的实现条件是生产资本、商品资本、货币资本这三种形态的资本，必须在时间上继起，在空间上并存，但在实践中，产业资本、金融资本的运动形式却给我们留下了一个清晰的发展轨迹：二者经历了融合—分离—融合这样一种发展趋势。特别需要指出的是，在制度诱因的趋

势下，金融资本与产业资本在经历了漫长的分离之后，金融资本已经发展成为国民经济中一个庞大而又相对独立的行业，甚至出现了"金融霸权论"。在这样的情况下，以产业资本起家的海尔集团能在实践中驾驭好所谓的"双轮驱动"的战略吗？还有待于在实践中进一步观察。尤其是海尔集团目前入主的金融业与制造业毕竟是属于两个跨度很大的行业，海尔在产业上的管理经验和企业文化是否能成功移植到这些金融企业，目前尚有许多人士对此深表怀疑。加之，海尔集团目前入主的金融机构有的股权相当分散，如以不到7%的持股比例就成为长江证券的第一大股东，这在目前中国证券公司内部人控制相当严重的情况下，海尔集团的控制力与影响力究竟有多大，还是一个未知数，这在某种程度上增加了海尔进入金融业的风险系数。同时，海尔集团产融结合的意义关键在于产业与金融二者能有机结合，要确保两个轮子能相互驱动，协调发展。在海尔集团大规模进军金融产业的同时，尽管目前家电制造业利润率低于金融行业的利润率，但也要继续保持对家电产业必要的投入，以巩固其核心产业地位和领先的市场地位。切忌为了图短期的获利，将产业与金融本末倒置或者离开产业发展金融；否则，海尔集团也就失去了产融结合的意义。

（三）对来自金融行业的负面效应似乎缺乏足够的认识

海尔集团由于更多地看到了金融行业的发展潜力和由产融结合带来的协同效应，但似乎对来自金融行业的负面效应缺乏足够的认识。随着金融全球化日益加深，金融创新层出不穷，金融风险的隐蔽性也大大增强，这从某种程度上讲，对海尔集团这样的产业资本进入金融领域提出了新的挑战。2001 年 11 月，海尔集团拟通过收购鞍山财政局 20%股份入主鞍山信托，一度曾被市场传为产融结合佳话，然而不到一年协议即告解除。从海尔集团入主鞍山信托不久之后又宣告退出来看，尽管对其退出的具体原因我们无从求证，但也足以说明进入金融业并非全是"馅饼"，而其中也存在着很大的陷阱。随着我国金融业的对外开放，政府对该行业的管制逐步放松，市场准入的门槛在降低，金融业竞争日趋激烈，原有的垄断利润将最终为市场的平均利润所取代，不具备规模优势的金融企业生存空间将越来越小，如目前证券行业盈利前景逐渐变得暗淡就是一个有力的例证。海尔集团目前在短时间内已经涵盖了银行、保险、证券、财务公司等金融业务，由于国家目前尚无针对产业控股金融的监管法律，因此海尔集团既要面对来自单一业务的风险，又要面对来自这些业务之间的关联交易引发的系统风险。对于在同一控制主体下引发的系统风险，即使对于发达国家的金融控股公司来说，目前也是一个比较棘手的问题，更何况对于一个尚无从业经验的新进入者来说，遇到的挑战更是不言而喻了。显然，海尔集团目前对上面分析中提到的市场风险、盈利风险以及金融机构之间引发的系统风险还缺乏足够的认识，如果海尔对于这些问题不能及早警觉并加以防范，很有可能会导致其建立"产融帝国"的计划中途夭折。

综上所述，通过对海尔集团产融结合的发展历程、动因分析以及面临的现实挑战进行较为全面系统的实证分析，我们看到，海尔集团作为我国改革开放和发展市场经济的产物，在我国实施"大公司、大集团"战略的过程中，经历了从无到有、从小到大，并日益发展壮大，现已成为我国参与国际市场竞争的主要力量。面对经济全球化浪潮和中国加入WTO后国际大公司来势凶猛的竞争势头，海尔集团为应对来自跨国公司的挑战，提升国际竞争力，把公司做大、做强，获取可持续竞争优势，借鉴一些发达国家跨国公司的发展经验，提出要打造一个"产融结合的跨国公司"的战略的选择，谋求建立产业资本与金融资本结合的新模式。这种尝试谋求拥有独特的和有价值的战略地位，采取了与其他家电企业不同的竞争策略，已经在市场上引起了广泛关注和轰动效应，为海尔集团未来的发展在战略上已经赢得了先机，并创造了新的发展空间和发展机遇，获得了可持续的竞争优势。同时我们也要清醒地看到，海尔走产融结合的发展道路并不平坦，在实施产融结合的过程中将会遇到来自诸多方面的挑战，可谓机遇与风险同在。如果海尔集团能采取有效措施逐步化解这些风险，并抓住金融市场开放的机会，利用金融资源的杠杆效应和放大效应，不仅可以把自己的收入规模和资产规模迅速扩大，而且还可以从中获取巨大的投资收益，从而把公司做大、做强，实现跨越式发展。

第三节　中信集团产融结合的实证分析

为了更好地说明以产业资本为主体的企业集团实施金融产业发展战略的必要性，也即"由产而融"的发展模式，进而说明金融资本的放大效应及其在形成企业集团规模经济中的重要意义，在此有必要对以中信集团为代表的"由融而产"的模式进行简单的比较分析，从而使我们从另外一个角度看到企业集团在发展金融产业的路径和全貌，为那些以产业资本起家的企业集团，在实施金融产业发展战略中提供一些可资借鉴的经验。

一、中信集团公司的简况

中国中信集团公司的前身为中国国际信托投资公司，是经中国改革开放的总设计师邓小平亲自倡导和批准，由前国家副主席荣毅仁于 1979 年 10 月 4 日创办，是中国改革开放的产物。中信公司作为我国改革开放的试点和重要窗口，是我国改革开放后批准成立的第一家信托投资公司。中信公司按照国家的法律法规和方针政策，坚持开拓创新，通过吸收和运用外资，引进先进技术，采用国际上先进、科学的经营方式和管理方法，遵循市场经济规律，在诸多业务领域中进行了卓有成效的探索，取得了较好的经济效益，在国内外树立了良好的信誉，特别是在经营体制和管理制度方面有不少创新，为国家的改革开放事业做出了重大贡献。

中信公司 2002 年经国务院批准改组为集团公司，现已成为具有较大规模的国际化大型跨国企业集团。2011 年，经国务院批准，中国中信集团公司已完成整体改制工作，成为国有独资公司并更名为中国中信集团有限公司，注册资本达 1837 亿元。中信集团的业务主要集中在金融、实业和其他服务业领域。截至 2010 年底，中信集团的总资产为 25391 亿元，当年净利润为 334 亿元。位列美国《财富》杂志 2010 年世界 500 强第 254 位。

金融业是中信集团公司重点发展的业务，其资产约占公司总资产的 81%，主要由商业银行、证券、保险、信托、租赁、基金等金融机构组成。实业在公司总资产中约占 18%，涉及信息产业、基础设施、能源、房地产等行业和领域。经过 20 多年的改革和发展，中信集团在国内外建立了良好信誉，形成了巨大的无形资产，拥有一批熟悉市场经济的专门人才。

二、中信集团产融结合的发展历程

1979 年，中信成为改革开放后第一家信托投资公司。在中信公司成立初期，荣毅仁任董事长兼总经理，主要通过吸引和利用外资，服务于国内经济建设，发挥对国民经济"拾遗补缺"的作用；同时在管理体制、经营方式和业务领域等方面进行了一系列探索和创新，率先对外发行债券，开辟了多种融资方式，最早开展了融资租赁、海外投资、国际经济咨询等业务，积极开展中外经济技术交流与合作，在许多方面起到了重要的示范作用，并初步形成了产融结合的雏形，为今后进一步发展产融结合奠定了基础。

自 1994 年以来，公司按照国家建立现代企业制度的总体要求，进一步界定子公司的发展方向和业务范围，紧缩国内投资业务，积极拓展金融业务，进一步确立了以金融为主、综合发展的产业结构布局，从而使中信集团的金融主业更加鲜明，充实了"归核化战略"的内涵，突出了金融业务核心竞争能力。1995 年 4 月，调整公司领导班子，王军同志任董事长，公司明确提出了"整合、优化、发展"的方针。为适应业务快速发展的需要，公司进行了机构改革，将主要业务部门分别独立出来，先后成立了若干个专业子公司、地区子公司和海外子公司。1986 年，中信通过对香港上市银行嘉华银行注资重组进入香港金融业；1987 年，中信实业银行成立，进一步拓展了金融业务，逐步发展成为一个从事生产、技术、金融、贸易、服务等综合性业务的企业集团，并基本构建起了产融结合的框架；1995 年，中信证券成立；1999 年，中信长盛基金管理公司成立；2000 年，中信与英国合资的寿险公司成立。

为适应经济全球化和我国加入 WTO 后国际、国内经济形势发生的深刻变化，中信集团公司通过对思想观念、发展战略、业务格局、组织结构、管理模式等方面实施战略性调整，公司的产业结构布局更加趋于合理，从而使公司总资产、净资产和利润都有较大幅度的增长，连续几年净资产和利润的增长幅度超过了总资产的增长幅度，资产负债比率逐年下降，保持了稳定、健康、持续发展的良好势头。2002 年 12 月 5 日，中信集团再次成为舆论关注的焦点，筹备了两年多的中信控股有限责任公司终于在北京正式挂牌成立。中信控股有限责任公司是经国务院同意、中国人民银行批准、根据《中华人民共和国公司法》、由中国中信集团公司出资设立的国有独资有限责任公司。2003 年 1 月 6 日，中信证券股份有限公司在上海证券交易所正式挂牌上市交易，成为我国第一家由证券公司直接上市的券商。目前金融业是公司重点发展的业务，其资产约占公司总资产的 81%，主要由商业银行、证券、保险、信托、租赁、基金等非银行金融机构组成。特别是中信控股公司的成立，不仅对中信集团内部的金融产业进行了有效整合，进一步提升了金融业的核心竞争力和盈利能力，而且也实现了中国金融业分业监管格局下的第一例混业经营突破，预示着中国金融业的混业经营时代开始了破冰之旅，对中国金融业的发展具有特别重要的里程碑意义。尽管国务院同意成立的中信控股公司名称中没有"金融"二字，但根据业内目前公认的标准，只要"在同一控制权下，完全或主要在银行、证券、保险业中至少两个不同的金融行业提供服务"，即可算做金融控股公司。根据中信控股有限责任公司章程规定，公司是投资和管理中国中信集团公司境内外金融企业的控股公司，依照国家金融监管法律、法规、规章，通过投资和接受中国中信集团公司委托，管理银行、证券、保险、信托、资产管理、期货、租赁、基金、信用卡等金融企业，强化风险管理，统一配置和有效利用资源，发挥品牌效应和协同效应，提供全方位服务，以实现效益最大化。中信控股公司的成立，进一步奠定了以金融为主、产业为辅的企业集团产融结合模式。

在中信集团大力发展金融产业的同时，进行产业投资和发展实业始终是公司的一项重要业务，而且在近几年也取得了较快的发展，其中，最耀眼的要算全资子公司中信国安和境外中信香港控股的中信泰富。实业资产在中信集团总资产中占18%左右，涉及信息产业、基础设施、能源、房地产等行业和领域，目前基本形成以信息产业为主导，兼顾基础设施、能源、房地产、文化、体育产业等非金融业务。特别是在发展信息产业方面，中信集团已经明确信息产业作为集团的一个重要的支柱产业，并拥有从地面到空中的信息网络资源，形成骨干网、城域网和接入网三个层次的架构，具备了开展全方位、多层次、高质量通信业务的重要条件，中信国安集团将成为信息产业集团的旗舰。中信泰富公司的电信和互联网、基础设施建设、房地产、贸易等业务也继续保持稳定发展；由中信国际合作公司承建的伊朗德黑兰地铁工程取得重大进展，二期工程前两段已经建成通车。为了有效整合集团内部的工程建设业务，"中信建设"进行了重组，它主要整合了中信集团下属的国际工程承包、建筑设计施工等子公司。从中信集团产融结合的发展历程来看，中信集团的业务实际上主要集中在金融业、实业和其他服务业三大领域，并形成了以金融为主、产业为辅的企业集团产融结合发展模式。

三、中信集团产融结合的动因分析

（一）基于追求多元化获得范围经济的考虑

企业集团多元化经营则意味着在一定的市场容量下因受范围经济的驱动，而谋求经营范围的拓展。资本增值的本性驱使企业不断寻找机会，通过各种形式进行多元化投资。从事多元化经营不仅是企业集团的一个重要功能，也是企业集团获得规模经济和范围经济好处的客观需要。从世界金融资本的发展趋势来看，金融资本的扩张主要依靠银行资本兼并工业资本以及银行资本之间相互兼并的金融集中化、多元化和产融一体化的方式来进行的。作为金融信托起家的中信集团占有和控制的金融资本，其本身在追求增值和利润本能的驱使下，决定了它在逐渐自我积累发展的同时，需不断地进行集中化和多元化发展，以追求规模经济和范围经济。鉴于中信集团目前81%的资产属于金融资产，从行业划分来看，投资主要集中于金融行业，并由此获得了规模经济的优势。这对于一个大型企业集团来说，如果从有利于分散经营风险、化解因金融危机可能带来的冲击考虑，选择几个有增长潜力的非金融朝阳产业进行相对集中的投资，走产融结合的道路，不仅在理论上是必要的、可行的，而且在实践中也有较强的现实需求和紧迫性。从公开的资料来看，固然，中信集团现在已经形成了一个以金融为主、产业为辅的产融结合的模式，但作为金融信托投资业起家的中信集团由于历史原因，非金融产业多元化领域过于宽泛，产业涉及面变得越来越广，专业化经营优势没有形成，各子公司功能定位不够清晰，交叉经营很严重，一度出现多家控股公司混业经营的局面。仅以房地产业为例，中信集团有专门经营房地产业务的公司，而国安和其他中信控股公司也下设房地产公司，结果导致集团内部同业竞争加剧，甚至根本不具备行业竞争力，从而使多元化经营的范围经济优势没有最大限度地发挥出来。相对于其他单纯从事金融业务的金融机构而言，中信集团走产融结合的道路，谋求获得范围经济，既是企业集团实施多元化经营战略的重要目标，也是奉行波特"差异化战略"的具体体现。随着企业集团的大规模扩张，中信集团在金融领域目前已经获得了较高品牌优势，加上其以信托投资起家的人才优势，这也为其进入非金融投资领域提供了路径依赖和基础。中信集团内部一直在争论：到底该如何让自己简单透明？是该走多元化经营之路还是该走专业化之路？或者说，两者之间有没有中间道路？为此，笔者建议，中信集团在进行多元化时，要处理好多元化与专业化的关系，非金融产业的多元化一定要集中在有限的几个专业化领域，并且各专业子公司的功能定位一定要清晰，只有建立在专业化基础上的多元化，才能获得范围经济的巨大好处。

（二）基于分享产业利润的考虑

2001 年，中信集团公司的总资产为 4326 亿元，净资产 424 亿元，当年实现税后利润 23.61 亿元的情况来看，如果让中信集团与总资产及净资产规模比自己小很多的海尔集团（同年实现税后利润总额 22 亿元）相比较而言，显然中信集团的总资产收益率没有属于我国优势企业的海尔集团产业资本收益率高（如果就全社会而言，统计数据表明，金融资本的收益率要高于工业资本的收益率）。因此，以中信银行为核心的中信集团，有必要通过实施产融结合。除了在获取信贷资本的收益外，凭借其强大的金融资本，还可以进一步参与到从工业资本中分享剩余价值的行列，而且这样做在美国也有成功的典范。在美国垄断资本主发展初期最典型的一个垄断财团——摩根财团就是由银行资本起家，在金融资本积累到一定程度后，凭借其强大的银行资本实力，通过实施产融结合把势力范围渗透到铁路、钢铁等许多工业部门中去。摩根财团就是在不断通过金融资本控制大量工业资本的过程中，逐步形成为美国第一个最大的垄断财团，而且这个地位一直保持了近一个世纪，直到 20 世纪 70 年代才逐渐被美国的洛克菲勒财团所取代。从某种程度上讲，这种将金融资本在集团内部转化为工业资本并进一步分割剩余价值的行为，实际上就是将企业集团资本的价值链进行了有效延伸，从而可以获取额外的收益。

（三）基于获得信息经济优势的考虑

在产融分离体制下，企业往往有一些有关其信誉程度和投资计划的信息是不对外公开的，因此银行与企业的信息是不对称的。银行在向企业做出贷款决定前，银行收集与企业及其投资机会有关的信息要花费许多成本，更有一些企业为了获得银行贷款，有时会故意隐瞒一些含有风险因素的重要信息，这是导致目前我国四大国有商业银行在产权虚置或产权约束有限的情况下，形成大量不良贷款的一个重要原因。目前中信集团通过产融结合，至少可以有效解决内部企业贷款信息失真或信息不对称的问题，不必对内部每一个企业或每一笔贷款逐项地进行评价，降低信息成本，从而可以获得信息经济的优势。中信实业银行的成立使中信集团内部企业获得了最便利的融资通道，中信集团其他公司正是依靠中信实业银行这条独一无二的融资渠道，获取内部贷款，为中信集团初期的快速扩张提供了条件。当然，任何事情都是有利有弊的，在集团内部企业获得便利融资条件以后，也会因此长期占押贷款进而影响到中信实业银行的资金的流动性。

此外，中信集团产融结合的动因，还有基于资源的有效整合、协同效应和建立稳定客户关系的考虑，在此将不再一一赘述。

虽然金融资本渗透到产业资本中，可以参与分享产业资本的剩余价值，但由于中信集团在战略上未见明确提出走产融结合的道路，而更多地考虑只是通过多元化战略以分散金融行业的风险，因而目前中信集团的产融结合还不能说是已经取得了成功。不过通过中信集团与海尔集团简单的收益对比，以及借鉴美国摩根财团的成功发展经验，笔者认为，中信集团走产融结合的道路方向是正确的，而且目前已经积累了一定的经验，为其今后继续形成以金融为主、产业为辅的企业集团产融结合模式奠定了坚实的基础。中信集团金融控股公司的成立，标志着已经完成了对金融行业的初步整合。中信集团在完成集团整体上市后，应该加快对其他有前景的产业或行业整合的步伐，以形成有限的几个专业化经营的领域或行业，从而使自己能早日成为中国式的"摩根财团"。无疑，中信集团快速发展壮大的历程，足以说明企业集团发展金融产业，有利于企业集团快速发展壮大形成规模经济，从而提升我国企业集团与跨国公司竞争的核心能力。

第四节 中外企业集团产融结合的比较与启示

通过对美、日两国具有代表性的知名企业集团金融产业发展战略的生成机制及产融结合的透视，以及对我国具有代表性的知名企业集团金融产业发展战略的生成机制及产融结合的分析，在此有必要对中外企业集团产融结合进行分析比较，并希望从中得到若干启示。

一、美、日、中三国企业集团产融结合的比较分析

（一）企业集团产融结合的形成时间比较

无论美国早期的财团，还是日本的财阀集团，其形成时间大致相近，基本上是在 19 世纪末 20 世纪初形成；而中国则是到了 20 世纪 80 年代随着我国企业集团的出现，产融结合才具雏形，在新的世纪之交逐步形成。

（二）企业集团产融结合形成模式的比较

从美国财团形成的模式来看，有的以工业资本起家，然后通过持有银行等金融机构的股权形成财团，如洛克菲勒财

团；有的以银行资本起家，然后通过持有工商企业股权形成财团，如摩根财团。只是到了 20 世纪 30 年代，美国由于金融危机才限制了产融的自由结合。美国的《银行法》和《格拉斯—斯蒂格尔法案》均规定禁止银行直接持有工商企业股权，因而美国企业集团产融结合是通过工商企业集团单向持有银行等金融机构的股权实现二者的结合，商业银行则是通过银行信托部和银行持股公司对工商企业间接地实现股权控制。正因为工商企业对银行等金融机构的持股在美国并没有特别限制，这就为洛克菲勒财团和 GE 集团等这些以产业资本起家的企业集团实施产融结合提供了发展机遇。日本企业集团产融结合则是通过银行与企业之间的双向交叉持股来实现产融结合的，并以此为基础进行相应的人事参与。中国企业集团产融结合的形成的模式基本与美国一段时间的情况基本相似，即以产业资本起家的企业集团，通过持有银行等金融机构的股权而形成产融结合体。而从目前来看，银行等主要金融机构则不能持有工商企业的股权，也即中国目前的产融结合形成模式是单向的，而中信集团、光大集团则是属于历史遗留问题形成的。

（三）企业集团产融结合的治理结构模式比较

美国早期的企业集团产融结合的治理结构模式基本上是

以家族控制的法人治理为主，如早期的洛克菲勒财团和摩根财团等是以控股公司的形式将产业与金融置于一个共同控制主体之下，形成了共同隶属于一个主体的产融结合模式。随着现代公司治理结构的完善，加上美国反垄断法的限制，股权进一步分散，财团的控制也趋于弱化，美国企业集团产融结合的治理结构模式逐步由家族法人治理为主过渡到社会法人治理为主。需要注意的是，在美国资本市场高度发达的今天，工商企业与金融机构（不含商业银行）法人之间依托资本市场相互持股的情形也很普遍，但由于这种情形主要以获利为目的，多属于"搭便车"的行为，对持股与被持股的企业集团治理结构及竞争力的提升影响不是很大，故不在本书的研究范围之内。日本早期的财阀集团产融结合的治理结构模式基本上也是以家族法人治理为主，采用控股公司的组织形式将产业与金融置于一个共同控制主体之下，形成了共同隶属于一个主体的产融结合治理模式。在 19 世纪末至第二次世界大战结束前，控股公司已经成为财阀家族支配产业与金融的最主要的治理形式，此时三井、三菱、住友等财阀主要通过家族化的控股公司，以金字塔式的管理模式来支配所属的一大批大企业和银行，形成以控股公司为核心的财阀康采恩。控股公司作为所属企业金字塔的顶点，包括银行在内的各大企业的股票所有权均由控股公司持有并行使所有权赋予的一系列治理职能。第二次世界大战结束后，财阀家族支配下的控股公司被强行解散，在家族血脉和同宗同祖文化的维系下，日本企业集团产融结合的治理结构模式形成了一种类似族长会的特殊治理形式，工商企业与金融机构相互持股，但彼此又互不隶属的治理模式。中国企业集团产融结合的治理结构模式目前基本上是以国有控股的公司法人治理模式为主，也即以控股公司的形式将产业与金融置于一个共同控制主体之下，形成了共同隶属于一个主体的产融结合模式。如海尔集团入主青岛城市银行后形成的产融结合的模式就属于这种治理模式，中信集团的产融结合治理模式也是如此，这两家企业集团均采取了控股公司的形式，实现了产业资本与金融资本在企业集团内部的融合。

（四）企业集团产融结合的制度诱因比较

纵观美、日、中三国企业集团产融结合的发展历程，可以发现，产业资本与金融资本的结合方式呈现出明显的制度痕迹，具有"路径依赖"性。从美国企业集团产融结合的发展历程来看，产业资本与金融资本经历了双向自由融合和单向融合及目前又正逐步过渡为双向融合的演进趋势，制度变迁始终是决定企业集团产融结合的一个重要的制度诱因。日本之所以会出现产融结合控股和非控股两种治理模式，也主要是源于制度的诱因所致。中国企业集团产融结合的形成也同样如此。

（五）企业集团产融结合的发展趋向比较

随着各国政府对金融管制的逐步放松和资本市场的日益发达，可以预见，美、日、中三国企业集团产融结合演进方向将会逐步让渡为基于自身的发展动因，根据本集团的发展战略导向，主要依托资本市场形成企业集团产融结合的利益共同体，实现企业集团内部资源的有效整合和公司控制市场的战略目标，从而为其赢得竞争优势，这将是未来各国企业集团产融结合的共同发展趋势。

二、美、日、中企业集团产融结合实践的启示

通过美、日、中三国企业集团产业资本与金融资本结合的实证分析与比较，我们看到，尽管各国企业集团因经济法律制度环境不同而导致产融结合的路径和形成模式有所不同，但各国企业集团产融结合的总体发展趋势一直没有改变，从中我们可以得到以下启示：

（一）走产融结合的道路是企业集团规模与实力迅速发展壮大的一个有效途径

我国企业集团试点 10 多年来，规模小、实力差一直是困扰我国企业集团发展的一个突出问题。如 1994 年中国最大 500 家工业企业全年销售收入合计为 1527.77 亿美元，不及美国通用汽车公司一家的年销售收入 1549.51 亿美元；而在世界 100 家大公司中，按行业划分上榜最多的是金融公司和银行。无论是美国早期的洛克菲勒财团，还是现代的 GE 集团，都昭示了金融资本在扩大企业集团规模方面具有放大效应，是企业集团超常发展的助推器。同时，由于金融资本具有高风险和高收益性的特点，一般可以为企业集团带来高于产业资本的利润率，从而使企业集团获取规模效益和竞争优势。因此，企业集团走产融结合的道路是企业集团规模与实力迅速发展壮大的一个有效途径。尤其是日本的六大企业集团通过实施产融结合，控制了日本绝大多数工商企业和金融企业，成为控制日本经济命脉的最有实力的企业集团，这对于我国实施"大公司、大集团"战略具有十分重要的借鉴作用。

（二）企业集团走产融结合的道路是一种可行的发展战略模式

通过理论与实证分析，我们看到，以产业资本为主体的企业集团实施金融产业发展战略，健全企业集团金融功能，完善企业集团金融体系，既有比较坚实的理论基础，也有实践中成功的发展模式。我国企业集团实施产融结合的发展战略，有助于企业集团健全自身的金融功能；吸纳自身发展所需的外部金融资源；产生规模经济与范围经济；降低市场交易费用；延伸企业集团的价值链；产生协同效应；等等。所有这些因素均对我国企业集团产生持续竞争优势，提升国际竞争力具有特别重要的意义。因此，企业集团的规模发展到一定阶段，为了实现超常规、跨越式的发展，进一步扩大市场的影响力，选择走产融结合的道路无疑是一种可行的战略选择模式。

（三）产业资本与金融资本在企业集团内部的融合将是未来产融结合的一种主要发展趋势

从美国的 GE 集团产融结合模式，以及日本的一些独立系企业集团的产融结合发展动向，乃至中国的海尔、中信等企业集团产融结合的发展模式，我们看到，随着各国政府逐步放松金融管制，一些优势企业集团为了巩固其业已形成的竞争优势地位，纷纷谋求走产融结合的道路，而且目前的这种趋势正呈现加速放大的态势。从中我们可以得到一个重要的启示，企业集团为了应对经济全球化和跨国公司的挑战，使产业资本与金融资本在企业集团内部同一控制主体下实现了融合（这有别于日本的环形企业集团产融结合模式），这样将更有利于企业集团利用生产经营与资本经营两种手段，扩大企业集团控制市场的范围，降低市场交易成本，获取高

于市场的平均利润，从而赢得竞争优势。可以预见，产业资本与金融资本在企业集团内部的融合，将是未来世界产融结合的一种主要发展趋势。

（四）企业集团走产融结合的发展道路有利于提升国家竞争力

从本书实证分析看，美、日两国经济起飞和高速发展阶段，也正是两国企业集团实施产融结合的形成与发展阶段，如 19 世纪末 20 世纪初美、日的财团以及 20 世纪 50~70 年代的日本企业集团在推进产融结合的过程中，使美国和日本的国民经济也获得了高速发展。尽管有人认为，日本的产融结合是形成泡沫经济的主要原因，但笔者认为日本抓住发展机遇，通过实施产融结合促使经济高速发展，从而使日本能在短时间内跻身于全球第二经济大国的地位。根据波特的《国家竞争力》研究表明，一国国际竞争力的提升在很大程度上源于本国产业竞争力及企业集团竞争力的提升。企业集团走产融结合的道路有利于提升其国际竞争力，创建具有国际

竞争力的世界一流企业，进而也可以提升国家竞争力。因此，大公司、大集团的规模与实力在某种程度既是一个国家实力的象征，也是国家竞争力的重要体现。这应当引起理论界和决策层的高度重视。

（五）要协调推进企业与金融管理体制改革，为企业集团产融结合创造一个宽松的制度环境

通过中外企业集团走产融结合的实证分析表明，制度变迁始终是决定企业集团走产融结合的关键因素。为此，我国企业集团在谋求走产融结合的道路时，政府在银行等金融市场准入方面要创造一个宽松的环境，应当给一些优势企业集团必要的政策倾斜，以加快培育我国企业集团在国内市场的控制力和国际市场的影响力。特别是在我国加入 WTO 的背景下，面对经济全球化和金融一体化不断加快的趋势，发展具有国际竞争力的大型企业集团，国家必须通过进一步深化企业与金融管理体制的配套改革，完善相应的配套政策，尤其要大力扶持那些已具有一定竞争优势的工商企业集团发展金融产业，尽快建立健全企业集团的金融功能，这是国家实施"走出去"战略的一项重要举措。

本章小结

　　本章简要分析了中国企业集团产融结合的发展历程及形成原因，比较系统地分析了中国比较知名的企业集团——海尔集团与中信集团产融结合的发展历程与动因，进而从不同角度对美、日、中三国具有代表性的知名企业集团金融产业发展战略的生成机制及产融结合不同模式进行了比较分析，为此，我们看到因不同国家的政治制度、经济制度差异而导致了企业集团产融结合的不同路径选择，进而形成了不同的产融结合治理模式。

　　通过对美、日、中三国企业集团产融结合的比较分析，我们从中得到了许多有益的启示。这些启示为中国推进企业集团实施产融结合提供了可资借鉴的经验，将有助于完善我国企业集团实施金融产业发展战略，加快推进企业集团产融结合进程的配套措施，为我国实施具有国际竞争力的世界一流企业战略提供相关的政策依据。

第五章　企业集团产融结合的路径选择

通过对企业集团产融结合的理论与实证研究，我们看到一些企业集团在资本规模逐步扩张的过程中，产业资本会感到自身的进一步发展和壮大越来越依赖于银行等金融资本的支持和帮助，银行等金融资本也认识到业务的扩大和竞争能力的稳固有赖于产业资本的支持，于是产业资本和金融资本便有了进一步结合的动因。同时，我们也看到了我国企业集团实施金融产业发展战略走产融结合道路的必要性和紧迫性，以及对壮大企业集团规模与实力、创建世界一流企业的重要现实意义。因此，产业资本与金融资本的结合，不论过去、现在还是将来，都是世界经济发展的主要趋势，尤其是大国崛起的必由之路。我国企业集团基于应对经济全球化和跨国公司的挑战，以及创建世界一流企业的现实需求，从而使产业资本与金融资本在企业集团内部的融合，将是未来产融结合的一种主要模式。为此，企业集团产融结合的路径选择及实现方式对于企业集团实施金融产业发展战略成功与否至关重要，在推进企业集团产融结合的实践中必须从战略高度处理好产业资本与金融资本、专业化与多元化、生产经营与资本经营这三种关系问题。

第一节 企业集团金融产业发展的若干路径

企业集团发展金融产业，必须从企业集团发展的自身需要出发，结合我国金融产业的发展现状，以促进企业集团产融结合为立足点，并需要明晰企业集团发展金融产业的若干路径选择。当然，明晰企业集团发展金融产业可选择的银行、保险、证券、信托、基金、租赁等路径，并不意味着每一个企业集团发展金融产业都要选择这些路径，而是为了便于更好地结合企业集团自身的需要，更加有选择地进入金融领域。在此，需要强调的是，由于金融行业风险巨大，特别是对人才的素质要求极高，因此，对于每一个有意进入金融领域的企业集团一定要量力而行，一定要从本企业集团发展的实际需要出发，注重产业与金融协调推进。特别是在发展初期，切忌盲目冒进、本末倒置，忽视产业对金融的基础支撑作用。

一、路径选择 1——组建财务公司

财务公司是中国经济体制改革和金融体制改革的产物，是国家实施大公司、大集团战略，扶持大型企业集团发展壮大的一项配套政策的产物，可以说是与大型企业集团相伴而产生。财务公司在我国的出现虽然只有十几年的历史，但由于其立足于企业集团内部金融服务，明显地节约了金融市场的交易成本，有力地促进了企业集团的发展，增强了企业集团的竞争优势，因而受到了企业集团的普遍欢迎。因此，企业集团实施金融产业发展战略，走产融结合的道路，在政策许可的情况下，组建财务公司是最有利于节约市场交易成本且相对风险最小的路径选择。

（一）财务公司的涵义及其在企业集团的功能

财务公司的英文名为 Finance Company，也可以译为"金融公司"；有的国家称为 Finance Services，可以译为"金融服务公司"。[1] 其实我国最初也有叫金融公司的，如国家最早

----

① 杜胜利、王洪淼：《财务公司》，北京大学出版社，2001 年版，第 1 页。

批准成立的企业集团附属非银行金融机构是"中国华能金融公司"，只是在国家整顿非银行金融机构期间，"中国华能金融公司"改为现在的"中国华能财务公司"。由于各国的金融监管制度有很大不同，因而财务公司的业务功能也有很大差异，目前尚未看到国际上对财务公司有统一的定义。在2000年6月30日正式出台的《企业集团财务公司管理办法》（人行〔2000〕3号令）中，官方对中国的财务公司作了最新的定义："财务公司是指依据《中华人民共和国公司法》和《企业集团财务公司管理办法》设立的，为企业集团成员单位技术改造，新产品开发及产品销售提供金融服务，以中长期金融业务为主的非银行机构。"由此可见，财务公司目前在中国主要由大型企业集团申请，经由中国人民银行批准后设立的，为本集团成员提供企业发展配套金融服务的金融机构，因此又称企业集团财务公司。

中国财务公司最初的功能定位是企业的内部银行和结算中心，是国家在实施大公司、大集团战略过程中的企业集团特许的内部的金融服务机构。在财务公司经历了先行试点、逐步规范的十几年发展历程中，中国人民银行先后三次发布有关规范企业集团财务公司的管理办法。回顾中国财务公司的发展历程，呈现出比较明显的阶段性政策痕迹，其功能和业务范围收缩性也很大，制度变迁始终是推动财务公司规范与发展的决定力量。目前，这种制度变迁已进入了一个新的发展阶段，2000 年 6 月 30 日，中国人民银行总行颁布了新的《企业集团财务公司管理办法》（以下简称《管理办法》），新《管理办法》作为我国第一部关于财务公司运行与监管的正式法规，赋予了财务公司全新的功能定位，在强调财务公司集团内部性的同时，增加了长期金融性和混业经营的业务特色，财务公司从过去的以短期信贷业务为主转向以支持企业集团技术改造、新产品开发及产品销售融资等中长期业务为主。新《管理办法》赋予财务公司的主要功能解析如下：

（1）在继续巩固财务公司既有的内部结算、准商业银行功能的基础上，与企业集团、商业银行紧密联合，立足存款、贷款等基本业务，通过结算方式的创新，建立了企业集团结算网络，提高了传统业务的能力和效率，降低了企业集团的财务费用。

（2）立足于服务企业集团的资金管理需求，强化了企业集团的融资功能。财务公司还获得了强大的直接融资能力，可以发行财务公司金融债券获得中长期资金，进入银行间同业拆借市场获得短期资金，而 10% 的资本金充足率要求更使财务公司具有 10 倍于资本金的融资能力。

（3）赋予了财务公司极强的扩张性，股东结构打破了原来的内部框架，允许外部股东占 40%的股份，这比过去只能由集团成员单位投资有了极大的拓展，为企业集团引入外部战略投资者打开了方便之门。

（4）赋予集团产品消费信贷和融资租赁业务。新的《管理办法》借鉴国际经验，为支持企业集团产品促销，明确允许财务公司办理集团产品的消费信贷，并将服务范围扩展到自然人。同时为促进企业集团产品促销，增加了财务公司为集团产品办融资租赁业务。这对于为应付日益激烈的市场竞争而绞尽脑汁的企业经营者来说，无异于获得了一件新的竞争利器。

（5）为拓宽财务公司资金运用渠道，增加了财务公司的投资功能，允许财务公司开展有价证券投资、金融机构股权投资和集团成员单位股权投资，还允许其从事财务顾问和企业债券承销等投资银行业务，使之真正成为为企业集团服务的中介机构和理财专家。目前，多数财务公司已不同程度地涉足了债券市场、股票市场和同业拆借市场，大大丰富了公司的资产组合。

（6）财务公司在集团内部开展存贷款业务可以把资金利用率、金融利率杠杆等引入集团内部，从而强化成员企业的资金价值观念，增强对资金机会成本管理的观念。

（二）我国财务公司准入条件

由于财务公司具有强大的金融功能和资本放大效应，因此中国人民银行在审批上也显得格外谨慎。除了审批程序复杂外，要求申请设立财务公司必须具备以下条件：首先，新的《管理办法》大幅度提高了财务公司的市场准入标准，要求设立财务公司的企业集团符合国家产业政策，总资产不得低于 80 亿元，所有者权益由 15 亿元提高到 30 亿元，且净资产率不低于 35%；年销售收入由 50 亿元提高到 60 亿元，利润总额也由 1 亿元提高到 2 亿元，财务公司最低资本金由 1 亿元提高到 3 亿元。其次，财务公司的审批程序与过去相比要复杂得多，根据中国人民银行 2000 年 12 月制定的《企业集团设立财务公司审批程序》的规定，企业集团逐级向中国人民银行递交材料后，经初审合格，将进入产业专家论证与金融专家论证程序。产业专家将由国家计委、经贸委以及企业主管部委的领导组成，金融专家将主要来自中国人民银行系统，两个专家小组均要求有不低于总数 25%的社会专家学者。根据两个专家论证小组的打分情况进行排队后，将举行行长办公会进行讨论，然后再报国务院终审。

（三）我国财务公司发展前景

2000 年 6 月 30 日，中国人民银行颁布了《企业集团财务公司管理办法》，对财务公司的功能定位、准入条件、机构设立、业务范围、风险控制、监督管理与行业自律等做了具体规定。这是我国第一部关于财务公司运行和监督的独立法规，它提供了一个相对完整的法律制度框架，标志着财务公司进入了规范发展的新阶段。新的《管理办法》对财务公司业务范围的规定虽然仍严格限制在企业集团内部，但业务品种涉及了存贷款、结算等商业银行类业务和债券承销、财务顾问、委托理财等投资银行类业务，可以在本企业集团范围内提供全方位的金融服务，从一定意义上讲，具有混业经营的特征。但这种混业经营与国外金融机构的混业经营相比，只是局部的，也是有条件的，几乎无与类比。从目前的准入政策导向看，央行在提高财务公司准入门槛、要求其加强风险控制的同时，逐步放松了对财务公司的经营限制，在政策和监管上给予了财务公司较大的发展空间。同时，准入门槛的提高在一定程度上也限制了企业集团财务公司的发展，这里面或多或少地留有一些行业垄断思维的烙印。新的《管理办法》有一个比较明显的政策垄断痕迹，就是不再允许财务公司吸收集团成员公司 3 个月以下的短期存款。笔者以为，央行出这样的限制性规定，意在保护四大国有商业银行能稳定地吸收这部分存贷差比较大的资金，人为地通过行政手段限制公平竞争，不利于企业集团财务公司的发展。既然国家在企业集团财务公司发展的政策上目前仍有种种限制和不尽如人意的地方，那么企业集团从自身利益出发，完全有理由寻找突围的途径，积极尝试从局部混业经营走向全面混业经营，从企业集团内部金融走向外部金融，获得能与跨国企业集团竞争的手段。

二、路径选择 2——入主证券业

企业集团实施金融产业发展战略，走产融结合的发展道路，入主证券业是一个十分重要而又相对易行的路径选择。从证券业监管情况来看，通过发起成立或并购证券公司，目前都没有太大的政策障碍。企业集团投资控股证券公司，既可以利用证券公司的特定功能为企业集团资本经营提供全方位的服务，也可以通过分享证券业的丰厚利润获得高额回报。

（一）证券公司的含义及其在企业集团的具体功能

证券公司是指依照《公司法》、《证券法》和其他有关法律法规，经国务院证券监督管理机构审查批准设立的从事证券经营业务的金融机构。世界各国对从事证券业务的经营机构称谓不尽相同，英国称商人银行；美国则称投资银行；以德国为代表的一些国家实行银行与证券业混业经营，没有专门的证券经营机构；我国与日本等一些国家一样，把专营证券业务的金融机构称为证券公司。证券公司从事的证券经营业务主要有证券承销、证券经纪、证券自营、证券投资咨询、并购以及受托资产管理等业务。由此可见，证券公司不仅是证券市场的重要中介机构，也是证券市场的主要参与者。在此需要进一步探讨的是，长期以来，笔者一直对投资银行与证券公司的实质含义感到困惑。目前我国证券公司把证券承销业务称作投资银行业务，负责证券发行的部门叫投资银行部，这似乎与投资银行字面本身的含义有一定差距。投资银行相对于传统意义上的商业银行而言，是否可以理解为投资银行主要具有投资功能，而没有存贷功能；而传统意义上的商业银行主要执行存贷功能，而没有投资功能，功能则定位于储蓄银行。如果可以这样理解的话，笔者认为，投资银行可能更符合实际意义。因为银行在我国作为经营货币的专门机构，从经济学角度考虑，应当具有存贷与投资的功能，可是我国的商业银行目前主要是通过相对固定的利差获取收益，如果说得严重一点，这实际上是一种几乎不劳而获的政府特许经营行为。我们看到，德国的银行具有储蓄功能与投资功能，美国的银行则是通过银行持股公司间接行使投资功能，而日本的银行通过与企业相互持股也具有直接投资功能。因此，我们可以说，我国证券公司目前只能是一个经营证券的中介机构，还不能完全扮演真正意义上的投资银行角色。证券公司作为我国证券市场的重要中介机构和主要参与者，不仅是我国金融体系的重要组成部分，也为我国市场经济的形成与发展发挥了积极作用。证券公司在促进企业集团产融结合方面的具体功能可以概括为三个方面：

（1）可以作为连接证券市场资金供求双方的桥梁和纽带，帮助企业集团开辟直接融资的渠道，获得产业开发所需的资金。

（2）通过帮助企业集团实施收购兼并活动，既可以引导社会资本向优势产业聚集，又可以促进企业集团生产的集中和规模的扩大，进而实现资源的优化配置。

（3）通过参与证券市场交易，可以分享证券市场的丰厚利润，为企业集团的资本积累提供一个新的盈利模式。由此可见，证券公司在为企业集团连接资金供求双方、优化资源配置等方面发挥了巨大的作用，而这些恰恰是目前企业集团发展所缺少的功能。因此，企业集团无论在实施内部交易型战略，还是外部交易型战略，都需要证券公司在其中扮演积极角色，发挥更大的作用。

（二）证券业的准入条件

中国证监会对证券公司实行分类管理，证券公司分为经纪类证券公司和综合类证券公司，并按照其分类颁发业务许可证。设立经纪类证券公司要求注册资本不低于5000万元；设立综合类证券公司注册资本金不低于5亿元。在中国证监会发布的《证券公司管理办法》中，对证券公司的股东资格只是做了一些限制性的规定，明确有下列情形之一的公司或企业，不得成为证券公司的股东。

（1）依据有关法律法规或监管部门规定不能投资于证券公司的。

（2）申请前3年有重大违法、违规经营记录的。

（3）累计亏损达到注册资本50%的。

（4）未决诉讼标的金额达到净资产50%的。

（5）对外累计投资超过净资产50%的（法律法规另有规定的除外）。

从证券公司的准入条件来看，普通的工商企业、信托投资公司属于法律、法规及部门规章明确允许运用自由资本可以向证券公司投资入股的法人机构，只要不属于以上所列限制性规定，我国监管部门对工商企业控股或参股证券公司并没有特别限制，因此，企业集团进入证券业的门槛不算太高，这就为企业集团实施金融产业发展战略，走产融结合的道路提供了有利条件。从目前华能集团控股长城证券、海尔集团控股长江证券、鲁能集团控股湘财证券和蔚深证券等实证分析来看，企业集团通过发起组建或并购进入证券业的路径是比较畅通的。这从一定意义上讲，为希望进入证券业的企业集团提供了一种示范效应和路径依赖。

（三）从证券行业发展前景来看，证券业是在我国改革开放中诞生的新型产业，目前在我国仍然属于朝阳产业，今后将有很大的发展潜力

截至 2002 年底，深、沪两交易所上市公司总数已达 1200 多家，市值总额达到 5.5 万亿元，占 GDP 的 50%左右，是仅次于东京和香港的亚洲第三大证券交易市场，中国证券市场在国民经济发展中的重要地位和作用已经确立，证券业已经成为国民经济发展不可或缺的重要产业。我国国民经济持续稳定增长，将为中国证券市场发展带来广阔的前景。从证券公司资本金规模来看，全国 120 多家证券公司与国外证券公司相比，还存在着相当大的差距。据证监会最新的数据表明，我国券商的平均注册资本仅 4 亿元，其中 10 亿元以下规模的中小券商比例高达 64%，注册资本最高的海通证券不过 87 亿元，仅为摩根斯坦利 2001 年权益资本 207.16 亿美元的 5%，同样意味着我国证券公司有着巨大的发展空间。证券市场对外开放是我国经济现代化和市场化的必然发展趋势，我国加入 WTO 进一步加速了这一进程。2003 年，对于中国证券业发展来说是极其重要的一年，随着我国证券业的对内封闭时代和暴利时代的终结，意味着国内外证券经营机构将在同一游戏规则下展开竞争，也意味着我国证券业发展和证券市场发育进入了一个重要转折阶段，标志着我国证券市场和证券业的发展正由相对封闭逐步走向开放，将步入一个跨业竞争、跨业合作、综合经营的新纪元。这将为企业集团发展证券产业提供广阔的发展空间。2002 年初正式实施的《证券公司管理办法》允许券商设立子公司，并对子公司的申请设立做出了详细规定，设立大型的证券控股集团有了明确的法律依据。从国外证券业的发展历程来看，随着竞争的激烈化和进入壁垒的降低，金融服务价格下降，利润率趋于平均化，大量公司在竞争中将被并购或破产，产业逐步趋向集中，美国的大型券商都是通过多次并购重组逐步发展起来的。美国 GE 金融公司的发展经验表明，利用危机往往是市场整合和重新划分市场格局的契机。最近几年的中国证券市场的剧烈震荡，正酝酿着中国券商大规模整合的契机。因此，实力雄厚的大型企业集团必须要抓住这个有利时机，积极投身到国内即将掀起的证券业的资源优化和重新组合的浪潮中，通过业已控股的证券公司对现有证券业进一步实施横向整合，把控股的证券公司做大、做强，实现规模化经营，以谋求在未来中国证券业的新秩序中确立自己的竞争优势，塑造自身的核心竞争力，打造出一流的证券服务品牌。

三、路径选择 3——入主投资基金业

从目前我国正在深化国有资产管理体制和大力培育机构投资者的政策导向来看，研究构建以投资为导向的企业集团生产经营管理体制，进一步提高我国企业集团投资的集约化程度，在今天具有特别重要的现实意义。从目前企业的投资行为来看，我国有相当一部分企业投资几乎不考虑资本的机会成本，而且对资金使用的机会成本特别不敏感。国务院国

资委通过对央企实行 EVA 的考核，从而改进了企业对资金的机会成本重视程度，因此，企业集团在实施金融产业发展战略过程中，通过某种形式入主基金业，既可以提高企业集团内部的资金使用效益，又可以开辟一种新的产业融资渠道。

（一）投资基金的含义及其在企业集团的具体功能

基金（Fund）一般是指专门用于某种特定目的并进行独立核算的资金。基金的具体概念在现实生活中相当丰富，既有我们早已熟悉的养老保险基金、救济基金、扶贫基金、福利基金、教育奖励基金，也有我们近几年才得到迅猛发展的证券投资基金和创业投资基金以及产业投资基金等。在这些基金中，真正与企业集团发展关系比较密切的是投资基金。顾名思义，投资基金一般是指以获取投资收益为目的募集并进行独立核算的资金。证券投资基金是指主要以各种金融证券为投资对象的基金；产业投资基金，目前在国内比较流行的称谓是私募股权基金，是指直接投资于实业或企业的股权，即主要对未上市企业提供资本支持的集合投资制度，它是一个与证券投资基金相对等的概念。美国是私募股权基金的发源地，也是目前私募股权基金最发达的国家之一。投资基金作为国际上通行的一种投资方式，通常包括证券投资基金、产业投资基金和创业投资基金三种形式。其中，证券投资基金在我国发展很快，目前已经具备了相当的规模，产业基金的规模近两年也日益发展壮大。笔者将投资基金在企业集团的具体功能概括为以下几个方面：

（1）为企业集团提供了一种新的融资工具，开辟了一种新的产业融资渠道，有效地实现"资源外取"战略。企业集团通过直接发起成立产业投资基金和风险投资基金，可以将社会上一些闲散的资金（金融资源）集中起来，用于企业集团开发的一些有盈利前景的项目投资上。这在一定程度上讲，为企业集团提供了一种新的融资工具，开辟了一种新的产业融资渠道，为企业集团实现"资源外取"战略提供了一种新的可供选择的途径。因此，企业集团发展产业投资基金不仅可以为未上市企业尤其是新兴高科技型企业直接提供资本支持和上市前的培育、辅导，促进产业升级和产业结构的合理化，而且能克服资本体制外循环的低效率，为社会储蓄向投资转化和实现产融结合提供一条有效的途径。

（2）通过投资基金专业理财功能，为企业集团闲置的流动资金提供了一种较为安全的套利工具。企业集团通过以某种形式间接发起成立开放式证券投资基金，并利用开放式证券投资基金申购与赎回的便利以及专业理财功能，在开放式基金寻找到盈利好的证券投资品种时，企业集团可以利用闲置的流动资金，加大对开放式基金的申购，以获取高于银行的存款利息且相对安全稳定的收益。尽管近几年证券市场持续低迷，一些公募证券投资基金出现了不同程度的亏损，但若从历史的角度看待，比较好的证券投资基金超越 GDP 的增长是不成问题的。如王亚伟掌管的华夏大盘基金收益，年均数倍超越 GDP 的增长。通过投资基金专业理财功能，有利于企业集团树立资金的机会成本意识，提高自己的资金使用效益，为企业集团闲置的流动资金提供了一种较为安全的套利工具。

（3）为企业集团进行创业投资提供了一个更加可靠的孵化器。对于我国企业集团如何发展战略新兴产业和高新技术产业，世界许多国家尤其是美国和以色列都为我们提供了可资借鉴的成功经验。美国和以色列大力发展风险投资的实践表明，风险投资是促进战略新兴产业和高新技术产业发展的一个重要推动力。企业集团可以利用风险投资独特的投资理念和模式，通过发起成立风险投资基金，对创业初期难以在传统的投资模式下获得资金支持的高新技术中小企业给予一定的资金支持和必要的辅导。当这些科技项目孵化成熟后，即使在我国没有开设创业板市场的情况下，企业集团也可以凭借自己雄厚的资金实力，长期持有这些高新技术中小企业的股权，并继续培育这些高新技术使其成为企业集团的核心竞争力。

（二）基金业的准入条件

企业集团入主基金业，一般可以通过发起组建投资基金的形式进入。目前我国证券投资基金准入条件有比较明确的依据，但对产业投资基金、风险投资基金等方面的立法研究还相对滞后，有关的准入条件现在还无从谈起。依照《证券投资基金管理暂行办法》的规定，我国证券投资基金的主要发起人是按照国家有关规定设立的证券公司、信托投资管理公司、基金管理公司。每个基金发起人的实收资本不少于 3 亿元，主要发起人要有 3 年以上从事证券投资经验和连续的盈利记录。由此可见，从目前基金业规定的准入条件来看，企业集团不能直接发起成立基金管理公司，只能通过自己控股的信托投资公司和证券公司间接发起成立。

（三）基金业的发展前景

证券投资基金在我国发展很快，目前已经具备了一定的规模，但与成熟的发达国家相比仅仅处于发展的起步阶段。

据 U.S.A ICI2001 Mutual Fund Fact 统计，[①] 在美国，各类开放式证券投资基金的总资产从 1970 年的 476 亿美元上升到 2000 年的 69652 亿美元，增长了 146.3 倍；基金持有人数量从 1978 年的 870 万人上升到 2000 年的 24350 万人，增长了近 28 倍；基金只数从 1978 年的 505 只上升到 2000 年的 8171 只，增长了近 16.2 倍。2000 年全球开放式证券投资基金的总资产达到 12.1525 亿美元，比 1995 年的 5.3862 万亿美元，增长了 125.62%；基金只数为 53450 只，比 1995 年的 34992 只增长了 52.75%。据 2002 年底证监会统计，国内有基金公司 18 家，管理着 61 只基金，资产规模只有 1000 多亿元。特别是目前全国人大常委会正在审议的《证券投资基金法》，是在总结近年来我国证券投资基金业发展经验和问题的基础上，借鉴国外一些国家的有益做法起草的。我们可以预见，随着我国《证券投资基金法》的颁布与实施，必将进一步规范我国证券投资基金活动，特别是对于保护广大中小投资者以及相关当事人的合法权益，促进证券投资基金业和证券市场的健康发展将起到积极的推动作用。同时，全国人大以及有关方面也已经开始对产业投资基金、风险投资基

---

① 中国证券业协会：《中国证券投资基金》，上海财经大学出版社，2002 年版。

金等方面的立法研究工作，这将进一步健全和完善我国的投资基金法律制度，为企业集团发展基金产业提供了一个更加有序的投资环境。

四、路径选择4——入主保险业

根据企业集团多元化发展的相关性理论和价值链理论，大型企业集团进入保险业有比较坚实的理论基础。其一，大型企业集团自身往往有比较庞大的固定资产，从产业的相关性角度看，为发展财险提供了一定的基础；其二，大型企业集团自身往往有几万名、几十万名的员工，再加上员工的家人和朋友，可以形成一个相对稳定的寿险市场，而这个相对稳定的客户网络，又可以产生一个相对稳定的家庭财产险和机动车险市场，从而使价值链得到有效延伸。因此，企业集团在实施金融产业发展战略过程中，在政策许可的情况下，应优先考虑通过组建保险公司进入保险行业。

（一）保险的含义及保险业在企业集团的具体功能

我国《保险法》第二条规定，本法所称保险，是指投保人根据合同约定，向保险人支付保险费，保险人对于合同约定的可能发生的事故因其发生所造成的财产损失承担赔偿保险金责任，或者当被保险人死亡、伤残、疾病或者达到合同约定的年龄、期限时承担给付保险金责任的商业保险行为。从事保险业务的金融机构是保险公司，具体可以分为股份有限公司和国有独资公司两种形式。保险公司的业务范围又分为财产保险业务和人身保险业务。前者包括财产损失保险、责任保险、信用保险等业务；后者包括人寿保险、健康保险、意外伤害保险等保险业务。目前还有一种保险机构之间的保险业务，被称为再保险。我国《保险法》规定，同一保险人不得同时兼营财产保险业务和人身保险业务。保险业在企业集团的具体功能概括为三个方面：

（1）企业集团通过组建保险公司进入保险业，为保险资金进入资本市场开辟了一条新的融资渠道，增加了企业集团的资金融通功能。根据新修改的《保险法》，保险资金将主要用于资本市场。这样企业集团可以利用保险公司的保费收入筹集扩大再生产所需的资金，在一定程度上缓解了企业集团规模扩张面临的资金压力。

（2）利用企业集团的资产及员工队伍网络，并依托保险公司的业务功能，可以使企业集团的价值链得到进一步的延伸，从而使企业集团通过内部化市场间接获得了一部分稳定的收益。

（3）企业集团进入保险业，可以促进资本市场和保险业的共同发展，实现企业集团产融结合的双赢局面。根据美国的发展经验，保险业是金融业的重要组成部分，是资本市场中最大、最有影响力的机构投资者。目前新修订的《保险法》，在一定程度上放宽了保险资金进入资本市场的限制，但仍然禁止保险公司设立证券经营机构和保险业以外的企业，加之目前我国保险公司对于保险投资的经验还相对比较缺乏，远远赶不上大型企业集团的投资管理经验，因而保险资金收益率呈逐年下降趋势。因此，企业集团进入保险业，企业集团既获得了自己所需的长期建设资金，又为保险公司拓宽了投资渠道，从而也可以弥补保险公司投资经验的不足。比如针对寿险资金的特点，可以将保险资金投向收益比较稳定的基础产业和共用事业，以获取长期稳定的收益。或者投入一些前景好、收益高的项目，在这方面，美国 GE 公司就做得比较成功。

（二）保险业的准入条件

《保险法》规定，经营商业保险业务，必须是依照本法设立的保险公司，其他任何单位和个人未经批准不得经营商业保险业务。因此，建立保险机构（保险公司、经纪公司、公估公司）是经营商业保险业务的必要前提。根据《保险法》

及《保险管理暂行规定》等有关法规，设立保险公司，必须经金融监督管理部门批准，同时应当具备下列条件：

（1）有符合本法和《公司法》规定的章程。

（2）有符合本法规定的注册资本最低限额；目前规定设立保险公司，其注册资本的最低限额为 2 亿元，在全国范围内经营其业务的保险公司最低实收资本不低于 5 亿元。

（3）有具备任职专业知识和业务工作经验的高级管理人员；保险公司的从业人员应有 60% 以上从事过保险工作或大专以上保险专业或相关专业毕业；经营寿险业务的公司，须有 1 人为中国人民银行认可的精算人员。

（4）有健全的组织机构和管理制度。

（5）有符合要求的营业场所和与业务有关的其他设施。

保险公司的出资人还必须是符合规定的出资人。出资人如为工商企业，应符合下列规定：经营业绩良好，按期足额归还银行贷款，最近 3 年连续盈利；年终分配后，净资产占全部资产 30% 以上；企业向金融机构投资入股加其他长期投资不得超过其净资产的 50%；企业严禁用银行贷款向金融机构投资入股，严禁和金融机构之间以换股方式相互投资。出资人如为金融机构，应符合下列规定：资本充足率在 8% 以上；投资累计不得超过自身资本金的 20%；投资来源限于超过 8%资本金以外部分以及公益金、公积金结余。

从我国保险业的准入条件来看，应该说门槛并不十分高，但从一些申请成立保险公司的企业集团的审批情况来看，我国的行政审批十分严格，由于想进入保险行业的公司太多，现在几乎在排队等候审批，而且一等就是好几年。

(三) 保险业的发展前景

从我国保险业的发展前景来看，我国保险业自国务院 1980 年批准恢复中国保险公司以来，经过 20 多年的发展，基本形成了以国有保险公司为主体、中外保险公司并存、各家保险公司相互竞争、具有一定规模的市场格局。据保监会统计，2002 年我国保险业总资产为 6494 亿元，比 2011 年增长 41.5%；2002 年我国保险业实现保费收入 3054 亿元，比 2011 年增长 44.6%；2002~2007 年，保费收入年平均增长率为 24.8%。以上统计表明，我国保险业目前正处于高速发展态势，但保险业总资产与美国相比，就显得有些微不足道了。据美联储统计，1999 年美国保险资金（保险公司、养老金、退休金）已经高达 12 万亿美元。由此可见，我国保险业的发展前景依然十分广阔，具有很大的发展潜力。

五、路径选择 5——入主银行业

从产融结合的经典理论以及美、日等发达国家产融结合的实践来看，所谓的产融结合主要是指工商企业与银行的结合。如在日本的六大企业集团中的银行与企业相互持股关系中，尽管银行对工商企业并不占绝对或总是居于相对控股的地位，但由于银行在企业集团中的独特功能，从而使银行在六大企业集团中总是居于核心地位。因此，为了有效实现企业集团的资源外取战略，企业集团在推进产融结合的过程中，应当设法至少控股一家商业银行，从而进入银行业。这是企业集团实施金融产业发展战略的一项最基本、最核心的金融业务，也是健全企业集团金融功能的必然选择。

（一）商业银行的含义及其在企业集团的功能

商业银行是在市场经济中孕育和发展起来的，它是为适应市场经济发展和社会化大生产需要而形成的一种金融组织。一般来说，商业银行的含义是以盈利为目的，通过多种金融负债筹集资金，以货币等多种金融资产为其经营对象，并向客户提供多功能、综合性服务的金融企业。[1] 商

---

① 戴国强：《商业银行经营学》，高等教育出版社，1999年版，第9页。

业银行经过几百年的演变与发展，现已成为各国经济活动中最主要的资金集散机构，并成为各国金融体系中最重要的组成部分。商业银行在现代经济活动中所发挥的功能主要有信用中介、支付中介、金融服务、信用创造和调节经济五项功能。在企业集团控股后的商业银行，上述五大功能在央行的货币政策调控下，仍然可以继续发挥作用。但在企业集团控制下的商业银行，其具体功能主要包括：

（1）企业集团控股商业银行是实现资源外取战略的最有效手段，也为企业集团赋予了强大的融资功能。企业集团通过控股商业银行的储蓄功能，利用其可以吸收存款的有利条件，把社会上的各种闲散货币资金集中到银行，实行一种资源外取战略，从而实现了金融资源在企业集团的内部化。鉴于目前商业银行仍然是企业集团进行外源融资的重要来源，因此这个转化过程实际上是企业集团把社会上闲散的外部金融资源通过控股后的商业银行进行了内部化，然后通过商业银行发放贷款，进而为企业集团的投资、开发、建设、生产、经营等事业提供全方位的信贷服务，有力地支持了企业集团进一步扩大再生产和实施高速扩张战略，从而赋予了企业集团强大的融资功能。

（2）企业集团通过控股商业银行，将彼此的借贷关系内部化后，可以为企业集团大幅度降低交易成本，提高效益。目前企业集团的银行负债率普遍居高不下，财务费用在企业集团的盈利中占有相当大的比重，有的高达 70%~80%，从而使企业集团几乎在为银行打工。如有的企业集团一年的财务费用就高达 40 亿~50 亿元，这些财务费用对于银行来说就是收益，而母公司作为企业集团的实际控制人，一年的利润只有几亿元。如果企业集团通过控股商业银行将商业银行内部化后，企业集团的财务费用就变为商业银行的利润，进而又转化为企业集团的利润，这样一来，就可以大幅度地降低企业集团财务费用支出，提高企业集团的经济效益。

（3）企业集团控股商业银行为企业集团构建金融产业体系，发挥金融业务的协同效应提供了一个资源共享的综合业务平台。鉴于商业银行在企业集团中的独特功能，必然会在企业集团构建的证券、保险、基金、信托、租赁等金融产业体系中居于核心地位，从而为企业集团以商业银行为核心建立金融综合业务平台奠定了基础。通过构建金融综合业务平台，为企业与客户办理各种货币结算、货币收付、货币兑换、转移存款和银证转账，以及进行基金托管、销售开放式基金、代理销售保险等业务活动，从而使企业集团各金融企业实现资源共享，最大限度地利用业务网络资源，发挥金融业务的协同效应和范围经济，进而形成竞争优势，提供了别人一时难以模仿的资源壁垒。

（4）可以加快企业集团资本的积累速度。实证研究表明，银行资本的利润率远远高于产业资本的利润率。以招商银行与宝钢集团 1991~1995 年所有者权益平均报酬率来看，招商银行 5 年的所有者权益平均报酬率为 28.81%，而宝钢集团同期仅为 7.81%。

（5）可以迅速扩大企业集团的资产规模和销售收入。由于商业银行具有吸收存款的功能，可以使其资产规模和销售收入迅速扩大，有利于企业集团早日进入世界 500 强，从而扩大企业集团的影响力，提升企业集团的品牌和形象。

（二）商业银行业的准入条件

我国《商业银行法》规定，设立商业银行，应当经中国人民银行审查批准。未经中国人民银行批准，任何单位和个人不得从事吸收公众存款等商业银行业务，任何单位不得在名称中使用"银行"字样。设立商业银行，应当具备下列条件：

（1）有符合本法和《中华人民共和国公司法》规定的章程。

（2）有符合本法规定的注册资本最低限额。设立商业银行的注册资本最低限额为 10 亿元；城市合作商业银行的注册资本最低限额为 1 亿元；农村合作商业银行的注册资本最低限额为 5000 万元。

（3）有具备任职专业知识和业务工作经验的董事长（行长）、总经理和其他高级管理人员。

（4）有健全的组织机构和管理制度。

（5）有符合要求的营业场所、安全防范措施和与业务有关的其他设施。

中国人民银行根据经济发展可以调整注册资本最低限额，但不得少于规定的最低限额。我国现行的《公司法》和《商业银行法》在今后相当一段时期内，仍将是我国发展商业银行的重要法律依据。如果单从《商业银行法》规定的准入条件来看，并没有禁止企业集团组建或参与组建商业银行的条文。在《关于向金融机构投资入股的暂行规定》中规定，工商企业和企业集团财务公司在符合一定条件的前提下，可以向商业银行等金融机构投资入股，这就为企业集团组建或向商业银行投资入股提供了制度保障。在组建和发展商业银行方面，尽管目前似乎进入商业银行的门槛并不高，但由于银行业在我国仍受到政府的严格管制，即使发起人符合以上条件，也未必能获批。自改革开放以来，我国由企业集团发起设立的银行只有中信实业银行、中国光大银行、招商银行和华夏银行 4 家银行。我国加入 WTO 后，随着中国经济向市场经济改革进程的步伐在不断加快，中国金融体制市场化、多元化、开放化程度将进一步提高。这一趋势决定了现有的商业银行体系并不是一成不变的，从而为有条件的地方或企业集团设立商业银行提供了可能。

(三) 商业银行的发展前景

随着我国加入 WTO，金融业对外开放已是大势所趋。为应对加入 WTO 后金融业面临的巨大挑战，银行业乃至整个金融体制的改革被决策层提到了重要的议事日程，2001 年 7 月 4 日，《商业银行中间业务暂行规定》发布，标志着我国商业银行中间业务的进一步规范，也标志着商业银行向混业经营逐步迈进。特别是进入 2003 年以后，明显感到了银行业改革的步伐在加快，国有四大商业银行正在按计划进行股份制改造，并纷纷争取上市以壮大自身实力。银监会正式获准成立，必将迎来一个我国商业银行快速发展的时期。商业银行普遍加大了基金托管、银证通、个人理财等创新业务的开发力度，金融企业创新也取得了实质性的进展。面对来自外资银行混业经营的强大压力，中信控股公司的获批成立，标志着我国以金融控股形式出现的混业经营也获得了管理层认可。正如央行副行长吴晓灵所指出的，银证合作是在现行法律框架下的有益探索，这种改革方向是不可逆转的。党的十六大提出了要进一步深化国有资产管理体制，这不仅为中国的商业银行改革提供了政策导向，也为中国商业银行发展奠定了更为坚实的理论基础。最近，国家统计局发布数据：我国金融机构的存贷差（即存款余额与贷款余额的差）已经接近3.7万亿元，占2001年GDP（9.59万亿元）的38.9%。这是20世纪90年代以来，我国金融机构存贷差持续积累和扩大的结果。有关人士认为，巨额存贷差造成大量资金浪费，使金融系统存在一些不可忽视的隐患。专家们建议，针对巨额存贷差的调整政策应该尽快出台。从我国深化金融体制改革的目标趋向来看，我国将逐步放松商业银行的准入条件，通过改制现有的国有商业银行管理体制，形成一种市场化、多元化、开放化的有竞争性的商业银行体系是发展的大方向，也是进一步提高金融资源的利用率的当务之急。特别是随着我国国民经济的高速发展，我国银行业也必将随之继续保持高速发展。可以说，金融业发展正面临着重大的历史机遇。可以预见，在未来相当长的一段时期内我国银行业仍属于稳定发展的产业。企业集团择机入主银行业后，必将为其带来丰厚的利润，并将加快企业集团资本的积累速度，迅速扩大企业集团的资产规模和销售收入，为企业集团早日进入世界500强奠定坚实的基础。

第二节 企业集团产融结合模式及实现方式

尽管本书主要探讨以从事产业开发为主的企业集团如何进行产融结合的问题，但从基于企业集团产融结合的这个立足点来看，无论是产融结合历史比较悠久的发达国家，还是产融结合刚刚起步的我国，企业集团形成产融结合的模式从来都不是唯一的，也不是单向的，而是双向互动的。既有产业资本控股金融资本的模式，也有金融资本控股产业资本的模式，同时还有二者相互参股的模式。在明确了企业集团发展金融产业的若干路径以后，面对如此众多的路径选择，对于企业集团业已选定的路径来说，同样面临着一个采取何种方式实现的问题。即对于那些已经选定的路径，企业集团究竟是采取收购现成金融机构的方式，还是通过自己组建金融机构的方式，以利于更好地实现产融结合的既定目标。

一、企业集团产融结合的模式

根据企业集团产融结合的特征，可以把企业集团产融结合划分为产业资本控制金融资本与金融资本控制产业资本两种模式。

（一）产业资本控制金融资本模式

这种模式是以产业资本起家的企业集团，如美国的洛克菲勒财团、通用电气集团和中国的华能集团、海尔集团、中石油、国家电网等工商企业，在产业开发形成一定的规模和竞争优势后，为了进一步扩大企业集团的经营规模和实力，加快企业集团的发展步伐，提升企业集团的国际竞争力，在继续以产业资本为主经营的同时，通过实施金融产业发展战略，把部分产业资本逐步由产业转向金融业，逐渐渗透到金融领域，从而使产业资本转化为金融资本，并实现了产业资本与金融资本在企业集团内部的结合。由于目前我国没有任何法律式法规禁止工商企业向金融机构投资，所以这样就为产业资本控制金融资本并在企业集团内部得到有机结合奠定了基础。也正因为如此，国内目前以产业资本起家的企业集团走产融结合的道路发展较快，而且继续有加速放大的态势。

（二）金融资本控制产业资本模式

这种模式是以金融资本（银行资本）起家，如美国的摩根集团、中国的中信集团与光大集团等在金融产业发展形成的一定的规模和竞争优势后，为了形成稳定的金融服务对象，进一步分割产业资本的剩余价值，通过金融资本控制产业资本，实现了产业资本与金融资本在企业集团内部的结合。由于目前我国《商业银行法》规定：商业银行不能投资办实业，而证券公司、保险公司、基金公司对上市公司的持股比例又有一定的限制，因此，国内由金融资本控制产业资本主要限于一些历史遗留的以非银行金融机构为基础形成的如中信、光大等企业集团。需要说明的是，2002 年中信由过去的中国国际信托投资公司改制为企业集团后，为其进一步实现金融资本控制产业资本，推进企业集团产融结合，拓展了比以往更为广阔的发展空间。

如果从广义角度来理解产融结合的含义，其实目前还有一种非常普遍的产融结合模式，那就是依托资本市场相互参股的模式。这种模式以资本市场为依托，以获取投资收益为目的，除了法律禁止的银行信贷资金不能违规进入证券市场外，无论是金融资本还是产业资本，通过购买企业集团所属上市公司的股票，使产业资本与金融资本实现了某种程度的结合。如根据有关资料的显示，中石化股份公司除了中石化集团以产业资本持有大量股份外，属于金融资本的信托公司、证券公司、保险公司、基金公司等均持有中石化的股份，从而使产业资本与金融资本依托资本市场实现了某种程度的结合。中信证券股份公司除了中信集团以金融资本持有大量股份外，许多属于产业资本的公司也持有中信证券股份公司的股份，从而使金融资本与产业资本依托资本市场也实现了某种程度的结合。依托资本市场相互参股模式在目前是产融结合的一种非常普遍的形式，而且今后随着国有股、法人股的上市流通，必将成为产融结合的一种主要发展趋势。但依托资本市场相互参股的模式，由于不属于同一公司控制主体的产融结合模式，也不能为企业及企业集团提升竞争力服务，故不在本书研究之列。

二、企业集团产融结合的实现方式

近些年来，几乎没有哪个行业像金融业一样备受人们推崇，并得到众多实力雄厚的企业集团青睐。然而，对于金融业这样一个目前仍然高度垄断的朝阳产业来说，实现产业资本与金融资本在企业集团内部结合对我们来说是一个全新的课题。尤其是对于那些以产业开发为主的企业集团来说，面对产融结合的若干路径选择，通过何种方式可获得进入金融领域的"入场券"，是研究企业集团产融结合必须要回答的问题。根据国内外企业集团产融结合实践，并结合企业集团资本扩张的一般方式，企业集团产融结合的实现方式可以有发起组建式、收购兼并式、股权划拨式三种方式。

（一）发起组建式

发起组建式是指为实施某种战略或达成某种目标，以发起人的身份组建成立全资或控股公司的行为。对于那些缺少某些特定能力或资源的企业集团而言，一般以合资绝对控股或相对控股的方式，把那些具有互补技能和资源的合作伙伴联合起来，获得共同的竞争力，可以说是一种有效的市场进入战略。在我国，由企业集团出资发起成立金融机构，可以说是实现企业集团产融结合的一种最基本的方式，但由于政府对金融行业监管比较严格，开放度不高，结果导致中外企业进入金融领域门槛仍然比较高，目前这种方式的运用在一定程度上受到了限制。企业集团目前在政策许可的情况下，可以通过发起组建的方式进入金融行业有财务公司、信托公司、证券公司、保险公司、租赁公司等，并在极其严格审批的情况下可以设立全资或控股银行，进而通过业已控制的信托公司和证券公司，可以间接发起组建基金管理公司等。在此，笔者特别需要指出的是，长期以来，四大国有银行垄断着我国绝大部分金融资源，导致了金融领域内部竞争度差，银行经营效率不高，并导致了长期对中小企业服务比较差的局面。在全球经济日益一体化的今天，必须进一步深化金融管理体制的改革，切实改进监管方式，强化对中小企业的服务，在强调对外开放的同时，更要优先对内开放，要积极扶持并赋予大型企业集团拥有金融功能。笔者认为，监管严格固然可以防止化解金融风险，但在金融全球化的大背景下，这在一定程度上也限制了我国金融业务的大发展，进而也影响到了企业集团的竞争力，乃至国家竞争力。改革开放以来，国家批准成立的企业集团所属的商业银行也只有中信实业银行、中国光大银行、招商银行和华夏银行四家银行。中信实业银行、光大银行属于以金融服务为主的企业集团组建的；招商银行是由招商局集团公司出资，在其原蛇口工业区财务公司的基础上改制而成；真正属于以产业开发为主的企业集团组建的银行，也只有首钢集团，而且首钢集团获批银行也只是一个特例。国务院1992年7月22日批转国经贸办、体改委《关于进一步扩大首钢自主权试点报告的通知》赋予首钢"三权"（投资立项权、外贸自主权和资金融通权），并要求有关地区和部门要重视和支持，同时申明首钢进一步扩权属试点系国务院特批，其他地区和单位不能自行援例。于是，中国人民银行根据国务院特批首钢资金融通权，并同意其成立银行的精神，于1992年批准华夏银行开业，明确其为首钢全资附属的全国性商业银行，注册资本金10亿元。由此可见，在我国由企业集团发起成立银行是多么的不容易啊！今天即使在企业集团发起组建成立财务公司，由于目前过于复杂的审批程序，也需要经过很多周折，花费许多时间。

难怪海尔的张瑞敏感慨：海尔申请财务公司，前后经历了8年！这8年中，除了他亲自率领集团领导多次到中国人民银行总行陈述财务公司对于海尔发展的重要性之外，还请青岛市政府给人民银行出了一份公函，请求在海尔申报财务公司上给予支持。我们可以想象，像海尔这样经营稳健的企业集团，成立一个财务公司获得批准尚且如此艰难，足以说明目前我国金融监管有待于进一步提高开放意识，摒弃过度的行业垄断思维，引入适度竞争机制。

（二）收购兼并式

收购兼并式一般是指获取目标公司全部或部分股权，使其成为全资或控股子公司的行为。企业集团通过收购兼并的方式，不仅可以获得因控股或相对控股带来的法人资产和相应的权利与义务，而且也可以获得目标公司拥有的某些专有权利，如专营权和经营特许权等，更能快速地获得由目标公司特有的组织资本而产生的核心能力。国际上许多著名的大公司在其成长过程中，基本上通过大规模收购、兼并其他公司而迅速发展起来的。据有关资料研究表明，在第二次世界大战前，世界主要跨国公司的国外子公司中有 37%是通过收购、兼并的方式建立的，在第二次世界大战的近 20 年里，此比例上升到 44%，在 20 世纪 60 年代，跨国公司通过收购、兼并的方式建立的子公司比例高达 55%。如我们熟悉的 GE 公司，经常性的收购企业，在其进入亚洲金融市场时，几乎全部是通过收购、兼并的方式进入的。随着我国加入 WTO 之后市场准入限制的逐步放开，国内产业资本不断向金融资本渗透，成为近年来颇为引人注目的事件。在这场由产业资本掀起的金融并购风暴中，声势最大、最具轰动效应的则要数海尔集团，其公开宣布要打造一个"产融结合的跨国公司"，自 2001 年以来多次以大手笔投资于金融业，掀起了一场业内人士所谓的"海尔金融风暴"。中石油入股克拉玛依市商业银行，重组后的克拉玛依市商业银行更名为昆仑银行，力图发展为全国性商业银行，并以增资方式控股京港信托后也更名为昆仑信托，从而形成中石油的昆仑系。华能集团先后以增资方式控股长城证券，并将增资控股的贵州黔隆信托更名华能贵诚信托，进一步完善了旗下的金融平台。以上所述企业集团进入金融业的方式，绝大多数是通过收购、兼并的方式完成的，极少通过发起组建式完成。目前收购、兼并的方式之所以受到了绝大多数企业集团的青睐，主要有以下一些好处：

第一，收购、兼并是企业集团取得进入金融领域"入场券"的一种更加便捷的方式，可以节省许多排队等候审批的时间，能够迅速地实施企业集团金融产业的发展战略，快速吸纳和发展新的核心能力。

第二，可以直接利用收购、兼并目标企业现成的管理人员、业务平台和市场份额，这对于以产业开发为主的企业集团来说尤为重要，可以避免因本集团缺乏金融人才和管理经验而导致金融战略的失败。

第三，比较好地实施了资源外取战略，并且与创建相比在成本上也是节约的。

（三）股权划拨式

为了加快企业集团产业资本与金融资本的结合，应尽快赋予大型企业集团的金融功能，抓住我国目前正在推行的国有资产管理体制改革和金融体制改革的有利时机，结合国家

近年来正在实施的"大公司、大集团"战略以及建设有世界
一流企业的使命，推进我国企业集团向跨国企业集团发展的
战略目标来进行总体设计，统筹安排，协调推进。具体思路
是从中国目前产业与金融分离的具体情况出发，可以从国家
准备扶持的 30~50 家具有国际竞争力的大型企业集团中，先
选择 3~5 家企业集团进行试点，由国家直接以股权划拨的方
式，将一些规模比较小的金融机构国有股权划拨到这些大型
企业集团的名下，使大型企业集团拥有金融机构的股权而成
为控股母公司，而这些金融机构成为大型企业集团的控股子
公司后，进而实现产业资本与金融资本在企业集团中得到融
合，以健全企业集团金融功能。通过股权划拨方式使大型企
业集团快速获得进入金融业的入场券，有选择地将一些金融
业务纳入到大型企业集团发展框架之中，不仅有利于金融改
革与企业改革协调推进，而且也有利于进一步增强企业集团
的核心竞争力，打造出具有国际竞争力的企业集团，从而实
现产业与金融结合的双赢局面，进而可避免出现我国金融资
源过度集中在几家银行出现"大到不能倒"的局面。

第三节　企业集团产融结合必须处理好的三个关系

当今世界经济格局已进入以大公司、大集团为中心的时代。面对改革开放的形势和经济全球化的发展趋势，我国企业集团将直接面临着跨国公司前所未有的挑战。我国已经明确以发展具有国际竞争力的大型企业集团作为今后企业改革与发展的重点，中国企业正面临以增强核心竞争力为基础的战略转型期。从现有企业集团的发展现状来看，无论自身规模与实力及发展战略，还是政府的产业政策、市场准入和相关的配套改革，都不同程度地存在着一些值得注意的问题。特别是，本书意在推进企业集团走产融结合的发展道路，为确保企业集团金融产业发展战略的有效实施，诸如企业集团产业资本与金融资本的关系、专业化与多元化的关系、生产经营与资本经营的关系等问题，有必要在理论上或企业战略导向上做进一步深入研究探讨。否则，企业集团在金融产业发展战略的实施中就不可避免地会走一些弯路。在此，笔者结合一些企业集团战略转型的实践和有关企业战略管理理论，从战略高度谈一下企业集团在实施金融产业发展战略、走产融结合的发展道路时必须处理好的若干关系问题。

一、企业集团产业资本与金融资本的关系

（一）产业资本与金融资本及产融结合的含义

从两种资本的载体来看，产业资本一般是指工商企业等非金融机构占有和控制的货币及实体资本；金融资本一般是指银行、保险、证券、信托、基金等金融机构占有和控制的货币及虚拟资本。经典意义上的产融结合特指在生产高度集中的基础上，产业与金融部门通过股权参与以及由此产生的人事结合等方式所形成的资本直接融合关系。借鉴前人的研究成果，笔者认为，所谓企业集团产融结合是指产业资本与金融资本共同置于一个公司控制主体的行为模式。

（二）关于产业资本与金融资本功能的比较分析

随着经济全球化和一体化趋势的明显加快，现代大型跨国企业集团的一个重要特征就是产业资本与金融资本的结合的步伐趋于加快。国外大型企业集团化的过程，实际上是产业资本与金融资本相互融合生长的过程。按照国际惯例，大型企业集团，尤其是跨国大型企业集团要想直接参与到国际

市场竞争中去，不仅要具备起码的投融资功能，而且还必须使其拥有完整健全的金融功能。因此，中国的大型企业集团要面对国际竞争，必须尽快健全企业集团的金融功能和商贸物流功能。产业资本与金融资本结合是资本经营的一个重要特点，其本质上是实现间接融资与直接融资、融资与投资的结合。为了使资本获得更大收益，尤其是在企业资本的扩张中，企业集团必须考虑产业资本与金融资本的结合，通过内、外部交易性战略的有机结合以谋求快速发展。从世界各国来看，产业资本与金融资本结构模式主要有英美式和德日式。英美式主要采用各种基金会的形式使金融资本与产业资本结合；德日式一般采用金融资本与产业资本相互持股，彼此互相渗透的现象比较普遍。尽管第二次世界大战后日本经济起飞，可以说是各种因素综合作用的结果，但绝对不能否认，日本企业集团的产融结合是日本经济高速发展的一个关键因素和直接动因。从产融结合的发展历程来看，无论是传统产业还是现代产业的发展都需要产业资本的驱动，同时产业的发展也需要金融资本的支持与服务。近年来，国际上大公司、大集团收购、兼并非常活跃，其主要目的就是通过产业整合、结构调整实现资源重组，来进一步提高它的核心竞争力。特别是随着资本市场的高度发展，金融资本的发展直接推动着产业的发展，而在这个过程中，投资银行就成了企业集团实现产业整合（资源整合）并形成其核心竞争力的一个有力手段。这些正是投资银行通过所谓资源整合和产业发现，推动了传统产业重组、加速了新产业成长、孵化了高科技风险产业兴起，从而也获得了丰厚的回报，成为当今世界经济发展的助推器。工商业资本与金融业资本共同隶属于企业集团这个控制主体，不仅适应了"大公司、大集团"的发展战略对资本运作方面的要求，而且也是企业集团整合内部资源，增强其核心竞争力的内在要求，更重要的是它反映了世界发展过程中产融结合的必然趋势。

我国规定，银行不能直接参与对企业的投资入股，这在目前是一种必须执行的政策，但用产业资本购买金融机构的股权，国家并没有限制，这就在客观上为华能、中石油、海尔等企业集团实现产业资本与金融资本的结合提供了可能。随着我国金融业开放的步伐加快，现在一些产业公司纷纷涉足金融产业。这标志着国内产业资本与金融资本的结合已拉开了序幕。据有关资料显示，2006~2007 年，我国券商利润普遍高速增长，增幅大都在 100%以上，创下历史最好水平。其中，中信证券 2006 年共实现营业收入 58.3 亿元，净利润 23.71 亿元，人均利润超过 206 万元，平均每人收入 55 万元/年；

2007 年，公司实现营业收入 308.7 亿元，同比增长 415.3%，实现利润总额 199 亿元，同比增长 485.61%，其中归属于公司股东的利润 123.88 亿元，同比增长 408.84%。俗话讲：证券行业三年不开张，开张吃三年。尽管 2008 年以来由于世界金融危机爆发，以及一些国家的主权金融危机等因素的影响，证券市场持续低迷，券商利润受到很大影响，但即便这些券商后三年有亏损，也可以使三年的资本平均收益率维持在一个较高的水平上。更何况，中国证券业的发展仍属于稳定增长的行业，即使今后再不会出现前几年的暴利，但笔者判断，证券行业的盈利水平在未来仍将维持高于全社会平均水平，在行业上仍具有很大的吸引力。也许是来自巨大的行业暴利吸引，这就使我们不难理解对于目前产业资本纷纷涉足金融产业的现象了。

从 1995 年国际竞争格局来看，在世界 100 家大公司中，美国占了 50 家，日本有 27 家，而亚太地区其他国家共有 4 家，中国没有一家。而 1994 年，中国最大 500 家工业企业全年销售收入合计仅为 1527.77 亿美元，不及美国通用汽车公司一家的年销售额 1549.51 亿美元。① 而且在世界 100 家大

---

① 谢杭生主编：《产融结合研究》，中国金融出版社，2000 年版。

公司中，按行业划分，上榜最多的是银行和金融公司，由此可见金融在促成企业规模上所起的巨大作用。面对来自国际上跨国公司的巨大挑战，中国急需一批具有一定规模与实力的大型企业集团，而产业资本与金融资本在企业集团内部的进一步融合，则是打造具有国际竞争力的世界一流企业的必要条件。金融资本之所以在大型企业集团的发展壮大中能起到巨大作用，关键在于金融资本具有资本的放大效应和吸收外部资源的能力，因而在企业集团的发展过程中具有较强的筹资能力，这恰恰是决定企业集团规模扩张速度的最主要因素。有关资料统计表明，[1] 1947~1980 年，美国金融业占国内生产总值的比重日益增加，即由 9.9%上升至 15%；而同期美国的制造业在国内生产总值的的比重却呈下降趋势，由28.4%下降至 22.5%。另外，同期金融行业的收益率也明显高于国民经济的增长幅度，在 1947~1980 年，美国国内生产总值平均年增长 3.5%，而金融业的收益则增长为 4.5%。另据我国中央电视台 2003 年初报道，我国以金融业为主的光大集团，三年的资产规模翻了一番，足见金融资本对企业集团规模扩张的巨大功效。另据招商银行年报显示，截至 2005

---

① 谢杭生主编：《产融结合研究》，中国金融出版社，2000 年版。

年末，招商银行总资产 7339.83 亿元，归属于上市公司股东净利润 39.3 亿元；截至 2010 年末，公司资产总额 2.4 万亿元，归属于上市公司股东净利润 257.69 亿元；总资产 5 年增长了 227%，净利润增长了 555.7%，金融业的增长速度远远超越了产业的增长速度。

综上所述，国外大型企业集团发展的历史表明，企业集团走产融结合的发展道路，是大型企业集团迅速发展壮大的一种成功发展模式。我们看到，金融产业的增长速度无论是在美国还是在中国，都明显快于其他行业的增长速度。我们可以认为，产融结合是企业集团规模发展到一定阶段的产物，是适应经济全球化和一体化的必然选择。从某种程度上讲，产业资本与金融资本在企业集团内部进行融合，实际上是对企业集团产业、金融、商业贸易基本功能的一种健全。

（三）产业资本与金融资本的对立统一关系

如前所述，马克思在关于社会再生产理论的论述中指出，产业资本循环的过程分为购买阶段、生产阶段、销售阶段三个阶段，产业资本循环的实现条件是生产资本、商品资本、货币资本三种形态的资本，必须在时间上继起，在空间上并存。随着现代商业信用的出现，作为现代金融组织的银行也得到了迅速的发展，并相应地派生出了产业资本与金融资本，于是也就有了产业资本与金融资本的对立统一。如果从现代意义上讲，也就是说，产业资本、商业资本、金融资本构成了资本的循环体系，在这里，产业资本与金融资本二者之间是一种相互依存、缺一不可的关系，也可以说是二者互为条件，这也是产业资本与金融资本结合的基础。产业资本与金融资本之间相互依存的关系具体可以表述为产业资本是金融资本增值的源泉与依托，金融资本是产业资本增值的助推器。也就是说，如果金融资本没有产业资本作为依托，就失去了存在的基础，更谈不上金融资本的增值；相反，产业资本如果没有金融资本的支持与推动，无论是产业资本的循环与增值速度，还是产业资本的扩展速度，都将大大受到影响。因此，在现代市场经济条件下，产业资本与金融资本这种既对立又统一的相互依存的关系，无论是对产业公司和金融服务公司的自身业务发展，提高其核心竞争力，还是对整个市场经济的健康发展都具有十分重要的现实意义。

（四）产业资本与金融资本在一定条件下可以相互转化

产业资本和金融资本是驱动经济发展而具有不同性质的两类资本要素，二者在一定条件下可以相互转化。

（1）金融资本转化为产业资本。金融资本转化为产业资本有两种方式：一种方式是银行吸收工商企业及个人的存款，把一切可支配的货币转化为银行资本后，再向从事产业开发的企业提供信贷资金，从而使其转化为产业资本；另一种方式是金融资本通过资本市场直接或间接购买从事产业开发企业的股票，从而使金融资本转化为产业资本，如美国的银行通过设立持股公司购买从事产业开发的上市公司股票，或我国的证券、信托、保险、基金等金融资本可直接购买从事产业开发的上市公司股票，参与发行或推销企业的股票、债转股和参与兼并收购活动等。

（2）产业资本转化为金融资本。产业资本转化为金融资本也有两种方式：一种方式是从事产业开发的企业通过向金融机构购买其控股子公司的股权，从而使产业资本转化为金融资本；另一种方式是从事产业开发的企业发起设立金融机构，通过向新机构注入资本金的方式，从而使产业资本转化为金融资本。

二、关于企业集团专业化与多元化发展的关系

党的十五大报告中明确提出，要"以资本为纽带，通过市场形成具有较强竞争力的跨地区、跨行业、跨所有制和跨

国经营的大型企业集团"。这不仅为推进我国大型企业集团的改革与发展进一步指明了方向，而且也为企业集团走产融结合的发展道路提供了政策导向。我国组建企业集团的初衷无非是想快速地把公司做大、做强，而做大、做强的出路只有两条：要么是专业化，要么是多元化。从理论上讲，如果企业只进行专业化经营，事实上也就没有必要选择企业集团的组织模式了，采取分公司、事业部制也许更有利于加强对业务的统一管理。

目前国内一些在非金融产业已经拥有核心竞争力的企业集团，如华能集团、海尔集团、宝钢集团、新希望集团等，为了获取可持续竞争优势，在继续巩固其核心产业地位的同时，纷纷进军金融产业，并尝试把产业资本与金融资本作为企业集团"双轮驱动"的战略选择。此举意味着这些以产业开发为主的企业集团，进一步确立了多元化经营的战略导向。常言说得好，"开弓没有回头箭"，"船大调头慢"。对于目前国内热衷于多元化经营的企业集团来说，多元化经营究竟意味着是"馅饼"还是"陷阱"，目前无论在理论界，还是在企业实践中，可以说是众说纷纭，莫衷一是。从理论上讲，专业化和多元化都有成功的可能，尤其在创业初期和公司规模比较小的时候，一般来讲，实施专业化公司成功把握会大一些。有实证研究表明，企业不管是从事专业化还是多元化都有得有失。比如，诺基亚在专业化方面的实践就很成功，但诺基亚还是从多元化最后转向专业化的；GE公司则在多元化方面的实践就很成功，不过我们在现实中更多看到陷入困境的一些公司是从专业化走向多元化时发生的。为此，在我们积极推进企业集团产融结合的过程中，我们必须清醒地意识到，在企业集团进行大跨度地从事多元化战略转型时，必须处理好专业化与多元化的关系。

（一）关于企业集团专业化与多元化关系的实证分析

按照多元化程度的差异，有学者把从事多元化经营的公司划分为四种类型：①单一产品型，指单项业务销售收入占企业销售总额的95%以上；②主导产品型，指单项产品销售收入占企业销售额的70%~95%；③相关多元化型，指多元化扩展到其他相关领域后，没有任何单项产品的销售收入能占到销售总额的70%；④无关多元化型，指企业进入与原来业务无关的领域，如钢铁企业进入了食品行业。下面以笔者比较熟悉的美国通用电气公司和中国华能集团公司为例来分析说明在实践中如何处理好专业化与多元化的关系。

姜汝祥博士在对GE公司多元化进行了深入研究后，在

战略层面上列出了 GE 多元化成功的几个原因：[①]

（1）多元化公司必须拥有一个超越于具体业务的公司战略，从而使公司战略更加强调愿景与总体控制，避免业务单元成为没有战略的利润中心。GE 著名的四大战略：全球化、服务转型、六西格玛和电子商务，没有一个是与具体的业务有关的。在笔者看来，这其实就是 GE 公司比较好地处理了公司层面的战略与业务层面的战略关系，从而使二者在企业集团内部比较好地实现了有机结合。

（2）多元化公司必须在公司层面拥有一个强调组织学习能力与创造性的核心竞争力，从而使公司的核心竞争力能够支撑多业务的扩张。譬如，GE 拥有"活化"组织结构层级与激发组织创新、将业务运营系统与变革思想融为一个整体的综合能力，从而保证了多元化背后的持续支撑动力。

（3）多元化公司必须拥有一个竞争性的公司愿景与具备筛选功能的业务模型，从而使公司业务"多而不乱"。譬如 GE 拥有著名的业务筛选模型，GE 公司在 20 世纪 80 年代设定的愿景是："我们要在从事的每一个行业都成为第一名或者第二名，我们将通过革命性的变革，既具有大公司的强

---

① 姜汝祥：《多元化战略与专业化战略有什么不同》，《经济观察报》2002 年 12 月 3 日。

势，又具有小公司的敏捷。"多元化的公司必须拥有有强势凝聚力和控制力的企业文化，以使公司能够通过共同的理念减少管理成本。譬如，GE 的企业文化中强烈要求价值观上的认同，要求绝对遵守 GE 的企业道德原则和公司规则，GE 恐怕是全世界对员工职业道德要求最严的公司之一。

GE 多元化成功的战略经验是超业务的战略，强调适应变革的核心竞争力、竞争性的愿景与极高道德要求的文化，而最基本的是业务管理系统。GE 精心构造了以一年为一个循环、以一季度为一个小单元的"业务管理系统"，这一系统有两大功能：①它构造了一个严密而有效的实施系统，保证总部制定的任何战略举措都可以转化为实际行动；②它是一个开放的制度化平台，来自 GE 和各个业务集团的高层领导、执行经理和员工，都会在这样一个制度化平台上针对业务实施情况，对比差距、交流和分享成功的经验和措施。GE 的高效业务管理系统，可以做到所有的重大战略举措一经提出，一个月进入操作状态，一年见效。

中国华能集团公司自 1988 年经国务院批准成立，目前是世界第二、亚洲最大的独立发电公司，2011 年在世界 500 强企业排名中位列第 275 名。在华能集团 20 多年的发展历史中，对于电力核心产业与非电支柱产业诸如原材料、技

术、房地产等的优先发展次序，以及效益孰好孰坏，在内部
一直多有争论。关于华能集团发展电力核心产业与支柱产业
关系的问题，其实质就是一个华能集团坚持专业化与多元化
发展战略的选择和把握的问题，也是一个要确保华能集团可
持续发展必须回答的现实问题。应当承认，华能集团过去在
对支柱产业发展的广度和深度把握上由于历史的原因，一度
多元化经营的领域横跨上百个，战线拉得过长，摊子铺得过
大，各产业（专业）公司功能定位不清晰，交叉经营，专业
化经营优势不明显，在各自经营的领域里未能培育出自己的
核心竞争力。而华能集团的电力产业在中国整个电力行业
中，在管理和技术水平上处于国内领先地位，在国际上具有
一定的影响力，已形成核心竞争力和竞争优势，因此，在华
能集团的产业结构中，其核心产业地位不可动摇。电力产业
在华能集团产业结构中的地位，犹如农业在我们国家产业结
构中的地位一样。我国有句话叫做"无农不稳"，对华能集
团来说，同样也可以说是"无电不稳"。如果华能集团失去
了电力产业的竞争优势，就会在市场经济的大潮中迷失方
向，甚至有被市场经济的大风大浪吞没的危险。

2000 年，经过系统重组和内部资源优化配置的中国华能
集团，面对经济全球化趋势增强、科技革命迅猛发展、电力

体制改革的步伐不断加快、市场竞争更加激烈的国内外形势，根据华能集团目前产业结构存在的不足，中国华能集团公司提出了华能集团未来产业发展的战略构想："今后要进一步贯彻以电力产业为核心、综合发展的战略方针，继续稳步发展电力核心产业，大力发展金融产业，加快发展信息产业，积极发展交通运输产业和新能源与环保产业。"华能集团新战略提出后，对目前已经形成规模的电力产业，继续通过内、外两种交易性战略谋求做大、做强，目标是继续保持亚洲最大独立发电公司的地位；对那些未形成规模的多元化行业和产品，实施了大规模地收缩重组，把从事多元化的领域集中在有限的几个行业里。2009 年，华能集团在长期的战略实践中，进一步确立了"电为核心、煤为基础、金融支持、科技引领、产业协同，把华能建设成为具有国际竞争力的综合能源集团"的战略定位和产业结构布局，充实了"归核化战略"的内涵，突出了核心能力，我们有必要用现代企业战略管理的有关理论加以分析说明，可以从中得到一些有益的启示。

现代企业战略管理理论认为，企业的价值增长过程是一个面向市场环境不断辨别机会、利用机会的动态过程，因而在战略转型时期，企业不得不根据市场环境的变化随时调整自己有限的资源，进而在战略取向上选择不同的发展路径。在 20 世纪 90 年代，许多大型企业都注意到核心能力的培养，而且认识到核心能力是企业将其在资源、技术、管理、文化等方面的有利因素综合集成而形成的独有专长，既不易被别人模仿，还能不断地扩展到其他领域，企业以此占据并保持其领先地位和竞争优势。根据美国学者波特有关企业竞争的理论，企业核心能力是企业资产、技能的结晶，是企业保持持久竞争优势的基石，这表现在核心能力可以确保企业进入与自己业务相关的任何新兴领域。由于华能集团目前的电力资产几乎占整个集团总资产的 80%，且在电力企业管理方面已经积累了相当的经验，由此看来，华能集团目前的电力产业已经完全具备了核心能力，而且要发展的金融产业、煤炭产业、交通物流产业、环保产业等都与电力产业具有一定相关性，并可作为其"路径依赖"（Path Dependency）进入各自的领域。通过以上分析，我们可以清晰地看到华能集团新战略的布局就是在继续保持电力产业核心竞争力的前提下，支柱产业的多元化发展建立在有限的专业化基础上，而且各产业公司的功能定位比较清晰，旨在在各自的领域里培育出核心竞争力。

（二）关于企业集团专业化与多元化发展动因的理论分析

从企业集团的战略管理来说，企业集团的多元化扩张战略一般遵循从单一业务开始，在行业内扩大规模与范围，然后继续扩大规模进入新的市场领域，可以说多元化经营战略是大型企业集团发展的重要战略选择。1950 年《财富》选出的美国国内 500 强中，只有 38.1% 的公司其收入超过来自多元化业务的公司，到 1974 年多元化业务公司的比例上升到 63%。从 20 世纪 70 年代末，特别是经过 80 年代中期的发展，一个重要的趋势出现了，即企业再次向核心业务靠拢，企业开始剥离与核心业务不相关的事业部，到 1988 年，《财富》500 强公司中单一业务型或主导业务型公司的比重又回升到 53%。有学者研究指出，其实这种回归核心业务的变化趋势与这些企业开展国际化经营有关，实际上掩盖了一些本质东西，因为其并未考虑经营地域的国际多元化。理论上在全球竞争中，任何一个企业都可以通过向全球销售来发展规模经济。总的来说，多元化经营战略在美国越来越得到普遍采用，并成为企业集团发展壮大的一种典型方式；在一些成熟的工业化国家如德国、法国、意大利、日本也大体如此；在中国几乎所有的大公司都或多或少地在进行着多元化的尝试。我们将从理论上进一步分析企业集团在实施专业化与多元化发展战略的有关动因。

1. 专业化发展的动因

（1）持续的专业化可以获得规模经济的好处。规模经济性指的是成本随着当前总产量的增加而不断下降的现象，也即出现边际成本递减效应。当平均成本随着生产的产品和服务的数量增加而下降时，就出现了规模经济。规模经济理论关注市场占有率，认为庞大的内需市场是促成规模经济的重要条件，保持一定的生产或经营规模能够有效地降低企业成本，并促使企业实现专业化而给公司带来大量好处。规模经济性在一定程度上决定了在某一产业进行竞争并能获得盈利的最少公司数目的上限。当最小有效生产规模与需求高度相关时，产业中能够容纳的竞争者最少。因此，从理论上讲，任何一个国家的产业（行业）市场容量都是有限的，在全球竞争中，任何一个企业都可以通过向全球销售来发展规模经济。这从某种程度上讲，进一步拓展了规模经济形成的条件。

（2）持续的专业化可以获得学习经验曲线的好处。由于员工只关注生产数量的增加和市场容量的扩大，没有把注意力集中在一个相对狭窄的活动范围内，从而开发出或利用更多的专业技能，获得学习经验曲线，进而提高产品的质量，扩大市场占有率，并在市场上获得竞争优势。

2. 多元化发展的动因

（1）实施多元化可以获得范围经济的好处。企业经营多项产品的成本如果低于若干项产品分别经营的成本总和，这种由于生产经营范围变大而带来的成本降低或收益增加，在经济学上称为范围经济。这种关系可以用公式表述为：

$$C(X + Y) \leq C(X) + C(Y)$$

企业利用范围经济创造价值主要是通过资源共享和技能及核心竞争力的传递来实现。在实施多元化过程中，充分利用集团内部未被充分利用的剩余资源即为资源共享。资源共享活动一般在企业集团很普遍，常见的有形资源共享有：如能够认同本公司企业文化的人力资源、厂房设备、营业网点以及销售服务网络等，这些有形资源必须通过共享活动，才能得到有效的利用并产生范围经济。长期以来具有战略竞争优势的无形资源也可以共享，如公司业已形成的良好的品牌、专有技术以及管理经验等，都是公司核心竞争力赖以存在的基础和源泉。特别是不同业务部门之间共享管理经验和技术不仅可以大大地降低成本，还可以进一步改进管理技术，推动管理和技术创新，获得新的竞争优势。如 GE 公司在这方面做得就非常好，GE 公司在每年 10 月将全球 150 位高层经理召集在一起，召开全球运营经理大会，大会的主题是：①下一年度运营计划的重点；②每个运营经理提出关键举措的成功之处；③所有业务部门讨论上一年工作中得到的经验与启示。

（2）实施多元化可以从外部获得能够超越竞争对手的有用资源。由于任何市场（行业）容量都是有限的，当最小有效生产规模与需求高度相关时，产业中能够容纳的竞争者最少。当市场的竞争者数量达到最小时，市场便出现竞争均势格局，也就是形成了寡头垄断竞争格局，这意味着竞争各方谁也不占竞争优势，任何一方想超越竞争对手已经在本行业领域内变得十分困难。在这种均势竞争的格局下，一个企业要想打破这种均势格局超越竞争对手，必须另外开辟"战场"，获得有别于竞争对手所拥有的有用资源，包括一些特许的经营权。因此只有企业从事多元化经营，才可以实现资源外取的战略，如我们讨论的以产业开发为主的企业集团进入金融产业领域，意味着这些企业取得了从事金融业务部分入场券。正是这些企业获得了有别于竞争对手的异质性资源，为企业独占某些资源提供了可能，从而造成了其他企业所难以模仿的资源障碍，造就了企业持久的竞争优势。

（3）实施多元化可以有效解决规模不经济和分散经营风

险的问题。如果规模继续扩大，经验持续增加，成本会无限制地下降吗？回答是：不可能。大量实证研究表明，随着产量的增加，成本不但不再下降，反而会出现上升，由此，则出现了规模不经济的问题。究其原因，可能是微观经济学的边际效应在起一定作用。此外，为了扩大生产规模而进行的大量设备与技术投资，一旦遇到市场变化将会导致大量沉没成本，从而使公司财务陷入困境。因此，为了有效解决规模不经济的问题，分散企业的经营风险，实施战略不管是相关型多元化还是不相关型多元化，只要能够让企业所有事业部增加收入降低成本，多元化的价值就体现出来了。

（4）各国颁布的禁止垄断法促使了企业的多元化发展。世界各国对行业垄断均做出了比较严格的限制，为了规避反垄断的限制，一些公司选择了多元化的发展。如中国在实施电力体制改革时明确规定，任何一家独立发电公司在每个省的装机容量不得超过 25%，这在一定程度必将促使各发电公司未来向多元化发展，从而获得更大的发展空间。

（5）实施多元化还可以扩大市场影响力，并提高经营者的薪酬水平。企业通过实施纵向一体化战略，来进一步强化其在核心产业的竞争地位，获得比竞争对手更强的市场影响力。如电力集团通过实施煤电联营的竞争战略，可以打破上游煤炭行业的价格联盟，控制煤炭价格的进一步上扬，从而率先实行煤电联营竞争战略的电力集团，可以确立其与众不同的竞争地位，获得了比竞争对手更强的市场影响力。有学者研究表明，多元化与公司规模高度相关，公司的规模越大，高级经理人薪酬福利水平就越高。因此，高级经理人有扩大多元化的动机和偏好。

（三）企业集团专业化与多元化的关系综述

通过以上实证分析和理论研究表明，从企业集团的战略管理来说，企业集团的多元化扩张战略一般遵循从单一业务开始，也即通过专业化经营在行业内扩大规模与范围，然后继续扩大规模进入新的领域。对于大多数公司而言，如中国的华能集团、海尔集团，甚至包括美国早期的 GE 公司，其扩张活动都是从核心产业开始的，并以此作为其进一步扩张的路径依赖。这些公司实施多元化的战略导向是为了增强或突出在核心业务市场中的地位，进而突破最初产业的限制，以获得多元化经营所带来的竞争优势和良好的业绩。从中我们可以就企业集团专业化与多元化的关系得到以下一些启示：

（1）企业集团专业化经营是多元化经营的基础，且多元化发展一定要坚持有限的专业化。只有二者有机结合，相互依存，才能更好地促进企业集团的发展。只有专业化经营发展到了相当的规模水平，至少在本国所从事的行业取得了领先地位和竞争优势，公司的产业形象和核心能力在本国具有广泛的市场认同度，公司才真正具备了实施多元化战略的条件。企业集团多元化发展一定要以有限的专业化为基础，切忌摊子铺得太大，战线拉得太长。比如 GE 公司一直遵循着"我们要在从事的每一个行业都成为第一名或者第二名"，并且韦尔奇把公司涉足的多元化领域控制在 11 个行业。如果多元化业务中的每一项业务都达不到有效的经济规模而缺乏优势，或企业实行无关联多元化经营战略，进入不太熟悉的行业，反而会加大经营风险。

（2）企业集团多元化经营是对专业化经营的组合投资管理，可以看成是专业化经营的集合。企业集团多元化经营就是在继续保持核心产业竞争力的前提下，对于从事专业化经营的各产业公司的功能定位要清晰，要力争在各自经营的领域里培育出核心竞争力。

（3）企业集团多元化经营要注意保持与业已形成的核心产业或优势主导产业的相关性，企业集团的竞争优势主要来源于其核心能力的培育与移植，要把核心产业或优势主导产业作为专业化经营的路径依赖，通过核心竞争力的传递来实现专业化经营。

三、关于企业集团生产经营与资本经营的关系

（一）企业集团生产经营与资本经营的含义及其关系

当我们今天谈到生产经营这个概念时，对我们来说应该在很早以前就比较熟悉了，也很容易理解。所谓企业集团生产经营就是通过对一般产品的加工制造销售以创造新的价值增值，从而实现资本收益最大化。而对于资本经营的概念，人们也只是在近 10 多年来才逐渐熟悉，但对其确切含义似乎仍有相当一部分经营者没能准确理解，因而在实践中未能很好地把握和充分运用。尤其是对于生产经营与资本运营在企业集团内部究竟是一种什么关系？他们在企业集团的价值增长过程中各自又起什么作用？在此有必要进一步加以分析说明。现代企业理论认为，生产经营与资本经营都是企业获得价值增长的两种方式或手段。目前中国经济正处在从传统产业向新经济产业发展的过渡期，尤其是在资本市场日益发达的今天，我们有必要在理论上对二者的关系阐述清楚，以便我们更好地利用这两种手段实现企业集团的价值最大化。

一般来说，资本作为一种特殊的商品，其特殊性就在于

对它的使用能够创造新的价值，使其价值得到增值。资本既可以像一般商品那样通过市场交易去获取收益，也可以不通过市场交易，只要对其使用就可以获得收益。所谓资本经营，就是通过对资本所有权的交易和对资本的使用价值的利用，从而使资本能够创造新的价值，实现资本收益最大化。企业集团资本经营的实质其实就是一种企业集团资本扩展战略，是现代企业运作的最高层次。任何企业集团的生产经营都是建立在一定资本的基础上，如果企业没有资本作为载体存在，生产经营也就无法进行，也就是说"巧妇难为无米之炊"。从这个意义上讲，企业的生产经营就是利用了资本的使用价值使资本取得收益最大化和增值。正因为资本有其二重性，因此决定了生产经营与资本经营在现代企业集团中相互依存，不可或缺。任何企业的生产经营都是资本经营的实现形式和手段。如果企业集团没有生产经营为依托，企业集团不仅失去了产业形象，而且也将变成一个纯粹的金融服务企业集团，从而使资本经营的运用空间受到很大限制。同样，在现代市场经济条件下，如果企业集团不懂得资本经营，那么企业集团就等于放弃了一种资本增值与快速扩张的途径，从而将使企业集团的规模与实力以及由此而产生的竞争力受到很大的影响。因此，生产经营与资本经营的关系可以概括为：生产经营是实现资本经营的形式和手段，资本经营是生产经营的高级形态和最终目的，二者相互依存，相互影响，共同促进企业集团的规模扩张和效益的提高。对于大型企业集团来说，资本经营是实现生产与资本的集中，发展多元化经营的必经之途，是实现经济增长方式由粗放型向集约型转化的关键所在。为此，在我国明确提出建立以资本经营为导向的生产经营管理体制，不仅有助于改善和提高我国企业集团经营管理水平，而且也可以防止一些企业集团利用多提或少提折旧人为地影响当期效益，从而有效地避免目前企业集团经营业绩评价存在的失真问题。

（二）关于企业集团生产经营与资本经营价值比较分析

现代企业战略理论认为，内部经营性战略与外部交易性战略是企业价值增长的两种方式。生产经营属于企业内部经营性战略，资本经营则属于企业外部交易性战略。在企业价值增长的内部经营性战略中，在现有资本结构不变的前提下，企业依靠自己的力量，通过整合内部资源，包括控制经营成本、提高生产效率、拓展新市场、提高生产经营管理水平，维持并发展企业的核心能力。在企业价值增长的外部交易性战略中，企业通过吸纳外部资源，包括组建合资企业、吸收外来资本、进行兼并与收购，来吸纳和发展新的核心能力。

据 Samuel Reid 对美国最大 200 家公司进行研究表明，在 1960 年，这 200 家公司的资产依靠内部积累增长率为 5.0%，依靠兼并增长率为 5.6%，两者速度几乎持平。通过 20 世纪 60 年代的兼并高潮，到 1968 年，两种方式的增长率分别为 5.2% 和 15.6%，企业通过并购发展的速度远远快于内部经营性增长速率。进入 80 年代以后，美国的兼并、收购日益成为价值增长的主要方式，而且并购的标的越来越大。据美国竞争力最强的 10 家大公司统计，只有 2 家是通过生产经营方式，依靠自我积累和内部增长发展起来的，其余 8 家都是通过收购、兼并等资本经营发式发展起来的。尤其是 GE 公司，资本经营是其拿手好戏，奉行"大进大出"战略，几乎每年通过并购出售的资产都在千亿美元以上。

目前在我国企业集团中，对两种交易性战略运用比较成功的中国华能集团控股子公司华能国际，在进一步加强对投资控股企业的生产经营管理的同时，近年来不断加大实施外部交易性战略的力度，在国内资本市场的石洞口二厂并购案和国际资本市场的山东华能并购案中，曾创造了当时国内两个交易额第一，并且牢牢地保持住了亚洲最大独立发电公司的地位。此举不仅赢得了国内和国际资本市场投资银行和专家的广泛好评，而且为我国继续实施外部交易性战略，搞好资本运作积累了宝贵的经验。如果华能集团不实施外部交易性战略，光靠内部交易性战略，要保持其亚洲最大独立发电公司的地位几乎是不可想象的。我国还有不少企业集团为了迅速扩张，不仅在本行业大量并购，而且也通过并购进入别的行业。如华电集团，近年来不仅在本行业通过并购谋求做大、做强，而且也通过并购进入信托、证券等金融行业。

以上通过对美国大公司和我国企业集团两种战略的比较分析，可以看出，通过资本经营使资本增值的速率要大于通过生产经营使资本增值的速率，采用外部交易战略是大企业创造价值的主要战略。因此，我国的企业集团在今后的产业扩张中，对准备要进入新领域的产业可尝试多采用兼并、收购战略，也就是通过外部交易战略，以谋求快速吸纳和发展新的核心能力。特别是对于那些想发展高新技术而自身的研发能力又比较弱的企业集团，也许采用收购、兼并战略比自行研发更经济、更快速，风险相对更小些，成功的把握更大些。因而在具体的战略把握上，对一些前景看好的高新技术企业，可以考虑以收购、兼并的方式取得实际控制权，使其成为企业集团新的利润增长点。因此，从一定意义上讲，一个有效的战略可以营造公司的竞争优势，使公司赚取超过本国市场平均利润率或行业平均利润率。[①]

本章小结

　　本章通过明晰企业集团发展金融产业可选择的财务公司、银行、保险、证券、基金等若干路径，解析企业集团产融结合形成模式及实现方式，阐述了企业集团走产融结合的发展道路，必须处理好事关企业集团可持续发展的产业资本与金融资本的关系、专业化与多元化的关系、生产经营与资本经营的关系等问题，使我们进一步认识到我国企业集团实施金融产业发展战略，走产融结合道路的必要性和可行性，以及对壮大企业集团规模与实力及可持续发展的重要现实意义。

　　同时，我们也认识到，特别是在我国打造具有国际竞争力的世界一流企业的战略导引下，面对经济全球化和金融一体化不断加快的趋势，发展具有国际竞争力的大型企业集团，国家必须通过进一步深化企业与金融体制的配套改革，

---

　　① 迈克尔·波特著：《国家竞争优势》，李明轩等译，华夏出版社，2002年版。

完善相应的配套政策，进一步放松金融管制，优化相应的制度环境。通过这种制度安排，既可以加快深化国有资产管理体制的改革，实施更大规模的国有经济的战略性结构调整；又可以积极稳妥地推进金融管理体制改革的深化，同时还有利于建立健全企业集团的金融功能，打造具有国际竞争力的大型企业集团。因此，可以说，推进我国企业集团产融结合的实践，是协调推进国有企业改革和金融体制改革的现实需要，是提高大型企业集团和国有商业银行国际竞争力的一项重要战略举措。

第六章 企业集团金融产业治理模式

　　企业集团实施金融产业发展战略，走产融结合的道路，需要建立包括银行、保险、证券、基金、信托、租赁等比较完整的企业集团金融产业体系。对于如此众多的金融产业，企业集团如何对其进行有效管理，是摆在每一个企业集团面前的现实问题。根据企业集团产业资本和金融资本的结合程度和有效管理幅度原则，并借鉴一些发达国家大型企业集团目前管理金融产业的模式，选择企业集团金融控股公司管理模式，是企业集团金融产业管理的最佳模式。建立企业集团金融控股公司管理模式，既能有效发挥企业集团产融结合的优势，又能在不同金融业务之间形成"防火墙"，从而有效地防范和控制风险，是我国企业集团金融产业治理模式的最佳选择。本章将对企业集团产融结合模式下的金融控股公司含义、类型及特点、发展现状、治理结构、管理体制、风险控制等进行分析与探讨。

第一节　金融控股公司含义、类型及特点

金融控股公司由于在金融业务管理上独具优势，代表了金融业的未来发展方向，目前受到了业界的一致推崇。通过设立金融控股公司，可以比较好地处理金融业的分业与混业关系，大大降低了运营成本，提高了金融业的竞争力和抗风险能力。金融控股公司这一具有混业经营的管理模式，相对于现行的单一金融业务的组织模式而言，则更具有组织管理模式比较效益的优越性。由于金融控股公司是属于控股公司研究的范畴，一般认为，控股公司具有优化产业结构、强化所有权约束、经营责任明确、减少经营风险和培养造就企业家的功能。因此，在我们明晰金融控股公司的含义之前，有必要先了解一下控股公司的含义。

一、控股公司及其相关概念的含义

（一）控股公司的含义

英国的《简明不列颠百科全书》认为，控股公司是"持

有其他公司的控制份额，能以最少的投资控制几家公司的企业组织。它可以作为单纯的持股公司存在，也可以兼营本身原有的业务"。[①]

德国的《麦耶尔百科全书》认为，控股公司是"为了统一领导和管理一个康采恩而建立的上级公司。这个公司本身并不行使生产和贸易职能，但在法律上表现为对康采恩的独立管理。若干公司把自己的股份转让给一个新成立的股份公司，持有这些股份的公司便形成控股公司"。[②]

日本在《禁止私人垄断和确保公平交易法》（简称《禁止垄断法》）中定义"所谓控股公司（Holding Company），是以支配国内公司的事业活动为主要事业的公司"。[③]

综上所述，一般认为，现代意义上的控股公司是指通过持有其他公司一定比例的股份，从而取得控制权的公司组织形式。

那么究竟持有其他公司股份的比例，达到多少才能取得控制权呢？由于各国具体情况不同，因而各国法律在对控股公司的控股程度具体界定又不尽一致。如美国对公司控制权的解释为持有子公司25%以上拥有表决权的股票或拥有选任

①② 张冀湘等著：《国有控股公司理论与实践》，经济科学出版社，2000年版，第19页。
③ 奥村宏：《日本的六大企业集团》，钻石社，1976年版，第36页。

过半数董事的权利；日本在《禁止垄断法》对公司控制权则规定"是指占子公司股份收入总金额、公司的总资产额的比例超过了50%的公司"。[①] 中国在《公司法》的实践中，一般根据股东会的多数表决原则，一个公司如果拥有了另一个公司50%以上的股份，毫无疑问就拥有了对该公司的绝对控制权。但事实上像美国这样的国家由于股权分散，只要拥有一定比例的股份，就能获得股东会表决权的多数，即可取得控制地位。

综上所述，笔者认为，所谓控股公司是指拥有其他公司一定比例以上的股份或通过契约方式能够对其他公司实行实际控制的公司。人们通常习惯把控股公司称为母公司，把被控股公司称为子公司，这样控股公司的基本架构就是以母、子公司为主体而形成的。

笔者在此特别强调了通过契约方式能够对其他公司实行控制的公司也可视为控股公司。因为持有其他公司股份固然是控股公司存在及施加影响的一个重要前提，但现实中也存在通过契约方式进行股权托管或表决权托管的形式，同样也可以取得实际控制权并对被托管公司经营施加影响。

---

① 安志达：《金融控股公司——法律、制度与实务》，机械工业出版社，2002年版，第1页。

(二) 母、子公司及集团公司的含义

根据各国《公司法》规定，所谓母公司就是指通过掌握其他公司一定比例的股份，对其他公司经营活动具有控制权或相对控制权的公司。子公司则是与母公司相对应，公司一定比例的股份被其他公司拥有，其经营活动被其他公司控制或相对控制权的公司。

集团公司是相对于企业集团而派生出来的一个概念，一般是指企业集团的核心企业。企业集团是以母、子公司为主体，通过股权及生产经营协作等方式，与众多的企事业单位共同组成的经济联合体。控股公司和集团公司的概念很相近，在《公司法》的实践中，控股公司与集团公司一般具有相同的性质，都是具有母子关系特征的公司集团。但控股公司与集团公司二者也有区别，一般来说，控股公司可以是集团公司，但集团公司并不完全属于控股公司。这主要是因为集团公司的外延要比控股公司大得多，集团公司既包括控股公司，也包括非控股公司（参股公司）。特别是对于我国国有控股公司来说，并不是完全按照我国《公司法》来运作的，其对外投资可以不受公司净资产额 50% 的限制，因而其法律地位也不完全等同于一般集团公司，而国有集团公司只有经过国家特别授权，才能成为控股公司。也就是说，我国企业

集团要成为国有控股公司，既要完全适用于《公司法》，又需要符合特别规定。

（三）纯粹型控股公司与事业型控股公司

在实践中，控股公司又分为两大类：一类是单纯型控股公司（Pure Holding Company），即专门从事股权的管理控制，并不直接从事实际经营活动；另一类是经营型控股公司（Operating Holding Company）即除了从事子公司股权的管理控制活动外，本身也进行直接的经营活动。经营型控股公司也被称为事业型控股公司或混合型控股公司（Mixed Holding Company）。

全面禁止单纯控股公司的成立及发展，这是第二次世界大战后日本独有的法律规定，欧美各国并未有此类限制。从我国企业集团发展情况来看，一般在企业集团初创期，规模比较小的时候，企业集团管理体制多采用经营型控股公司管理模式；当企业集团规模比较大的时候，一般采用单纯型控股公司管理模式。一个控股公司之下有一个或多个子公司则视为单层的控股关系；如果控股公司之下的子公司又对另外一些公司拥有股权控制，则视为多层的控股关系。

二、金融控股公司的含义与类型

(一) 金融控股公司的含义

目前，人们对金融控股公司（Financial Holding Company，FHC）的含义比较一致认同的是，巴塞尔银行监管委员会、国际证券联合会、国际保险监管协会发起成立的多样化金融集团公司联合论坛对金融控股公司所下的定义：即"在同一控制权下，完全或主要在银行业、证券业、保险业中至少两个不同的金融行业大规模地提供服务的金融集团公司"。在这里有三层含义：①同一控制权，即从事不同业务的金融机构必须隶属于同一控制主体——金融控股公司；②完全或主要从事金融业务，即公司的主业应是金融业；③在混业经营的格局下提供专业化服务，即控股公司在两个或两个以上的金融业务领域分别由不同的金融机构提供相应的专业化服务，混业经营是通过分别从事不同业务的子公司来实现，各子公司在法律和经营上是相对独立的公司。

巴塞尔委员会的定义对非金融业资产占集团总资产比重并没做出限制，这是因为德、日等国并不严格限制金融资本与产业资本的结合。美国在 1999 年的《金融服务现代化法》

中，并没有定义什么是金融控股公司，只是规定了什么是金融控股公司的经营范围。现在美国的最新金融立法中只规定了金融控股公司对其控股的商业性子公司的资产不得超过集团合并总资产的5%，即除了金融机构不可以控股商业机构外，对金融机构相互之间的结合没有任何限制。

鉴于目前我国金融主管部门对金融控股公司的定义及主体地位还没有明确规定，也没有专门针对金融控股公司的立法。根据巴塞尔委员会的定义，以及美国的最新金融立法中有关金融控股公司不可以控股商业机构的规定，并结合我国金融控股公司的实践，对金融控股公司的含义也可以从三个方面进行理解：①以从事金融产业为主；②以资本或契约为纽带形成具有实质性控制的若干个业务单元；③公司法人具有特殊性。在此基础上，笔者认为，所谓金融控股公司就是以从事金融业务为主，由两个以上法人单位组成的具有实质性控制的特殊企业法人。这种特殊性法人具体表现在两个方面：①须经政府特别批准设立（一般公司并不需经特别批准）；②要依照对金融控股公司的专门规定设立。

从我国中信（金融）控股公司的具体实践来看，中信（金融）控股公司更多的是接受中信集团的委托，以契约为纽带形成了具有实质性控制的多个业务单元，而不是以资本为纽带形成的母子关系；它的设立是经国务院特别批准设立；由于我国目前还没有金融控股公司的专门规定，因而国务院在批准其设立时于法无据，只能批准成立"中信控股公司"，而不是中信金融控股公司。由此看来，笔者关于金融控股公司的定义，完全符合"中信金融控股公司"的特征，尤其在企业集团产融结合的模式下，笔者关于金融控股公司的定义更符合中国现阶段的实际情况。

(二) 金融控股公司的类型

根据前述，控股公司是一种以母子公司为主体的企业组织类型，根据控股公司的分类特征，金融控股公司也可分为两大类：一类是单纯型金融控股公司 (Pure Financial Holding Company)，即专门从事金融投资的股权管理控制，控股公司本身并不直接从事具体的金融业务活动，而其主要业务由各控股子公司来分别承担；另一类是经营型金融控股公司 (Operating Financial Holding Company)，即除了从事金融机构股权的管理控制活动外，控股公司本身也参与具体金融业务经营活动。

在单纯型金融控股公司模式下，控股公司拥有银行、证券、保险等金融业务子公司，在各种金融业务之间建立"防火墙"，限制商业银行和证券等业务部门的一体化程度。由不同的子公司从事不同种类的金融业务，每一个子公司都是一个独立的法律主体，拥有自己的管理队伍、业务模式和会计准则等。单纯型金融控股公司的优势在于可以大大提高金融资本经营的效率和战略管理能力，同时市场和分销网络上可以实现局部协同效应，并能减少不同业务部门之间的利益冲突，有利于最大限度地培养造就职业经理人才。但这种模式一般限制了信息、人力资源或其他投入要素在金融控股集团内的流动，因而降低了规模经济和范围经济效应，在一定程度上削弱了利用信息优势获得协同效应的能力。

经营型金融控股公司在欧洲非常普遍，所形成的金融控股公司被称为混合型金融集团。日本在控股公司解禁后，所形成的金融控股公司基本上是经营型金融控股公司（见表6-1）。在这种经营性金融控股公司模式下，控股公司实体内除了从事金融机构股权的管理控制活动外，还允许在控股公司实体内从事所有或部分金融业务。公司内部各个部可以共享资源，增加信息资源的流动性，发挥信息优势，实现规模经济和范围经济。但这种模式不利于各部门之间的利益协调和建立防火墙，增加了金融风险控制与防范的难度。

表6-1 日、美金融控股公司管理类型和特点比较

管理特点	发展性（瑞穗金融集团）	效率性（三菱东京金融集团）	柔软性、透明性（欧美金融控股公司）
管理类型	直接参与战略管理型	间接参与战略协调型	松散财务管理型
战略管理决策	①深入参与子公司的事业战略制定及参与事业计划实施时的决策 ②重视与子公司意见的一致性 ③拥有对战略决策的决定性发言权	①由子公司负责战略制定，并实施决策 ②控股公司在检验与集团公司发展战略相一致的情况下，承认子公司的计划	①不参与子公司的事业战略制定及实施决策 ②重视审查子公司的事业计划和订立财务目标
子公司关系及协同效应	追求在控股公司主导下的子公司之间的协同效应和信息资源共享	重视子公司的独立性。通过与子公司的协调，达到子公司之间的协同效应及信息资源共享	不考虑子公司之间的协同效应和经营资源的共享
母公司管理人员配置	由于必须配备财务和风险管理人员以及进行战略规则，设计和研究的人员，所以母公司人数多。如日本瑞穗金融控股公司母公司人数约为500人，属直接参与战略管理型金融控股公司	只有财务和风险管理人员及少数进行战略调整的人员，母公司人数较少。如日本三菱东京金融集团，母公司人员仅80人，属间接参与战略协调型金融控股公司	仅有财务管理人员，母公司人数极少。此类管理类型在日本金融控股公司中还没有。大多数被欧美金融控股公司采用

资料来源：安志达：《金融控股公司——法律、制度与实务》，机械工业出版社，2002年版，第228页。

三、金融控股公司的特点

金融控股公司作为企业集团金融产业的一种管理模式，在企业集团的母公司与各金融机构之间起一种桥梁和纽带作用，一般具有如下特点：

（一）兼具专业化与多元化的功能

企业集团是企业进行多元化经营的一种组织模式，事

业部和控股公司制目前被认为是企业集团进行多元化经营采用比较多的两种管理体制。鉴于金融产业的风险较其他产业要大得多，世界各国均对金融产业的监管比较严格，因而金融控股公司自然就成为企业集团金融产业管理的首选模式，而不采用事业部制。尽管金融行业本身又分若干个子行业，但从行业分类上讲，金融行业在企业集团的众多经营领域也只能算作一个行业，金融控股公司在企业集团的架构中只是专营金融行业的一个子公司。从整个企业集团层次来说，集团的多元化经营是建立在专业化经营基础之上的，因而金融控股公司具有专业化功能。如果从金融控股公司的层次来说，我们知道，金融行业本身又分银行、证券、保险等若干个子行业，在金融控股公司模式下实现了多元化经营，但各个子公司仍然是分业经营的，或者说各个子公司仍实行的是专业化经营。由于金融行业各个子行业之间存在很强的关联性和互补性，而金融控股公司的基本功能正是发挥共同的品牌、统一的战略、营销网络以及信息共享等方面的协同优势的最佳载体，从而有效降低公司的经营成本并从多元化经营中获取更多的收益，由此可见，金融控股公司又具有多元化的功能。通过以上简要分析，可以认为，金融控股公司兼具专业化与多元化的功能。

（二）兼具企业与市场的特征

由于金融控股公司克服了单一企业与单纯市场所带来的一些不足，有机地吸收了企业与市场的一些优点，是企业取代市场的一种最好的组织形式。从法律上看，金融控股公司的每个子公司都是独立法人，在市场的法律环境中享有平等的地位。但从经济学看，这些具有独立法人的子公司在产权上又隶属于一个共同的控股母公司。在金融控股公司的母子关系架构中，一方面，由于金融控股母公司权威的存在，各个金融子公司间的界限变得相对模糊了，从而强化了彼此之间的协作；另一方面，又相当于在控股子公司之间建立了一个内部市场，通过彼此协调有序的专业化经营，扩大了公司控制市场的领域与范围。由此可见，在企业与市场的相互替代关系中，金融控股公司同时具有企业与市场的特征。

（三）兼具协同效应和风险效应

在一般经济活动中，收益往往与风险成正比。金融控股公司在协同效应中获取收益的同时，也往往承受着巨大的风险效应，即兼具协同效应和风险效应。金融控股公司的协同效应主要体现在拥有共同的品牌、统一的战略、营销网络以及信息共享等因素，从而有效地降低了公司的经营成本并在协同效应中获取更多的收益。正因为金融控股公司拥有以上协同效应，才使金融控股公司具有了很强的生命力，因而受到了人们的极大推崇。金融控股公司的风险效应主要体现在：金融控股公司的各子公司之间进行关联交易，必然引发金融控股公司的内部交易和利益冲突的风险。一般认为，金融控股公司内部交易具有两重性，即为其带来协同效应的同时，也为其风险传递提供了便捷的管道。特别是由于金融控股公司本身存在着复杂的组织结构和内部交易网络，如果监管不到位，在各种金融业务的互动过程中，极有可能引发新的特别风险，从而扩大了风险效应。从某种程度上讲，金融控股公司存在的意义就是通过对商业银行、证券公司、保险公司等金融机构的股权控制实现金融机构的大型化，并通过制定统一的公司战略导向和业务发展模式，来实现各子公司之间在投资、资金调度、业务整合、内部交易、技术共享等方面的协同效应，从而实现资源的有效配置。既然允许金融控股公司存在，我们就不应当限制其内部交易，否则各种金融业务以法人形式独立经营便可，根本没有必要组建控股公司。由此看来，金融控股公司的出现，实现了在同一控制主体下的法人分业经营，从而有效地提高了"全能银行"的协同效率，并有效地降低了其中的风险因子；有机地吸收了"分业经营"的安全因子，有效地提高了其中的协同效率。

金融控股公司的上述特点，不仅决定了其在世界金融业发展中具有的广阔前景，而且也有利于进一步推动企业集团产业资本和金融资本的结合。近几年来，一些大型产业集团已形成了对一些金融机构的控股，表明在同一控制主体下产业资本与金融资本的有机融合已从过去单纯地投资入股金融机构获取投资回报，逐渐转向谋求实现产业与金融的双赢格局，旨在最大限度地实现产融结合的协同效应，以提高整个企业集团的核心竞争力。

第二节　金融控股公司的发展现状

近年来，美、日等国金融管理体制正经历着一场深刻的历史性变革，其中具有里程碑意义的事件就是允许金融控股公司存在。了解金融控股公司在国内外的发展趋势和动向，有助于我们正确认识其特有的功能，更好地利用这一组织模式可以提高我国金融企业的国际竞争力，促进我国企业集团产融结合的发展。

一、金融控股公司在国外的发展动向

20 世纪 90 年代以来，随着经济全球化的进程加快，现代社会对金融业的要求是提供便捷的、全方位的综合金融服务，而金融控股公司是最能满足这一要求的金融组织形式，于是美、日金融业出现了要求金融控股公司解禁的呼声。美国银行控股公司在放松管制的法律环境中得到了长足的发展，包括银行控股公司在内金融机构开始向综合性金融服务控股公司转变。美国是金融制度现代化的主导者，金融服务控股公司 1987 年在美国首创，[①] 如图 6-1 所示。

1991 年 2 月，美国财政部提出了《金融体制现代化：使银行更安全、更具竞争力的建议》的银行改革方案，修改《格拉斯—斯蒂格尔法案》及相关的金融管制规则，允许银行与证券公司合并，设立金融服务控股公司并允许成立多元化控股公司的法案，允许银行成为工商控股公司的子公司，从而为企业集团产融结合提供了可能。美国财政部关于多元化控股公司（Diversified Holding Company）的设想，就是把银行、证券、保险机构作为金融服务控股公司管理的子公司，

---

① 安志达：《金融控股公司——法律、制度与实务》，机械工业出版社，2002 年版，第 38 页。

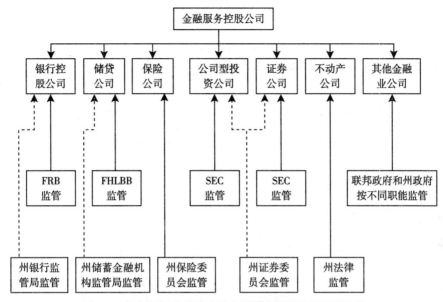

图6-1　银行控股公司协会的金融服务控股公司组织结构

注：①↑表示一元化监管，⇡表示二元化监管。

②联邦家庭贷款银行理事会（FHLBB）解体后，其监管职能转移给储蓄监管局（OTS）；SEC是证券交易委员会的简称。

而作为金融控股公司的母公司则属于管理其他产业和金融控股公司的超大型多元化控股公司。[①] 这种超大型多元化控股公司在某种程度上看，属于我国目前企业集团产融结合的组织形式，如图6-2所示。

在美国金融业发展历程中，比较引人注目的是1998年4月，花旗公司与旅行者集团合并组成花旗集团，合并后的花旗集团总资产达7000亿美元，净收入为500亿美元，业务

---

① 夏斌等：《金融控股公司研究》，中国金融出版社，2001年版，第33页。

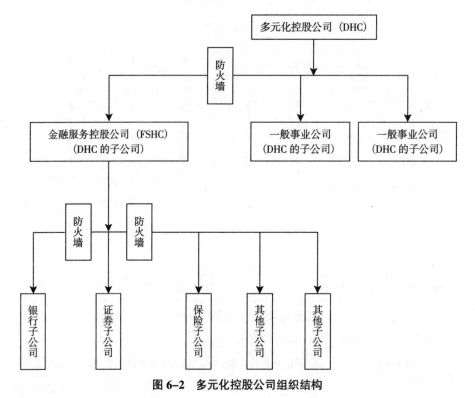

图6-2　多元化控股公司组织结构

资料来源：日本证券经济研究所：《超越分业问题——日美金融制度改革的研究》，中信出版社，1998年版，第19页。

遍及世界100多个国家。花旗集团第一个真正做到了客户到任何一个属下的营业网点都可以得到储蓄、信贷、证券、保险、信托、基金、财务咨询、资产管理等一站式的金融服务。尽管花旗公司与旅行者集团合并时，《格拉斯—斯蒂格尔法案》还没有真正废除，但它在实践中提供了一个银行、证券、保险混业经营相对成功的案例，并为最终突破《格拉斯—斯蒂格尔法案》关于银行、证券分业经营限制提供了立法依据。为了规避法律的监管，其实早在 1968 年花旗银行就成立了一家单一银行控股公司——花旗公司，以其作为花旗银行的母公司，持有 99% 的花旗银行的股份。当时的花旗公司拥有 13 个子公司，能提供包括商业银行、证券业务、保险业务、信托业务、融资租赁、资产管理等多样化的金融服务。

美国 1999 年《金融现代化法案》允许银行、证券公司和保险公司以控股公司的方式相互渗透，允许金融控股公司通过其控股证券子公司和保险子公司，从事证券承销、自营与经纪、保险包销等业务，彻底结束了银行、证券、保险的分业经营与分业监管的局面。该法案创造了金融控股公司这一全新的金融组织模式，并以此为核心的全能金融制度改革，对世界各国的金融监管也产生了深远的影响。同时意味着在美国实行了 66 年分业经营的格局被彻底改变，从此走上了混业经营的道路，从而为金融控股公司的发展奠定了法律基础。尽管花旗集团在 2008 年全球金融危机中也遭受了重创，但从全球来看，金融控股公司模式及其综合金融服务并没有因此而遭到否定，金融混业经营的趋势也并没有因此而改变。

日本的金融自由化始于 20 世纪 70 年代，但真正开始大规模推进则是在 20 世纪 90 年代。1991 年，日本大藏省下属的一个金融制度委员会发表了《日本新的金融体制建议》，认为放宽市场准入限制有利于提高竞争水平。① 1992 年 3 月，日本政府向议会提交了 16 份相关的金融体制改革法案，旨在进一步放宽对金融混业经营的限制，允许设立控股公司。1997 年 6 月，日本大藏省公布了"金融体制改革规划方案"，计划在 5 年内完成对金融体制的全面改革。由于这次日本金融改革力度之大，期限之短，在日本历史上当属罕见，因此人们把日本这次金融大改革称为"金融大爆炸"。1997 年 12 月，关于金融控股公司解禁的两部相关法律在日本国会获得通过：② 一部是《金融控股公司解禁整备法》，另一部是《金融控股公司创设特例法》，这两部法律的通过，为日本的金融控股公司的发展提供了法律依据。1998 年 4 月 1 日正式实施的"金融体系改革一揽子法"（由《证券交易法》、《投资信托法》、《银行法》和《保险业法》等 24 个与金融改革相关的法律组成）放宽对银行、证券、保险等行业的限制，允许各金融机构可以跨行业经营各种金融业务，废除了银行不能直接经营证券、保险业务的禁令，扩大了银行的经营范围，为金融控

---

① 夏斌等：《金融控股公司研究》，中国金融出版社，2001 年版，第 162 页。
② 夏斌等：《金融控股公司研究》，中国金融出版社，2001 年版，第 164 页。

股公司的进一步发展奠定了更为坚实的基础。为此，大和证券捷足先登，于 1999 年成立了第二次世界大战后日本首家金融控股公司，并拉开了以控股公司形式整合金融业务的序幕。

二、金融控股公司在国内的发展动向

改革开放以来，我国银行体制基本实行了混业经营，一个法人银行体内同时存在银行、证券、信托和实业，由于外部缺乏有效监管，加之内控不严，使金融秩序出现了一定程度的混乱。1993 年底，我国在总结历史和国际经验基础上，国务院发布了《关于金融体制改革的决定》，明确提出了"分业经营，分业管理"的原则立场 。但在一段时间内，监管任务没有全面落实，在实践中分业经营贯彻一直不够彻底，直至 1995 年通过颁布实施《中华人民共和国商业银行法》，才完成了关于分业经营与分业监管的法律界定，并于同年国家开始进行金融业分业经营，形成了现在的分业经营的格局。1997 年，针对大量银行信贷资金违规流入股市，又进一步强调了分业经营和分业管理的原则。1998 年底出台的 《证券法》第六条更是明确规定"证券业和银行业、信托业、保险业分业经营、分业管理"。目前我国在大方向上仍坚持"分业经营，分业管理"这一政策未变，不允许同一法人同时经营银行、证券、保险、信托四项不同的业务。但随着我国金融业务的创新与发展，严格的分业经营的坚冰已经打开。经国务院批准，目前我国的法律和行政法规虽然都未明确金融控股公司的法律地位，但国内金融界关于综合经营的讨论和呼声日益高涨，混业经营在中国已经逐步开始实践。然而由于我国监管法规不够完善等原因，在我国现实中已经存在具有混业经营功能、形态各异的两种形式的金融控股公司，而且目前管理层似乎对此现象有意进行鼓励探索和实践。

一种形式为金融机构控制金融机构和实业机构。目前我国《商业银行法》规定：商业银行不能投资非银行金融机构（不包括商业银行在海外投资注册的一些非银行金融机构），但经国务院批准的可以投资控股信托、保险、租赁等金融机构等。因此，国内由金融机构投资形成的金融控股集团因一些历史遗留的以非银行金融机构为基础形成的金融控股集团，如中信、光大是这类金融控股公司的典型。2002 年 12 月 5 日，筹备了两年多的中信控股有限责任公司经国务院同意、中国人民银行批准，终于在北京正式挂牌成立。中信控股有限责任公司是根据《中华人民共和国公司法》，由中国中信集团公司出资设立的成为国有独资有限责任公司。特别是中信控股公司的成立，不仅对中信集团内部的金融产业进行了有效整合，进一步提升了金融业的核心竞争力和盈利能力，而且也实现了中国金融业分业监管格局下的第一例混业经营突破，预示着中国金融业的混业经营时代开始了破冰之旅，对中国金融业的发展具有特别重要的里程碑意义。尽管国务院同意成立的中信控股公司名称中没有"金融"二字，但根据业内目前公认的标准，只要"在同一控制权下，完全或主要在银行、证券、保险业中至少两个不同的金融行业提供服务"，即可算做金融控股公司。中信控股公司的成立，进一步奠定了中信集团以金融为主、产业为辅的企业集团产融结合模式，从而使中信集团成为美国财政部设想的管理其他产业和金融控股公司的超大型多元化控股公司。中国光大集团目前实质上也是一个多元化的超大型控股公司，中国光大集团不仅拥有光大银行、光大证券、光大保险、光大租赁、光大保德信基金等金融机构，同时还拥有光大实业集团、光大国际、光大置业等从事产业的实业机构。未来的光大集团也将是一个综合性的金融控股集团公司。"光大模式"其实就是在一个金融控股公司下的商业银行、保险公司、证券公司、信托公司等金融机构分业经营、分业管理；同时又拥有部分从事非金融的实业机构，实现了在同一控制主体下的产融结合新模式，这也为我国进一步深化产融结合，实现各类金融机构交叉经营埋下了伏笔。

另一种形式为实业资本控股金融机构。鉴于我国目前没有任何一部法律禁止从事产业开发的实业机构同时持有保险、证券和银行的股份，这就导致了由产业资本投资控制金融机构的现象在国内发展异常迅猛。在近几年的产融结合浪潮中，突出的特征就是产业资本谋求对金融资本的渗透与控制，这种趋势的典型代表是在国内产融结合领域里保持领先的华能资本系。拥有中国最早成立财务公司之一的中国华能集团，通过其全资拥有的金融平台华能资本分别控股管理了华能财务公司、长城证券公司、华能贵诚信托公司、永城保险公司、宝城期货公司，进而通过控股子公司长城证券公司发起组建而成立了长城基金和景顺长城两家证券投资基金管理公司，并与美国景顺资产管理集团合资组建了华能景顺罗斯私募股权管理公司，初步形成了比较健全的企业集团金融产业体系，搭起了一个比较完整的金融产业框架，形成了比较规范管理的金融控股公司管理模式。比较典型的还有国家电网的英大系，中石油的昆仑系，它们正逐步成为集银行或内部银行、信托、证券、期货、保险等金融功能于一身的企业集团。此外，还有宝钢集团、招商局集团、中航集团、海

尔集团、新希望集团、东方集团等企业集团，都形成了至少
在两个金融领域同时投资的金融控股模式。鉴于我国管理层
对这一系列由产业资本发起并购金融机构的事件，旨在谋求
渗透并控制金融资本的现象采取一种宽容不鼓励的态度，意
味着我国金融监管当局对发展金融控股公司，实行混业经营
的政策至少持默认的态度。

第三节　金融控股公司治理结构

金融控股公司制度是现代企业制度和现代金融业务创新
有机结合的产物。金融控股公司除了金融业务的特殊性之
外，在本质上与一般的控股公司并无多大差异，因而金融控
股公司的治理结构也是以一般的公司治理结构为基础。人们
经过对亚洲金融危机和世界金融危机的反思后普遍认为，公
司治理结构存在的缺陷也是导致亚洲金融危机爆发的一个重
要原因；再加上美国安然公司、雷曼兄弟等的破产倒闭，更
引起了人们对公司治理结构的广泛关注和高度重视。鉴于金
融控股公司较一般公司具有更大的风险性，尤其是在企业集

团产融结合模式下的金融控股公司，利益主体和管理层次变得更加复杂化，金融控股公司既要对上接受企业集团控股母公司的产权管理控制，又要对下负责监督管理自己控股的银行、证券、保险等子公司，同时对外还要接受金融监管部门的监管。因此，在企业集团控股的管理体制下，如何构建有效的金融控股公司的治理结构就显得更加重要，而且也是一个在实践中必须回答的现实问题。

一、金融控股公司的产权安排

企业集团产融结合模式下的金融控股公司治理结构，一般取决于母子公司产权制度的安排。也就是说，公司产权制度决定公司治理结构，金融控股公司有什么样的产权制度安排，相应就会有什么样的公司治理结构。在企业集团产融结合模式下的金融控股公司，其产权关系至少包括两层关系：一层关系是集团公司与金融控股公司的产权关系；另一层关系是金融控股公司与其控股子公司的产权关系。

（一）集团公司与金融控股公司的产权关系

在企业集团产融结合模式下的金融控股公司，其出资方主体自然应该是企业集团的核心企业——集团公司。集团公司出资组建金融控股公司一般也有两种方式：一种是采取独资方式组建；另一种是采取合资方式组建。如企业集团采取独资方式组建金融控股公司保持其控股地位就自不必说了，但必须明确的是即使企业集团采取合资方式组建金融控股公司，也要保证企业集团的绝对控股地位或者至少要保证集团公司的实际控制权。

笔者在此特别强调，近年来，公司治理的实践表明，公司股权结构分散并没有比股权集中表现出更多的优越性，一些股权结构分散的公司在治理中出现的问题可能比股权集中带来的问题更严重。如美国是公司股权结构比较分散的代表，近几年一些大公司财务丑闻不断，接二连三的破产倒闭，直接引发了全美公司的诚信危机，甚至可以认为是引发美国经济衰退的诱因。在我国，证券公司和一些保险公司的股权也比较分散，内部人控制现象也十分严重，投资者的权益未能得到应有的保证。在一些内部人的主导下，证券公司、保险公司不断掀起增资扩股的浪潮，最初发起人的投资比例被不断稀释。一些股东在不断的圈钱运动中，由于拿不出更多的钱来参与增资扩股，只好失去了原有的董事席位，致使股东控制权日益弱化。理论研究表明，德国和日本的企业运营效率之所以比较高，主要在于有一个相对稳定的、能行使公司控制权，且有能力和动力，能密切监督企业持续经营的大股东。当然，这个大股东的存在，是以不侵害其他利益相关者的利益为前提。可是我国上市公司国有股、法人股的股权集中，似乎并没有出现像德国和日本经营效率高的情形，而是出现了"一股独大"的问题。这在笔者看来，这主要是因为上市公司治理结构存在着巨大的缺陷所致，而非股权集中的原因所致。因此，笔者认为，公司股权过度分散更多地助长了内部人控制的倾向，弱化了公司股东的控制力，对企业集团的整体战略实施和公司的持续稳定经营并没有任何好处。企业集团产融结合模式下的金融控股公司，只有保证集团公司在产权安排上保持绝对控股地位，才能有效实现企业集团产融结合的战略意图，最大限度地发挥企业集团产融结合的协同效应。

从我国现行的有关法律法规来看，如果大型国有集团公司按照《公司法》有关规定，经国务院授权而改组成为国有控股公司的，都可以适用有关国有控股公司的法律规定。也就是说，国家授权投资机构应当包括一些国有大型企业集团。同时，我国《公司法》规定，"国务院确定的生产特殊产品或属于特定行业的公司，应当采取国有独资公司形式"、"国有独资公司是指国家授权投资的机构或者国家授权的部门单独投资设立的有限责任公司"，因而，经国务院授权的大型企业集团出资组建独资控股公司在目前来说应该没有什么法律障碍。因此，笔者主张企业集团产融结合模式下的金融控股公司，既然法律政策允许，就应当采取企业集团独资或控股的形式组建为好。如果金融控股公司未来想谋求上市，按我国现行《公司法》规定，就只能改制为股份有限公司；在条件允许的时候，也可考虑引入战略投资者。即使改制为股份有限公司并引入战略投资者，在公司的产权安排上至少也要保证企业集团绝对控股的地位，以利于企业集团产融结合的协同作战。金融控股公司采取企业集团独资或控股的好处在于：一方面可以与企业集团其他业务单元组成一个有机体，使企业集团产融结合及不同业务组合的协同效应实现最大化；另一方面可以有效减少来自其他股东的牵制，简化烦琐的法律程序，大大提高公司的决策效率，对于贯彻企业集团的战略意图比较坚决。当然采取独资或控股的弊端也是显而易见的，公司的制衡机制和决策的科学性在一定程度上将会受到影响。

（二）金融控股母公司与其控股子公司的产权关系

由于我国《公司法》规定不允许国家授权投资机构以外的任何国有控股公司设立全资子公司，因而母、子公司关系没有明确的法律规定。企业集团所属的金融控股公司是以资本为纽带而形成的母、子公司控股关系，而这种母子公司控股关系的基础是源于控股公司对子公司的股权投资形成的，也即金融控股公司与其控股子公司的产权关系就是金融控股公司投资银行、证券、保险等子公司所形成的产权关系。因此，金融控股公司子公司的产权安排或资本构成比例直接决定了金融控股公司对子公司的控制程度和公司治理结构的安排。

由于世界各国的资本市场具体情况不同，因而各国法律对金融机构的出资比例规定也不尽一致，所以导致各国的金融控股公司对其子公司的产权约束及其控股程度也不相同。如美国对公司控制权的解释为持有子公司 25%以上拥有表决权的股票或拥有选任过半数董事的权利；日本在对公司控制权规定"是指占子公司股份收入总金额、公司的总资产额的比例超过了 50%的公司"。我国台湾省颁布的"金融控股公司法"，对控制性持股的解释与美国基本一致，即持有子公司已发行有表决权股份总数或资本总额超过 25%，或直接、间接选任或指派一银行、保险公司或证券商过半数之董事。①

---

① 安志达：《金融控股公司——法律、制度与实务》，机械工业出版社，2002 年版，第 1 页。

笔者随华能资本代表团于 2011 年 10 月赴台湾地区对国泰金控、富邦金控进行了实地考察，所考察的这两家金融控股公司在台湾地区是最大的两家金融控股公司之一，而且这两家金融控股公司均是金融控股母公司上市，且完全拥有银行、证券、保险等控股子公司的股份比例。这就是说，在台湾地区几乎全部是金融控股母公司上市，子公司下市。即使有新并购的金融控股子公司为上市公司，也都采取了私有化方式让其退市，确保了金融控股公司名归实至的地位。中国证监会在《关于进一步加强证券公司监管的若干意见》中规定，证券公司可以由国有独资或股份制经营，但金融机构（证券公司和信托投资公司除外）不得成为证券公司的股东；单个股东直接或者间接向证券公司投资的总金额不得超过该证券公司注册资本的 20%，但是国有资产代表单位，综合类证券公司、信托投资公司设立专门从事证券业务的子公司除外。中国保监会在《保险公司管理规定》中明确保险股份有限公司单个股东（包括其关联公司或以其他人名义）持有保险公司股份总额超过保险公司资本金 20%的，须经中国保监会批准。

由此看来，如果按现在有关部门的规定，一般机构对保险公司即使按最大持股比例计，也难以达到控股程度，这就意味着目前现实中业已存在的准金融控股公司与保险公司在股权上还不能形成绝对控股关系。由此可见，如果母子关系在产权上不能形成绝对控股关系，金融控股公司也就失去了强有力的控股基础。为此，需要有关部门能修改这些规定，为我国金融控股公司的发展提供良好的制度环境，以适应来自全球混业经营的巨大挑战。

二、金融控股公司治理结构的法律基础

迄今为止，由于我国尚无一部专门针对金融控股公司的相关法律，因此有关金融控股公司的治理结构的法律基础也只能源于现行《公司法》的有关法律依据。我国《公司法》规范的公司治理结构，基本上是借鉴欧美成熟市场经济国家的治理经验，并结合中国的公司治理情况而形成的。公司治理结构不仅在我国有很强的现实性，同时也是全球关注的一个共性问题。因此，完善法人治理结构是搞好金融控股公司经营管理的核心问题。

公司治理结构是一个通行于英国、美国、德国等一些欧美国家的概念，重点规范的是公司股东与管理层的关系。被世界各国普遍接受的公司治理结构模式看起来似乎很简单：经营管理层对董事会负责，董事会对股东会负责。但在实践

中，各国的具体情况也不完全一致。众所周知，世界上有英美模式和德日模式两类公司治理模式。在英美模式中，资本市场比较发达，且公司的股份持有十分分散，公司的治理以市场的约束与控制为主。有关统计资料表明，[①] 美国个人持有的股份占到49%，各类基金等机构持有的股份占到40%，两项合计持有的股份接近90%。如果企业经营不善，持股人可以卖掉股份，这就是所谓的"用脚投票"，在这里市场机制发挥了主导作用。在德日模式中，公司的股份持有比较集中，且多以金融机构和财团机构投资者为主。如日本法人持股比例在1960年为40.9%，1984年为64.4%，1989年则增加到72%。我国的公司治理结构则属于"二元结构"，公司的董事会、监事会属于平行执掌，各负其责，共同对公司股东会负责。我国的上市公司股权结构一般属于混合所有制，有三大类股东：国家、法人、个人，各自拥有30%左右的股份，且国家股份、法人股份是禁止流通的，目前仅允许以协议方式转让，还不能充分利用欧美市场"用脚投票"的机制。

从各国公司治理结构模式的实践来看，西方和我国现行的《公司法》都贯彻所有权原则来体现资本所有者的优势地

---

① 梁能：《公司治理结构：中国的实践与美国的经验》，中国人民大学出版社，2000年版。

位，尽管这个理论目前受到了人力资本理论的挑战，但仍然是大多数国家立法的理论基础。强调股东对企业的最终所有权，是公司治理结构中的一个重要特征。我国现行公司的董事会成员构成基本上是由出资人（股东）依据出资比例，由股东单位委派董事（即股权代表），代表股东单位行使权利，维护权益，这于法于理都是天经地义的事，本无可非议。目前，我国公司治理结构存在的主要问题是在上市公司治理结构中存在所有权代表的缺位，即在"一股独大"的上市公司中，流通的公众股相对于国家股、法人股而言，在公司治理结构里存在着事实上的所有者缺位。在我国目前的上市公司，无论是在公司董事会还是公司监事会中，中小投资者都没有自己的股权代表，广大中小投资者（中小股东）实际上已放弃了自己应有的监督管理权，自然也就谈不上维护自己的投资权益了。在这种情况下，中小投资者只好"搭便车"，通过信任托管的方式交给了由控股股东操纵的董事会及经营班子，并希望通过他们诚实、合法的经营能给投资者一个合理的回报。但现实中种种坑害小股东的事件屡见不鲜，无情地击碎了中小投资者的幻想，也震动了证券市场的监管者。在上市公司中拥有多个利益相关者"博弈"的集合里，存在着控股大股东与广大中小股东的利益差别，甚至也有可能出现利益对立的情况。即使在已建立独立董事（独立董事的定义为不在公司任职，并且同公司没有其他联系的董事）制度的上市公司，指望由控股股东以及由控股股东操纵的董事会来选聘的独立董事来代表中小股东的利益，这既不符合最优产权安排理论，也有悖于我国现行《公司法》的法律依据。

面对上市公司中存在的这些问题，如何从制度上加以根本解决？我们必须认识到，由于在上市公司中公众股的股权比较分散，每个人持有公司的股份比较少，而且持股人也经常变动，加上投资人的时间、维权和监督等成本因素，客观上，中小投资人在维护自己的权益方面是一个弱势群体，因此，必须在法律上或制度安排上对这个弱势群体予以保护。中国证监会 2001 年已明确规定上市公司必须把建立独立董事制度作为工作重点，正是想从制度上着手弥补我国上市公司在治理结构上存在的缺陷。但问题是在上市公司治理结构的制度安排上，并没有明确独立董事是代表流通的公众股东，那么流通在外的公众股东所有权究竟由谁来代表？这在上市公司治理结构的制度安排上仍是一个悬而未决的问题。为此，笔者认为，上市公司的独立董事应该代表中小投资者，而不是目前在独立董事的制度安排上明确为代表全体股东。独立董事代表谁就应该由谁来选。独立董事既然代表的是中小流通公众股东的权益，因此，独立董事就应该由中小流通公众股东来提名推荐，而不是目前证监会规定的由公司大股东来提名推荐。[①]

三、金融控股公司治理结构设计

美、日、中等国公司治理结构的差异和特点表明，各国的政治、经济、法律制度及监管部门的政策取向对公司治理结构均产生了极其重要的影响，目前世界上根本就不存在一个标准的公司治理结构模式。因此，设计我国金融控股公司治理结构，需要从中国现行的公司产权制度、法律环境和相关监管部门的政策取向等具体情况入手，绝不能简单照搬美、日等国金融控股公司治理结构的模式。根据公司产权结构决定公司治理结构的原则，在企业集团产融结合模式下的金融控股公司治理结构的设计，也相应包括两个层面的公司治理结构设计：一个层面是金融控股公司治理结构的设计；另一个层面是金融控股子公司治理结构的设计。

① 赵文广：《建立独立董事制度　完善公司治理结构》，《中国人力资源开发》2001 年第 3 期。

(一) 金融控股公司治理结构设计

企业集团产融结合模式下的金融控股公司治理结构的设计，相比于股东人数众多的股份有限公司，一般的有限责任公司治理结构要相对特殊一些。这主要是因为金融控股公司是属于企业集团独资公司或控股有限责任公司，股权结构相对比较单一，股东只有企业集团的核心企业（集团公司）一个，或由集团公司控股的少数几个。作为企业集团全资子公司的金融控股公司，集团公司的权利就是金融控股公司股东会的权利，集团公司的意见就是金融控股公司股东会的决议，集团公司对金融控股公司的所有权和控制权表现为高度一致，在这种情况下，在金融控股公司治理结构中股东大会就没有必要设立。即使在金融控股有限责任公司中，由于集团公司是绝对控股，集团公司的意见也必须体现为金融控股公司股东会的决议，因而金融控股公司股东会在某种程度上也只是一种法律意义的象征，并不能充当金融控股公司的最高权力机构。

在金融控股公司股东会的功能被淡化的情况下，金融控股公司董事会的功能就必须得到切实加强。董事会作为金融控股公司的经营管理决策机构，在日常的金融业务活动中既对外代表公司，又应当是企业集团实施金融产业战略的一个执行部门。这也许在目前企业的组织结构学说中未曾见到有这样的提法，有悖于主流观点。但在笔者看来，在企业集团的组织架构中，如果说事业部制被认为是一种实行专业化经营的有效管理模式，那么控股公司制也是一种实行专业化经营的富有效率的治理模式。而且在 GE 公司前首席执行官韦尔奇先生看来，控股公司制由于经营责任明确，比事业部制更有利于培养塑造职业经理人队伍。既然如此，那么作为一个产业控股公司的董事会为何不能承担集团公司的一个专业化管理部门呢？难道在集团公司的组织架构中还需要再设立一个专业管理部门吗？从精简机构、简化管理层次角度看，在集团公司的组织架构中，显然没有必要再设立对口的专业管理部门了。从加强董事会的功能角度考虑，金融控股公司董事会应当设立战略委员会和风险控制委员会。董事会设董事长 1 名，董事长是法定的必设业务机关和代表机关的领导。根据需要可以设副董事长 1~2 名，同时为了提高董事会的战略决策能力，增强董事会的独立性，也有必要设立执行董事或专职董事职位以及独立董事职位。在董事会闭会期间，董事长经董事会授权，可行使董事会部分职权。

我国《公司法》规定，监事会为公司经营管理活动的监督机构，直接对股东会或股东负责。为了加强集团公司对金融控股公司的监督管理，金融控股公司有必要设立监事会，直接对集团公司负责，用以切实加强对公司董事会和经理班子的日常工作进行有效的监督。金融控股公司监事会成员一般不得少于 3 名，由集团公司或合资方股东委派，可以有公司职工代表参加。

公司总经理班子作为金融控股公司的日常经营执行机构，一般由总经理、副总经理及总经济师、总会计师组成。董事会可以决定由董事会成员兼任总经理，但为了使公司决策与执行分开，董事长一般不宜兼任总经理。

（二）金融控股子公司治理结构设计

鉴于我国目前商业银行、证券公司、保险公司的监管分别由银监会、证监会、保监会来实施分业监管，因此，我国金融控股公司所属的子公司治理结构的设计，需要从中国现行的法律环境和相关监管部门的政策取向等具体情况入手。根据公司产权结构决定公司治理结构的原则，目前我国商业银行在产权安排上既有国有独资商业银行，也有股份制商业银行。其中，商业银行单一股东持股比例一般不能超过20%；证券公司在产权安排上也有国有独资或股份制经营两种形式；保险公司在产权安排上规定保险股份有限公司单个股东（包括其关联公司或以其他人名义）持有保险公司股份

企业集团产融结合理论与实践（第二版）

总额超过保险公司资本金 20%的，须经中国保监会批准。由此可见，从监管部门的政策导向看，我国商业银行、证券公司、保险公司等在产权结构的安排上基本趋于分散持股，一般不允许采取绝对控股的有限责任公司或股份有限公司的模式出现，只能采取相对控股的模式。据有关部门调查，我国的证券公司在股东会、董事会、监事会、高级管理层的组织设置及相互关系的界定上具有很大的随意性。21 世纪初的证券公司，由于股权分散等原因，公司缺少一个负责任的大股东，"三会"的设置形同虚设，并没有真正起到分权制衡的作用。而事实上的经营决策权主要由公司高级管理人员掌握，内部人控制十分严重，结果造成部分公司经营决策随意性很大，经营信息不透明和投资运作不规范等种种弊端。为此，中国证监会颁发的《证券公司内部控制指引》中明确提出：证券公司内部控制的目标之一就是"健全符合现代企业制度要求的法人治理结构，形成科学合理的决策机制、执行机制和监督机制"。

如前所述，金融控股公司的特征之一就是要以资本为纽带形成具有实质性控制的母子公司体制，而我国目前只能允许对商业银行、证券公司、保险公司等采取相对控股的模式，显然不能满足金融控股公司成立的基本条件。因此，目前对我国准金融控股子公司治理结构的设计，也就只能按照我国《公司法》规定的一般公司治理结构的原则来分别设计商业银行、证券公司、保险公司等的治理结构模式，由于与金融控股公司治理模式关联度不高的原因，在此不再一一赘述。

第四节　金融控股公司管理体制探析

建立以产权为基础的母子公司管理体制，既是组建金融控股公司首要解决的现实问题，也是金融控股公司研究的深层次问题。金融控股公司管理体制研究的主要内容是如何处理金融控股公司与其控股子公司之间的集权与分权关系，并明确相应的责、权、利关系。正确处理金融控股公司内部管理的集权与分权关系，对于充分发挥金融控股公司的协同优势和整体功能、调动金融控股子公司的经营积极性、有效化解金融控股公司内部金融风险，具有特别重要的现实意义。笔者围绕金融控股公司管理体制设计做一些简要的探讨，旨在起到抛砖引玉的作用。

一、关于金融控股公司及其子公司的法律与管理地位

为了正确理解金融控股公司及其子公司的法律与管理地位，我们有必要先来具体分析一下企业集团控股公司管理模式中母子关系的法律与管理地位。理解了企业集团控股公司管理模式中母子关系的法律与管理地位，也就比较容易理解金融控股公司及其子公司的法律与管理地位了。

长期以来，由于受计划经济的影响，我国企业只是政府主管部门的一个生产车间，企业内部层层的计划控制，从而使各级企业几乎没有自主权。20世纪90年代初，国家在放权让利和建立现代企业制度的思想指导下，国务院颁布了《全民所有制工业企业转换经营机制条例》，（以下简称《转机条例》），并强调要按照建立现代企业制度的要求，把《转机条例》赋予企业的权利不折不扣地落实下去，确保企业的法人地位和在经营活动中的自主决策权，使企业真正成为自主经营、自负盈亏、自我发展、自我约束的法人实体和市场竞争的主体。我国企业集团在这样的法规和政策的主导下，为了落实子公司的法人地位和在经营活动中的自主决策权，企

业集团母子公司之间也一度出现了层层放权的倾向，结果导致许多企业集团的母公司在向子公司提供资金和信誉支持的同时，几乎失去了对子公司的有效控制，而在企业集团内部各子公司出现了投资失控、经营无序的混乱局面。有的子公司甚至还与母公司分庭抗礼，严重削弱了企业集团整体功能的发挥。即使在目前，仍有相当一部分企业集团在处理母、子公司之间集权与分权的关系问题上，由于在对控股公司及其子公司的法律与管理地位认识上的偏差，对一些子公司各行其是的行为依然束手无策。

对于控股公司及其子公司的法律与管理地位问题，如果人们站在不同的立场，并从不同的角度来理解公司治理问题，那么得出的结论也就会不同。在现实中，包括政府官员、经济学家和企业界人士在内的多数人认为，凡具有独立法人地位的公司就应当成为"自主经营、自负盈亏、自我发展、自我约束的法人实体和市场竞争的主体"。如果具有独立法人地位的公司是属于单一的法人实体公司，这样理解自然没有任何问题；但如果具有独立法人地位的公司是属于多层法人公司，也就是说具有独立法人地位的公司存在母子关系，那么处于子公司地位的法人实体相对于母公司而言，就不应当成为具有普遍意义上的"自主经营、自负盈亏、自我发展、自我约束"的法律主体。

在企业集团及其控股公司管理体制中，可以说母、子公司在法律上是相互独立的，但其经济上又相互联系，控股公司处于母公司的地位，具有支配作用；子公司则处于被支配地位，它们必须服从母公司的领导。有时控股公司为了整个集团的利益，做出的一些决策不仅不能使子公司的利益最大化，而且还有损某个子公司的利益，这样子公司本身的自主性和利益就受到限制。在世界各国企业集团及其控股公司母子关系的具体管理实践中，子公司虽然是一个独立的法律实体，但因在经营活动中往往受母公司的实际控制，从而形成了母、子公司之间事实上的管理与被管理的关系，因此，子公司的自主经营必然要受到母公司的约束与控制。我们是否可以这样来解读，子公司的法律地位只有在市场环境中才有实际意义，而在企业集团内部或在控股公司管理模式中，由于失去了市场的环境，因而子公司的法律地位也就失去了存在的条件和意义。这正如在一个大家庭中，父亲与儿子在社会上均享有平等的公民权利和独立的人格，但为了这个家庭的共同利益，父亲在家庭的重大事务中往往具有决定性的权威，儿子却不能且不会以自己拥有独立的人格自居，去挑战父亲的权威。

如果从企业与市场相互替代的关系角度看，在企业集团及其控股公司管理体制中，由于市场已经被企业取代，旨在规范市场主体的法律行为也应当让位于企业管理的组织行为，因而子公司的法律地位将被淡化，随之而来的是子公司的管理地位将被凸显出来。因此，在企业集团及其控股公司管理体制中，由于控股母公司的存在，因而对具有独立法人地位的子公司比较准确的提法应当是实行"独立核算，自负盈亏"，而绝对不能简单地认为凡具有独立法人地位的公司就应当成为"自主经营、自负盈亏、自我发展、自我约束的法人实体和市场竞争的主体"。

关于企业集团母子公司架构及关系问题，在笔者看来，曾任招商局集团公司董事长秦晓博士有比较深入的研究和清醒的认识。秦晓博士认为，在企业集团中，要把子公司的法律概念与管理概念区别开来。在法律概念里，子公司是一个独立法人，但是在企业集团的管理体系中，它只是一个成本中心，顶多是利润中心，无论如何也不应是一个投资中心。秦晓博士甚至认为，子公司的董事会和股东会都不是起真正作用的机构，只是一个名誉机构，母公司通过人事部门、财务部门、计划部门来调动子公司的人力和资金，下达生产任务计划时，只不过是让子公司董事会形式上签一个字。子公司在管理概念中也是一个独立法人，如果不能通过行政方式指挥它使交易费用降低，产生内部协同效应，为什么还需要它呢?①

也许秦晓博士总是站在企业集团母公司总部的立场看待母子公司关系问题，有些观点可能有失偏颇，比如认为子公司的董事会和股东会只是一个名誉机构，只不过起一个代表总部在形式上签一个字的角色而已，对此笔者也不能完全认同。但总的看来，秦晓博士关于企业集团母子公司架构及关系的论点，在当今我国企业集团母子公司的管理实践中，具有相当的针对性和很强的现实指导作用，有助于我们进一步澄清一些对母子公司关系问题的模糊认识和片面理解。

我们知道，金融控股公司是由若干个在法律上相互独立的子公司、在产权上隶属于一个共同的控股母公司组成的集团。金融控股公司管理体制，在某种程度上可以看作是一种以母子公司为主体构成的企业集团管理体制。从法律上看，金融控股公司的每个子公司都是独立法人，在市场的法律环境中享有平等的地位；但从经济学看，这些具有独立法人的子公司在产权上又隶属于一个共同的控股母公司。在金融控

---

① 秦晓：《做一个体制内的改革派》，《中国企业家》2003年第3期。

股公司的母子关系架构中，一方面，由于金融控股母公司权威的存在，各个金融子公司间的界限变得相对模糊，从而强化了彼此之间的协作；另一方面，由于各子公司具有各自的经济利益，又相当于在金融控股公司内部建立了一个内部市场，通过彼此协调有序的专业化经营，扩大了金融控股公司控制市场的领域与范围。

综上所述，由于存在不同的法律市场环境，因而金融控股子公司的法律地位与管理地位是两个不能等同的概念。在金融控股公司管理体制中，金融控股子公司在法律上的独立，并不意味着其在管理上也是独立的。由于金融控股母公司拥有所有权的优势以及由此产生的权威存在，必然要通过"看得见的手"对各个金融子公司实施控制与管理，将市场交易变为企业内部交易，旨在谋求实现金融控股公司协同效应最大化，否则，金融控股公司也就失去了存在的意义和价值。

二、金融控股公司内部管理体制设计的原则

金融控股公司管理体制的设计是一个比较复杂的问题，不仅涉及国家有关金融监管的法律和政策，而且也受企业集

团现行管理体制的制约，同时还要受信息化技术的影响。如何构建金融控股公司母、子关系的权责结构，发挥金融控股公司的优势，如何界定金融控股母子公司之间的管理权限，从而创造和提升金融控股公司的整体价值，这些在中国目前正在变迁的市场法律环境中，不仅是一个重大的理论与实践问题，也是考验每一个企业家决心和魄力的问题。根据企业集团内部管理体制的特点，在借鉴中外控股公司管理体制经验的基础上，金融控股公司管理体制设计一般要遵循集权与分权相结合，责、权、利相统一，精简效能三个原则。

（一）集权与分权相结合的原则

集权与分权是管理学中一对辩证统一的矛盾。在设计金融控股公司管理体制时，需要处理的首要问题是金融控股公司与其子公司的集权与分权关系。在具体的管理实践中，究竟哪些权力要集中，哪些权力要下放，必须用以下五个标准来进行具体的分析判断：①是否有利于实现金融控股公司效益最大化；②是否有利于提高金融控股公司决策与管理效率；③是否有利于最大限度地发挥金融控股公司协同效应；④是否有利于金融控股公司防范和化解金融风险；⑤是否有利于调动各控股子公司的积极性。只要符合上述五个有利于的决策标准，不论是重大的投资活动，还是具体的业务活动.

均要集中在金融控股公司本部，而不必过多地考虑子公司的独立法人地位。当然，母公司权力也不是越集中越好，权力过分集中既不利于调动子公司的积极性，也不利于防范和化解金融风险。只要我们明确了金融控股公司集中的权限后，有关投资管理活动的其他权限自然应属于各控股子公司的范围。

（二）责、权、利相统一的原则

设计金融控股公司管理体制时，必须明确金融控股公司及其子公司各自组织层面的责、权、利，且必须做到责任、权力、利益之间的平衡统一，也就是权力与责任相匹配，权利与义务相平衡，这是任何组织管理都应体现的原则，也是一切经营管理活动都必须贯彻的基本原则。责任是权力的载体，权力是责任的派生，而利益则是履行责任的报酬动因。在我们明确了金融控股公司母、子公司的职责与权限划分后，各利益主体必须对自主决策的经营成果负责，而且要在各自的责任与权限范围内拥有分享经营成果的权利。即使因母公司决策失误导致了子公司的经营失败，也要分清母子双方各自应承担的具体责任，只有这样才能在母、子公司之间建立起激励与约束机制，充分调动母、子公司的积极性。

（三）精简效能的原则

在设计企业集团管理模式下的金融控股公司管理体制时，其组织架构要以母、子公司为主体，以发展单层的母、子控股关系为主，子公司以下的层级原则上设立分公司或营业部，要尽量减少管理层次，并保持有效的管理幅度。要考虑在完成经营目标的前提下，力求做到机构精干，业务配置合理，把人员控制在能完成任务的最少程度，以最大限度提高效益和效能。

三、金融控股公司及其子公司的权责界定

对于一些重大的投资和经营活动的决策权限，是集中在金融控股公司本部还是分散到各个控股子公司手里，是衡量金融控股公司实行集权制与分权制的主要标志。我们知道，实行集权制与分权制在具体管理实践中可以说是各有利弊，如何合理划分金融控股公司及其子公司的职责与权限，将直接影响金融控股公司管理体制设计的成败。根据《公司法》和建立现代企业制度的要求，为了充分体现金融控股公司的控制力，实现企业集团产融结合和金融产业的协同效应，在金融控股公司接受企业集团委托或依法享有资产受益、重大

决策和选择管理者三项权利的基础上，并结合企业集团管理模式下的金融控股公司管理体制的特点，对金融控股公司及其子公司的具体权责界定如下：

（一）金融控股公司的权责

（1）接受企业集团委托或依法享有的法人财产权，对控股子公司行使出资者的一切权利。

（2）负责按照持股比例依法向控股子公司委派股权代表，委派、更换董事会和监事会成员，推荐公司经营班子人选和其他高级管理人员。

（3）负责企业集团金融产业发展战略研究和发展规划的制定，并经集团公司批准后组织实施。

（4）负责下达控股子公司资产保值、增值的经营指标，并组织实施经营业绩的考核评价及奖惩。

（5）负责统一配置企业集团金融资源，直接行使限额以上的投资决策权。

（6）负责统一协调企业集团金融业务或金融产品的内部交易。

（7）负责建立金融控股公司的财务及稽核控制体系，并对资金实行集中管理。

（8）负责统一建立企业集团金融业务管理的信息化平台。

（9）负责组织实施控股子公司的兼并、合并、分立、产权变动和终止，并严格审批开设孙公司权。

（二）金融控股子公司的权责

（1）依法享有金融控股公司投资形成的全部法人财产权。

（2）依法享有民事权利、承担民事责任。

（3）负责具体组织实施金融业务的发展和投资计划，决定并调整投资策略。

（4）负责金融控股公司规定限额以下的投资决策并组织实施。

（5）负责组织实施本公司业务范围内的经营活动并对经营结果负责。

（6）负责行使对其控股、参股子公司的管理，并依法享有母公司的一切权利。

（7）负责决定公司内部组织机构设置与调整。

（8）负责决定公司中层以下管理人员的招聘、晋升、奖惩、解聘及工资福利待遇。

通过以上界定，可以说只是提供了一个关于金融控股公司集权与分权的内部管理体制框架思路，我们知道，目前世界上根本就不存在一个统一的管理体制模式，因此，在具体设计金融控股公司管理体制模式时，还要根据本公司、本集团的具体情况来进行具体设计。

第五节 金融控股公司风险控制与监管模式

金融控股公司作为现代金融业组织创新的产物，这种模式一经出现便引起了人们的广泛关注和推崇，显示出了旺盛的生命力，并在一些国家得到了迅速发展。如前所述，由于金融控股公司兼具协同效应和风险效应的特点，决定了金融控股公司在从协同效应中获取收益的同时，也往往承载着巨大的风险效应。对于金融控股公司可能存在的巨大风险，国内一些学者则更多地表现为忧心忡忡，有的甚至大声疾呼，旨在引起监管层的重视和警觉。在本节里，笔者将对金融控股公司可能存在的风险类型进行分析和探讨，并结合中国的管理实际，提出一些旨在防范和化解金融控股公司风险以及加强金融控股公司内部控制与外部监管的建议。

一、金融控股公司风险类型分析

在今天，尽管金融控股公司在我国尚未取得法律地位，但是金融控股公司在我国的实践早已拉开了序幕，在金融业分业经营、分业监管的框架下，实际上已存在着不同治理模式的金融控股公司。尤其在企业集团产融结合的管理模式中，金融控股公司更是成为许多大公司、大集团对金融产业进行管理的最佳模式。随着金融控股公司对金融市场运行的影响力日益提高，人们对金融控股公司的风险监管也给予了极大的关注。特别是一些国际金融组织对金融控股公司的风险监管进行了开创性研究，并提出了一些原则性的监管意见，这对我们进一步深入研究金融控股公司的风险类型具有很大借鉴作用。笔者在对中外金融控股公司管理模式研究的基础上，重点对金融控股公司的系统风险进行了比较深入的研究，将金融控股公司可能存在或诱发的风险概括为 10 个方面，并希望相关业界在选择金融控股公司管理模式时对这些风险引起高度重视。

（1）基于股权结构诱发的风险。主要表现在两个方面：一是母、子公司之间纵横相互持股。即母公司与子公司之间、母公司与孙公司之间、子公司与孙公司之间的纵向相互持股，以及子公司与子公司之间、孙公司与孙公司之间的横向相互持股。这种纵横交错的股权结构均会导致资本金重复计算，使金融资本过度虚置，从而会诱发金融资本泡沫化的风险。二是由于受监管法规关于最大持股比例的限制，致使中国目前的证券、保险等公司股权结构过于分散，导致内部人控制现象十分严重，从而使金融控股公司在发挥协同效应的优势时受到了制约。招商局集团、中远集团先后选择退出平安保险公司，在某种程度上讲，就是基于上述原因，在考量无法取得控股地位后只好忍痛割爱。

（2）基于管理层次诱发的风险。尤其在企业集团管理模式下的金融控股公司，其管理层次本身就由集团公司—金融控股公司—金融控股子公司三个层次构成，如果再加上金融控股子公司所属的分公司、营业部、子公司等管理层次，客观上形成了金融控股公司过多的管理层次，这样不仅会导致内部管理决策链失真和管理失控的风险，而且还会诱发金融杠杆效应的过度放大。

（3）基于融资担保诱发的风险。融资担保是金融机构一种常见的贷款保全措施。如果金融控股公司及其子公司为了获得更多的贷款，将相互担保在金融控股母、子公司之间或金融控股子公司之间被反复或过度运用，从而会诱发金融控股公司信用膨胀，产生灾难性后果。

（4）基于内部交易诱发的风险。如果从企业性质及企业与市场相互替代的关系角度看，金融控股公司存在的意义，就是利用公司内部化理论，将市场交易行为转变为金融控股公司内部交易行为，旨在降低过高的市场交易成本。金融控股公司往往从战略角度安排不同业务之间的内部交易，以获得效率。这些内部交易包括在金融控股公司框架里资金的往来，相互担保、抵押，共同投资以及为了避税和逃避监管而相互转移利润等。由于市场行为已经被公司行为取代，原来旨在规范市场主体的法律，对金融控股公司的内部交易行为则显得鞭长莫及。这样金融控股公司将凭借自己的组织权威，在几乎不受外部监管的环境中，通过"看得见的手"来组织内部交易，以获取在公司控制市场下的垄断利润。如果金融控股公司将内部交易用之过度，或利用金融控股公司的资源优势投机过度，都将会扭曲市场交易机制，从而诱发利益冲突的风险。

（5）基于"防火墙"功能失效诱发的风险。从理论上讲，金融控股公司这种组织形式本身在法律及制度层面已经建立了"防火墙"，即金融控股公司仅以出资为限，对控股子公司承担有限责任，各子公司分业经营，并由相互分离的法人实体组成。这种制度有效地把子公司的经营风险限制在一定的范围内，金融控股公司不会因为子公司在经营中的失误而遭受更多损失，也更不会侵害到其他子公司的利益。但在实践中，由于存在不可避免的内部关联交易，一子公司因经营不善濒临破产，不仅会殃及其他关联交易的子公司，而且金融控股公司也不能坐视不管，往往会对其采取一些救助措施，结果最终使参与救助的公司也引火烧身，这样因"防火墙"功能失效将会诱发更大范围内的系统风险。如在 20 世纪 90 年代，光大国际信托投资公司发生了严重的支付危机，最终导致整个光大集团负债累累就是一个例证。

（6）基于信息透明度低诱发的风险。当金融控股公司发展到一定规模，必须考虑建立有效的内、外部信息披露机制。不仅要建立金融控股子公司定期向金融控股公司报送经营动态信息的制度，而且也要建立金融控股公司的股权结构、重大的内部关联交易情况及其合并报表财务信息等定期向监管部门备案制度，以充分提高金融控股公司信息透明度。否则，由于信息透明度过低，不仅监管部门难以了解其总体情况，就是金融控股公司也不能了解其下属的真实经营情况，这样既不利于强化对其实施有效监管，也不利于取信投资者，从而会蕴藏巨大的金融风险。GE 金融服务公司就是因为规模过于庞大以及内部结构的复杂化，导致信息透明度过低，从而引起了投资者对其业绩真实性的普遍质疑，伊梅尔特为了取悦投资者，最后不得不将其拆分为若干家公司。

（7）基于网络交易诱发的风险。利用互联网技术和金融控股公司综合业务平台的优势，以客户为中心建立金融控股公司管理信息系统，使客户通过互联网技术能享受到便捷、安全的银行、证券、保险等一体化（一卡通）金融服务业务，这是未来金融创新和创造核心竞争优势必不可少的手段。这就要求金融控股公司既要保证系统正常运行的适时跟踪和监测，也要充分顾及到客户的信息保密性，同时还要具有应急备用系统。即使采取上述措施，在网络交易中也会发生一些诸如系统技术故障、客户交易密码被盗用的问题，因此，由于网络交易诱发的金融控股公司系统风险也将是难以估量的。

（8）基于从业人员败德行为诱发的风险。鉴于金融控股公司主要以从事金融产业为主，其从业人员几乎整天与资金打交道，因而业务的特殊性决定了对金融控股公司及其子公司从业人员的职业道德要有较高的要求，要求从业人员要有崇高的事业心、正直诚实、品行端正、具有良好的职业道德。特别是对于金融控股公司及其子公司的高管人员，相应的对其职业道德应该有更高的要求，对其从业经历要进行严格的考证，看其过去从业中是否有不良记录和败德行为，同时对于那些有频繁跳槽经历的从业人员要引起警觉。巴林银行的倒闭以及美国安然公司、雷曼兄弟公司等一系列财务丑闻、金融杠杆过度放大的问题暴露，给了我们极大的启示，这些公司的倒闭破产固然有许多复杂的原因，但也说明从业人员的道德风险对一个公司健康发展的影响绝对不可忽视，有时一个关键人物的败德行为诱发的风险几乎是致命的。因此，对因金融控股公司的从业人员，特别是那些位高权重的高管人员的道德风险要引起高度重视和警觉，避免出现公司亏钱、个人挣钱的尴尬局面。

（9）基于人才匮乏诱发的风险。在企业集团产融结合模式下，金融控股公司客观上要求人才既要有产业背景，又要熟悉金融知识，再加上金融控股公司兼具专业化与多元化及高风险的特点，这就决定了金融控股公司对人才的素质要求极高。在从事传统产业的公司里，目前仍奉行资本雇佣劳动的原则，拥有资本所有权或法人财产权的法人代表处于优势地位。但在从事金融产业的公司里，资本雇佣劳动的原则目前受到了人力资本的挑战。也就是说，在金融控股公司里，货币资本与人力资本相比已经居于次要地位。在笔者看来，开放式基金经理与货币资本的关系，从某种意义上讲，是属于一种劳动雇佣货币的关系。如果基金经理的投资水平高，就可以吸引众多的货币资金加盟该基金经理的理财事业；反之，货币资金就会弃该基金经理而去另攀高枝。特别是在一些大公司、大集团里，想涉足金融产业的企业家不在少数，其本身也并不缺乏资本，但由于缺乏相应的高素质金融人才，致使许多企业家的金融产业战略构想无法变成现实，最终成为一个美丽的梦想。即使那些已经开始实施金融产业战略构想的大公司、大集团，在选择了金融控股公司管理模式后，也会直接面临金融市场激烈的竞争局面，同样会遇到缺乏高素质金融人才的巨大挑战。GE 金融公司之所以取得今天如此令人瞩目的成绩，关键在于 GE 公司用尽各种办法将最好的人才吸引进入 GE 金融公司，同时拥有以捕捉趋势的敏锐眼光和必要时迅捷的行动能力著称于世的 GE 金融服务公司领军人物首席执行官加里·温特。因此，可以说，金融控股公司由于人才匮乏诱发的风险几乎是致命的，将会高于金融控股公司遇到的其他任何一种风险。

（10）基于监管体系诱发的风险。虽然我国目前业已存在形式各异的准金融控股公司，但迄今为止，在我国还没有一部专门针对金融控股公司的法律，甚至连"金融控股公司"这样的称谓也于法无据，对金融控股公司的监管自然也就无从谈起。加之，我国现在仍实行分业监管的政策，在监管体制上，银行、证券、保险业分别接受来自银监会、证监会、保监会的监管，但目前国务院并没有明确该由哪家对我国业已存在的准金融控股公司进行规范与监管，这对我国金融业的综合监管能力提出了极大考验。这样在客观上由于金融控股公司法律的空白、监管体系的不健全，导致监管的真空，从而可能会诱发制度风险。

以上只是基于金融控股公司可能存在的风险类型进行的初步分析和探讨，旨在引起相关业界人士对于这些风险应引起高度重视，并在金融控股公司的探索与实践中，能采取切实可行的措施来防范和化解这些风险，以最大限度地发挥金融控股公司的优势。

二、金融控股公司内部控制探析

金融控股公司内部控制就是基于公司的战略目标与风险的防范，通过建立相应的内部控制组织与制度，进而通过组织的权威（看得见的手）对其控股子公司实施的一系列监督与管理措施，从而使控股子公司形成一种激励与约束机制，以最大限度地发挥金融控股公司的协同效应。

（一）国际组织关于金融控股公司内控制度的基本框架

1998 年，BCBS 和 IOSCO 先后公布了关于银行和证券机构风险管理与内控制度的框架性文件，提出了金融控股公司内部控制的指导原则。BCBS建议的内控制度框架共分为5个方面：

（1）内控意识与风险理念。内控意识主要是指企业人员对内部控制的认识程度和保证其实施的态度，而风险理念则指企业人员对待风险的态度和对各种风险管理手段的认知程度。金融控股公司的董事会成员、管理人员和普通员工要对内部控制与风险有完整的理解，了解自己在内控流程中的作用，而且能够自觉地遵守并实施内部控制制度和程序，在整个公司中形成良好的内控文化。

（2）组织架构。这里有两个方面的内容：一是通过合理的组织结构的设计来建立良好的内部控制环境，主要是要合理地划分每个管理单位的责任和权限，明确授权方式，建立有效的监督方式。二是通过建立专门的内控组织来实施对公司的内部控制，包括董事会要加强对内部控制的关注，通过一些下属的专业委员会如审计委员会、风险管理委员会来保证公司内部控制的实施和完善；在公司的管理层架构中设立独立的内部控制部门，负责对整个集团公司的内部控制体系实施监督和稽核，负责对经营性子公司的业务实施监督和稽核。

（3）内部控制的手段和方法。其一，风险评估和风险管理。风险评估应当在每一项业务、子公司和整个集团的层次进行。风险评估应当区分哪些风险是公司可以控制的，哪些是公司不能控制的，并做不同的处理。同时还要运用现代风险管理手段，加强对风险的管理和处理。其二，会计控制系统。会计记录、财务处理和经营成果核算要完全独立，会计部门只接受其主管的领导，会计主管不得参与具体经营业务的经办。其三，合理的授权分责制度。按照各自经营活动的性质和功能，建立以局部风险控制为内涵的内部授权、授信管理制度。对下级部门的授权、授信要定期检查，确保授权、授信范围适当。其四，有效的信息传递系统。信息是内部控制体系中的核心因素之一，要保证所有的信息能够及时、准确、完整地汇集到内部控制机构。

（4）利害相关职责的分离。有效的内部控制要求不同业务或同一义务的不同环节由不同的人员负责办理，以确保相互的业务监督。做到"一是前台交易，二是后台结算，三是会计审核，四是监控"，若两两分离，将有可能产生风险的环节断开。

（5）信息系统与沟通渠道。内控制度要发挥它应有的作用，其基础是公司决策层能够及时获得有关财务、经营状况的综合性信息，以及与决策有关的外部市场信息。这种信息应该是有意义的、可靠的、随时可得的，并且可以前后对比。金融控股公司应该建立一个涉及全部业务活动的信息管理系统，并保证其安全可靠。通过这个信息管理系统，所有相关人员都能够得到所需要的信息，使所有员工充分了解与他们履行职责有关的政策和程序。

（二）关于我国金融控股公司内控制度体系构想

针对金融控股公司可能存在的风险，并结合我国企业集团产融结合模式下的金融控股公司具体实际，在借鉴国际金融组织关于金融控股公司内控制度的基本框架思路的基础上，现对我国金融控股公司内控制度体系构想如下：

（1）实施战略控制。金融控股公司实施战略控制就是通过制定公司统一的金融产业发展战略，明确各个战略业务单元的具体目标，确保公司总体战略目标得到有效的贯彻执行。按照公司战略的有关理论，金融控股公司的战略也可以分为公司层面的战略和业务层面的战略。金融控股公司主要负责公司层面的总体战略研究，并以股东身份对金融控股子公司业务层面的战略实施战略管理，对子公司的业务层面的战略和发展规划进行方向性的指导和审议；金融控股子公司则要按照金融控股公司总体发展战略和发展规划的要求，来具体编制年度计划并组织实施。为了保证金融控股公司战略控制富有成效，需要在战略的形成过程中，金融控股公司及其子公司高层管理人员要进行充分沟通，集思广益，既要确保每一个战略业务单元（金融控股子公司）的子目标清晰而富有挑战性，又要保证能最大限度地发挥各个子公司业务层面的协同效应，从而使公司层面的战略和业务层面的战略能得到有机统一。

（2）实施全面预算控制。全面预算管理作为企业管理的一种重要方法，自20世纪20年代美国的通用电气、杜邦、通用汽车公司产生之后，经过近百年的不断实践与完善，现已经发展成为现代企业管理控制系统的重要组成部分。正如著名管理学家戴维·奥利所说的，全面预算管理是为数不多的几个能把组织的所有关键问题融合在一个体系之中的管理控制方法之一。在金融控股公司内部实行全面预算管理，既可以有效地对各控股子公司进行集中控制，也相应明确了各控股子公司的经营目标责任制，使各子公司获得了一定的自主支配权，从而形成了兼具控制、激励、评价等功能为一体的内控制度。这样可以使金融控股公司用统一的业绩标准在各控股子公司之间分配资源和管理费用，激励各控股子公司依照公司的经营目标实行分权管理，比较好地处理了金融控股母、子公司之间集权与分权的关系。

（3）实施人事控制。现代公司理论认为，公司治理结构的核心问题是确保所有者拥有剩余控制权和剩余索取权。由股东大会、董事会、监事会和高层经理人员组成的公司治理结构本质上是一组相互制衡的关系，股东作为所有者掌握着公司的最终控制权。而公司的最终控制权主要体现在人事的决定权或主导权上，即利用控股地位，对董事会的组成拥有主导权，并按惯例出任公司董事长，还拥有对公司总经理的提名权和审查权。因此，实施人事控制可以说是金融控股公司内部最主要也是最有效的内控制度之一，这也是对各控股子公司实施管理控制活动的根本保证，因而在金融控股公司管理实践中必须用好、用活。

（4）实施信息控制。由于现代金融业务是一种与信息技术具有密切联系的金融活动，因而信息技术在金融行业中的应用与发展，不断促进着银行、保险、证券等行业的管理模式发生变革。加入 WTO 之后，我国金融业必须尽快建立起能适应国际竞争环境的新业务模式，而大力推进金融业务信息化管理是有效降低成本，加强风险管理，提高综合竞争力的最直接、最有效的手段。从银行、证券、保险等金融机构的金融产品与客户信息构成来看，二者在信息来源上均具有共享性，而不具有专有性，这就为金融控股公司建立一个涵盖银行、证券、保险等金融业务的新一代金融行业信息管理平台提供了可能。根据金融控股公司及其子公司的业务特点，构建一个以客户为中心、具有综合业务功能的信息化管理平台，可以大大提高金融控股公司的客户服务水平和风险控制能力，并大幅度地降低各控股子公司的运营成本。如果说，客户服务水平、风险控制能力、资金使用效率三项指标共同构成了金融控股公司的核心竞争力，那么笔者认为，信息化则是提升金融控股公司核心竞争力的基础和保证。由此可见，金融控股公司通过搭建信息化管理平台，实施对金融控股子公司的业务管理与控制，可以说是一种更先进、更科学的管理控制手段，正如国际金融组织认为的那样，信息是内部控制体系中的核心因素之一。

（5）实施风险与审计控制。在金融控股公司管理架构中设立相对独立的风险控制部门和审计监督部门，前者具体负责对整个金融控股公司内部风险控制体系的建立与完善并组织实施；后者具体负责对金融控股子公司的业务实施风险监督和稽核。为了保持风险控制部门和审计部门的相对独立，并有一定的权威性，风险控制部门和审计监督部门应当独立于公司的日常业务，并直接隶属于金融控股公司董事会的风险控制委员会或审计委员会，以引起董事会高层对公司内部风险控制的高度重视。同时，要树立风险控制"无禁区"的意识，风险控制部门和审计监督部门应当有权介入金融控股子公司的一切业务活动，通过深入子公司交易现场对其业务流程和交易过程进行抽查，确保公司内控制度得到全面有效的贯彻实施。因此，金融控股公司通过实施风险控制和审计监督控制，可以及时发现和纠正公司内控体系的缺陷，做到防患于未然，可以真正有效地起到防范与化解金融控股公司系统风险的作用。

综上所述，从以上五种措施构成的金融控股公司内部控制体系来看，它们是基于金融控股公司全面控制体系的设计，而并非内控只是风险控制部门和审计监督部门的职责。建立金融控股公司全面风险控制体系，有助于金融控股公司通过"看得见的手"对其各业务子公司实施强有力的监督与控制，可以保证各业务子公司合法经营，规范发展，提高金融控股公司风险控制能力和资金使用效率。

三、金融控股公司外部监管模式

目前，国际上现行的金融监管模式主要有三种：一是美国模式，由美联储作为伞形监管者，负责监管混业经营的金融控股公司，银行、证券、保险分别由其他监管部门监管，中国香港也采取此种监管模式；二是英国模式，就是将银行、证券、保险监管统一于非央行的单一的金融监管机构，采用此种模式的还有日本、瑞典、澳大利亚；三是法国模式，也就是说，将银行、证券、保险的监管从央行中分离出来，欧洲中央银行成立后，法国等多数欧元区国家采取了此种监管模式。

　　我国在经济全球化的背景下，面对全球金融混业经营的大趋势，国内也正呈现出金融集团化、混业化的探索与实践，为我国金融业最终突破分业经营的限制，步入混业经营的时代，提供了立法的依据和需求动因。我国目前的金融监管模式在很大程度上是借鉴了美国早些时候的金融监管模式，我国现在金融业所遭遇的问题也正是美国当年金融业所遭遇的问题。我国监管部门面对类似中信集团、光大集团、平安集团以及四大资产管理公司等这些在同一控制主体下从事诸如银行、证券、保险、信托等不同类型的综合性金融集团如何监管？也会面对类似华能集团、中石油集团、招商局集团等这些在同一控制主体下以从事产业为主、金融为辅的企业集团又如何监管？对于这些悬而未决的重大问题必须首先在理论上予以澄清，然后由监管部门结合实践的探索形成监管法规，进而经过立法部门再上升为法律。

从近期来看，鉴于我国金融监管体系的现状，目前对金融控股公司及其如何监管的立法问题尚无提到议事日程，似乎在短期内也不会有很大的突破，仍会沿用分业经营、分业管理的现行监管模式，也就是我国目前采用的在银监会、证监会、保监会三大监管机构分别依据相应的法律法规对商业银行、证券、保险等金融机构分别实施监管。尽管金融行业目前在我国占有十分重要的地位，对金融风险也必须予以高度重视，但是对金融业的监管职能由三大监管机构分别来承担，从管理学角度来看，就显得有些不太合理。这样的监管模式可以说既不能适应世界各国金融混业经营的发展趋势，又增加了管理成本，进而也加重了国民的经济负担。从我国机构改革的整体发展态势来看，遵循的基本思路是逐步撤消行业部委，建立有利于市场竞争的综合部门。但如果只是把政府授权的监管部门列为事业单位，就认为是减少了政府职能部门，似乎显得有些勉强。

从发展方向看，我国金融业已经突破目前分业经营的限制，走上了混业经营的道路，金融控股公司也将成为未来我国金融业管理的一种主要模式。因此，目前我国金融行业由三大部门分别监管的模式，笔者以为只能是一个过渡模式，今后仍需要对其进一步深化改革。针对金融控股公司"集团混业、经营分业"的特点，我们需要尽快着手建立比较完善的系统金融监管体系，以维护我国金融业的健康稳定发展。在借鉴国外金融控股公司监管思路的基础上，结合我国目前金融监管的实际情况，笔者认为，未来金融控股公司的监管模式，应该是一种在较为完善系统的法律法规体系中，统分有机结合的监管模式，即将目前的银行监督管理委员会、证券监督管理委员会、保险监督管理委员会合并，统一设立"中国金融监督管理委员会"（见图 6-3），以适应未来我国金融混业经营监管的需要。在笔者看来，这种统分有机结合的监管模式，既有利于我国适应发达国家的"混业经营，统一监管"的模式，又有利于我国有效地控制金融风险，至少从降低管理成本来说是我国实施金融统一监管的一种比较可行的模式。

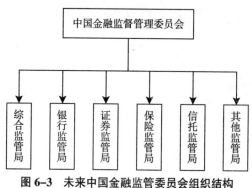

图 6-3　未来中国金融监管委员会组织结构

本章小结

本章通过对企业集团产融结合模式下的金融控股公司含义、类型及特点，发展现状，治理结构，管理体制，风险控制与监管模式等金融产业治理模式进行了分析与探讨，重新界定了金融控股公司的含义，即金融控股公司是以从事金融业务为主，由两个以上法人单位组成的具有实质性控制的特殊企业法人。首次总结出了金融控股公司具有的三个特点：①兼具专业化与多元化的功能；②兼具企业与市场的特征；③兼具协同效应和风险效应。探讨了金融控股公司的产权安排与治理结构的设计，提出了要严格区分母子公司的法律地位与管理地位，在对中外金融控股公司管理模式研究的基础上，重点对金融控股公司的系统风险进行了比较深入的研究，提出了金融控股公司可能存在或诱发的 10 个方面的风险因素：①基于股权结构诱发的风险；②基于管理层次诱发的风险；③基于融资担保诱发的风险；④基于内部交易诱发的风险；⑤基于"防火墙"功能失效诱发的风险；⑥基于信息透明度低诱发的风险；⑦基于网络交易诱发的风险；⑧基于从业人员败德行为诱发的风险；⑨基于人才匮乏诱发的风险；⑩基于监管体系诱发的风险。

针对金融控股公司可能存在的风险，并结合我国企业集团产融结合模式下的金融控股公司具体实际，在借鉴国际金融组织关于金融控股公司内控制度的基本框架思路的基础上，提出了我国金融控股公司内部全面控制体系构想：①实施战略控制；②实施全面预算控制；③实施人事控制；④实施信息控制；⑤实施风险审计控制。

在借鉴国外金融控股公司监管思路的基础上，结合我国目前金融监管的实际情况，提出了建立"中国金融监督管理委员会"作为未来金融控股公司的监管模式。

后 记

本书是我的博士论文，原名为《企业集团产融结合研究》，在听取有关专家意见做必要修改后最终成书。

时近一年，中国的金融体制改革正在紧锣密鼓地推进，国有企业体制改革也在继续深化。尤其是党的十六届三中全会首次把银行定位为金融企业，这不仅为今后如何协调企业改革与金融改革指明了方向，而且为中国进一步推进产融结合提供了政策依据。三年来，我一直关注并跟踪研究我国产融结合，并产生一些新的思考和感悟，但为了保持博士论文的原貌和反映我的阶段性研究成果，因而此次出版对论文的基本架构未做大的改动。关于我国产融结合实践的最新发展动态，以及我对这一课题的进一步研究和探讨，拟于日后另行著述进行反映。

我坚信，从基于提升国家竞争力考量，选择一些具有一定竞争力的企业集团，积极推进产融结合的试点工作，不仅是中国企业做强做大的最佳选择，也是推进国有商业银行股份制改革，破解国有商业银行不良贷款居高不下的一种有效解读。

回想三年来攻读博士学位的学习生涯，所付出的艰辛实在难以言表！本书既是我在中国人民大学三年学习生活的总结，也是我在工作实践中的一些思考与体会。本书得以顺利出版，承蒙许多人的教诲、支持与帮助，在此一并感谢如下：

感谢我的导师中国人民大学商学院院长徐二明教授的悉心指导，他以严谨的治学精神，超前的学术意识，国际化的管理视野，授业解惑，鼓励我创新，使我受益匪浅。

感谢中国人民大学邓荣霖教授、伊志红教授、王利平教授、刘凤军教授、王凤彬教授、李焰教授，首都经济贸易大学副校长郑海航教授，中国社会科学院工业经济研究所张承耀研究员等在本课题的研究过程中所给予的具体指导和鼓励！

感谢修子、向兵、董震、建红、明辉等同窗好友以不同的方式给予我的勉励与帮助。

感谢经济管理出版社副社长杨世伟博士为本书的顺利出版所给予的巨大支持！

最后特别感谢我父母的养育之恩和家人的关爱，为我比较超脱地完成三年的博士学业和本书的写作给予了莫大的支持，谨以此书作为送给他们的一份礼物！

　　由于本书涉及了管理学与经济金融学两门学科的理论知识，并尝试构建了产融结合的微观研究体系，书中不足之处在所难免，敬请各位专家学者批评指正。

赵文广

2004 年 1 月 18 日

N